JOHTAMISEN JUMALAINEN NÄYTELMÄ

KAI KAURELL

JOHTAMISEN JUMALAINEN NÄYTELMÄ

MAHDOTTOMAN JOHDETTAVAN MUISTELMAT

Kustantaja: BoD – Books on Demand, Helsinki, Suomi
Valmistaja: BoD – Books on Demand, Norderstedt, Saksa
Kannen kuva: Pixabay
ISBN: 978-952-80-1856-8
Ensimmäinen painos

Kukaan ei hevin pitäne jotakin oppia totena vain siksi, että se tekee onnelliseksi, tai hyveelliseksi: ehkä paitsi herttaisia 'idealisteja', jotka haltioituvat hyvästä, todesta, kauniista ja uittavat lammikossaan sikin sokin kaikenlaista kirjavaa, kömpelöä ja hyvänluontoista haluttavaa.

\- *Friedrich Nietzsche*

Sisällys

Prologi

Steve Jobsista on hänen kuolemansa jälkeen tullut hierarkkisen johtamistavan paluun ikoni. Suuryhtiöitä pidetäänkin yhä selvemmin totalitaarisina rakenteina, joissa johtajat hallitsevat omistajien armosta mielensä mukaan ja joissa alempiarvoisilla on valtaa sekä vapauksia vain sen verran kuin ylempiarvoiset suvaitsevat heille antaa.

Kerran jo kuolleeksi julistettu kasarmikulttuuri ja komentajat palaavat entistä alastomampina takaisin. Kun tulosta tehdään tosissaan, yrityksen arvot kirjoitetaankin äkkiä taksin takapenkillä, johdon toimesta – eikä näitä ole paljon. Yritysvalmentajiksi kutsuttuja positiivisen ajattelun oppimestareita tarvitaan tässä totalitaarisessa rakenteessa ennen muuta ihmiskasvoisuudella sokeroidun pintasilauksen antamiseen.

Steve Jobsin jo kuoltua monet kommentaattorit korostivat ihailuansa pahemmin peittelemättä hänen suoraviivaisuuttaan ja siekailemattomuuttaan sekä häikäilemättömyyttään. Työntekijät pelkäsivät mennä hänen kanssaan samaan hissiin, sillä huonolla tuulella ollessaan hän voi antaa potkut hetken mielijohteesta käytännössä kenelle tahansa.[1]

Hän ei todellakaan ollut mallikelpoinen, muiden jäljiteltäväksi siistiin pakettiin viikattu johtaja taikka ihminen. Eri elämäkertojen mukaan hän oli pahimmillaan aivan kuin paholaisen riivaama ja ajoi alaisensa jonnekin sekä epätoivon että raivon partaalle.[2]

Luovalla johtajalla luovassa toiminnassaan ei ollut aikaa taikka varaa kompromisseihin, eikä hyviin käytöstapoihin. Hänen karkeutensa ei ollut vain kyvyttömyyttä kätkeä omaa mielipidettään keskinkertaisuuksien edessä. Se oli täysin tietoista valmiutta ja jopa perverssiä intoa masentaa ihmisiä ja nöyryyttää heitä oman paremmuuden osoittamisella.

Tämän jalona tarkoituksena oli teoriassa toimia laadun mittatikkuna ympäristöissä, joissa kaikki eivät vielä olleet tottuneita erinomaisten suoritusten vaatimukseen. Huuto ja raivo herättävät näyttämisenhalun ja yhteishengen, jos näiden motiivina on aito intohimo itsensä ja muiden ylittämiseen.[3]

Johtajalla onkin aina oltava Januksen kasvot, jo Niccolo Machiavelli – tuo kaikkien konsulttien kruunaamaton kuningas – oivalsi aikoinansa.

Machiavelli muistuttaa meitä Medicien hallitsijasuvulle kirjoitetussa opaskirjasessaan *Ruhtinas* siitä, että maailmassa taistellaan aina kahdella tavalla: lakeihin taikka raakaan voimaan turvautuen.

Ensimmäinen tapa on ominainen ihmisille ja älkimmäinen eläimille. Koska ensimmäinen tapa ei kuitenkaan aina ole riittävä, myös ihmisen täytyy turvautua jälkimmäiseen. Ruhtinaiden pitää osata käyttää molempia.[4]

Machiavellin mukaan jo muinaiset runoilijat opettivat, että Akhilleus sekä monet muutkin entisaikojen ruhtinaista uskottiin kentauri Kheironin kasvatettaviksi taikka ruokittaviksi. Koska oppimestari oli puoliksi eläin ja puoliksi ihminen, myös oppilaasta oli tuleva puoliksi eläin ja puoliksi ihminen. Eläimistä ruhtinaan tulee valita esikuvikseen sekä kettu että leijona, joista toinen osaa välttää ansat ja toinen pelottaa sudet pois.

Tällaiset ominaisuudet on kuitenkin osattava verhota hyvin; ruhtinaan tulee osata olla suuri näyttelijä ja teeskentelijä. Ruhtinaan on osattava näytellä armeliasta, uskollista, lempeää, vilpitöntä tai hurskasta. Hänen tulee kuitenkin aina olla siinä määrin itsensä herra, että hän osaa ja voi menetellä myös juuri päinvastoin.

Silti ruhtinaan tulee tarkkaan varoa, että hänen suustansa ei koskaan lipsahda lausahdusta, joka ei siis olisi edellä mainittujen hyveiden kyllästämä. Ruhtinaan on aina kuulostettava tai näytettävä siltä kuin hän olisi itse armeliaisuus, uskollisuus, lempeys, vilpittömyys ja vanhurskaus.

Ihmiset arvostelevat asioita enemmän silmiensä kuin kokemustensa kautta. Jokainen näkee, miltä ruhtinas näyttää, mutta vain harvat tuntevat hänen todelliset kasvonsa, eivätkä edes nämä uskalla uhmata enemmistön mielipidettä. Muiden ihmisten tai jopa tuomioistuinten yläpuolella olevan ruhtinaan tekoja mitataan päivien päätteeksi vain tulosten mukaan; hänen on vain toimittava voitollisesti ja säilytettävä asemansa.

Voitonpäivänä kaikki hänen käyttämänsä keinot saavat kiitoksen ja kunnioituksen, sillä rahvas kiinnittää huomionsa lähinnä lopputulokseen ja ulkokuoreen, eikä maailmassa ole mitään muuta kuin pelkkää rahvasta.

Näin sanaili siis Niccolo Machiavelli. Jollakin myöhempien aikojen johtamistutkijalla juolahti mieleen vertailla johtajan työtä näyttelijän työhön. Eroja ei löytynyt kovinkaan paljon. Lattiatasolta tai lasikuutioista katsottuna johtaminen onkin aina yhä ja samaa tarokkijohtamista sekä suurta teatteria.[5]

Kerettiläisen credo

Työ ei vain turvaa yksilön eloonjäämistä vaan se on yksi ihmisenä olemisen perusehdoista. Työ on ihmisten identiteetin keskipiste, sosiologi on sanonut; ilman työtä elämä on pilalla, mutta sieluton työ kuihduttaa elämän, kirjailija on kiteyttänyt. Aivan syyttä suotta ei puhuta työelämästä. Työelämässä taasen olennaisinta on johto, johtaminen: siitä kaikki lähtee, siihen kaikki kilpistyy ja siihen kaikki projisoituu.[1]

Johtaminen on tehnyt työelämän mahdottomaksi johtaa: ammattimainen johtaminen on keksintö, joka edisti organisaatioiden tehokkuutta jo niin paljon, että tämä tuhosi lopulta organisaatioiden tehokkuuden. Näin erään johtamiskirjallisuuden kaanoniin kuuluvan väitetään kirjoittaneen.[2]

Johtamista tai työelämää laajemmin käsittelevä kirjallisuus on tunnetusti teoriaviidakko, jossa mässäillään paradokseilla ja ristiriitaisuuksilla. Tämä epäilemättä kuvastaa omalla tavallaan työelämän sekä johtamistyön jatkuvasti ristiriitaisia vaatimuksia: kun yksi asia saadaan kuntoon, toinen ongelma on jo edessä; suo siellä, vetelä täällä, vanha kansa sanoo.[3]

Tunnetun nuorallatanssijavertauksen mukaan johtoportaan työ on jatkuvaa tasapainoilua, jossa juuri luja luottamus omaan tekemiseen estää. epäonnistumiset. Toisin sanottuna johtamistyön ytimessä on paradokseja, joihin ei kertakaikkisesti ole ratkaisuja, joita voi vain yrittää jo ymmärtää tahi joiden kanssa on opittava elämään. Näin joku kirjoitti kauan sitten.[4]

Toisaalta joku kirjoitti myös siitä, miten johtamiskirjojen fraseologiaa kuka tahansa voi oppia muutaman päivän pikakursseilla sekä selailemalla silloin tällöin ennen yöpymään asettumista hieman Harvardin aikakauskirjaa. Alun perin näin opasti oikeastaan eräs entinen toimitusjohtaja pieni pilke silmäkulmassa kirjoitetussa uraoppaassaan.[5]

Paradoksien pyörittelyyn tai tuulten tavoitteluun on aikaa vain teoreetikoilla. Suurin osa jopa heistä on todellisuudessa sosiaalisia insinöörejä, joiden tehtävä on tarjota reseptejä ja käytännön tiedon puolitieteellistä rationalisointia. Koska professori ei voi olla profeetta, syntyy sosiaalista tilausta opeille, jotka ovat epäröimättä valmiita kertomaan kuulijoilleen siitä, mistä nämä haluavat kuulla ja mistä puhdas tiede itsepäisesti vaikenee.[6]

Tarjonta vastaa tässäkin asiassa kysyntään – ja päinvastoin. Sosiaaliset insinöörit haluavat erilaistaa itsensä määrittelemällä uusia käsitteitä tai tulokulmia. Toisaalta johtajat tarvitsevat oman tai johdettaviensa uskon vahvistamiseksi aina jotain uutta, jonka ei tiedetä epäonnistuneen missään ja äskettäin; johtajat tarvitsevat kielen tahi käsitteistön, joka luokin edes hetkellisesti innostusta tai uskoa toteuttaa työelämässä vaaditut uudet ja varsin usein myös vastenmielisiltä tuntuvat asiat.

Erilaisiin työelämän ongelmiin gurujen paikoista kilpailevat sosiaaliset insinöörit kehittävät erilaisia ratkaisuja ja reseptejä. Jos tulokset jossain osoittautuvat hyviksi, ne markkinoidaan kohta lopullisina vastauksina johtamisen ikiaikaisiin ongelmiin. Yksikään ihmerohto ei kuitenkaan ole osoittautunut ikuiseksi, ja patenttiratkaisut seuraavat yhä kiihtyvällä tahdilla toisiaan.[7]

Mieleen palaa väistämättä vanha venäläinen sanonta: ”Aina tulee uutta ja uutta, mutta milloin parempaa.” Mieleen palaavat myöskin Saarnaajan sanat: ”Minä katselin kaikkia tekoja, mitä tehdään auringon alla, ja katso, se on kaikki turhuutta ja tuulen tavoittelua.”[8] Eedenin puutarhaansa etsivät kuoripojat ovat aina kavahtaneet tällaisia ”kyynikoita”.

Näistä lähtökohdista olisi ollut masokismia jäädä aihepiiriä käsittelevän kirjallisuuden kulttuurisille taistelukentille kilvoittelemaan parhaiden reseptien palkinnoista. Asennevammaisten avuksi tulikin tuolloin Martin Heideggerin *Silleen jättämisen* filosofia, eikä tekijän pitänyt enää kirjoittaa työelämästä tai johtamisesta koskaan mitään.[9]

Tekijä tuli sittemmin jo toisiin ajatuksiin. Tuohon mielenmuutokseen on ainakin kolme syypäätä: Politiikan julkisivu, pankkiirien pankkiiri sekä muuan omakohtainen painajaiskuva.

Painajaiskuvaansa lueskelemalla paetakseen tekijä tuli jossakin mielenhäiriössä tarttuneeksi *Politiikan julkisivuun*, joka on erään entisen poliitikon kirja. Tuon johdannossa tämä julistaa kirjoittaneensa kirjan terapeuttisista syistä, oksentaakseen vanhan ulos, jotta voisi jatkaa uuteen.[10]

Vanhoilla päivillään myös filosofiksi ryhtynyt pankkiirien pankkiiri on puolestaan puhunut kuten muinaiset paavit *ex cathedra*, että hierarkia sekä hallintoperiaatteena että johtamistyylinä on palaamassa; se on työntämässä demokraattiset ihanteet jo syrjään 1900-luvun pitkän historiallisen harharetken jälkeen.[11]

Politiikan julkisivulta taasen ponnahti kuningasajatus tutkia tätä teesiä tarkemmin, enemmän tahi vähemmän terapeuttisista syistä. Tekijällä on nimittäin ollut etuoikeus tosielämän aitiopaikalta seurata mainitun pankkiirin teesien toteutumista varsinkin julkishallinnossa, jonne kaikki hieno tulee nykyisin liike-elämästä – pienellä viiveellä tosin. Niin tullee myöskin hierarkkisen hallintoperiaatteen ja johtamistyylin paluu.

Markkinoilla tämän isäntävallan paluun oikeuttavat isäntää ruoskivat markkinat. Julkishallinnossa taasen isännät ruoskivat itseänsä itsearviointien avulla. Se on eräänlaista ”simuloitua markkinakuria”. Simulaatioksi se myös jää, kun nuo myöhempien aikojen Münchhausenit nostavat itseään niskasta – aina ylöspäin.

Kun todellinen tulosruoska puuttuu, tuloksena on lopulta vain despotismi ja Janten lakien voimaansaattaminen. Uusi, uljas julkisjohtaminen ei merkitse muuta kuin Franz Kafkan *Linnan* käytävien ja sen sokkeloiden korvaamista läpivalaistuilla lasikuutioilla, mykistävällä managerikielellä tai kärjellään seisovalla kolmiolla.[12]

Markkinakurin ja managerivallan eetoksen tuominen hallintoon on nimittäin byrokraatin märkä päiväuni: sotilasparaatina saapuu uusautoritaarisen valmentajavaltion sekä hallintokiimaisen konsultokratian sekasikiö, joka jättää vallan superytimen ennalleen ja kaiken muun hajalleen.

Tämän suurena harppauksena markkinoidun muutoksen karnevalistinen kevätrieha onkin saavuttava linnan käytävien sekä sokkeloiden piintyneimmätkin unissakävelijät henkiseksi saattohoidoksi ajatellusta heideggerilaisesta horroksesta. Mitä taas tähän liittyviin terapeuttisiin motiiveihin tulee, ei olisi pitänyt uskoa politiikan julkisivua vaan vanhaa Saarnaajaa:

”Minä käänsin sydämeni viisaudella tutkimaan ja miettimään kaikkea, mitä auringon alla tapahtuu. Tämä on vaikea työ, jonka Jumala on antanut ihmislapsille, heidän sillä itseään rasittaaksensa – – käänsin sydämeni tutkimaan viisautta ja tietoa, mielettömyyttä ja tyhmyyttä, ja minä tulin tietämään, että sekin oli tuulen tavoittelemista. Sillä missä on paljon viisautta, siinä on paljon surua; ja joka tietoa lisää, se tuskaa lisää."[13]

Turhaan ei vanha kansa muutoinkaan varoittele tiedon tähtien tavoittelemisesta. Kaikki filosofiat, ideologiat tai muut opit kaikkina aikoina ovat ammentaneet voimansa maailman monimuotoisuuden tai monimutkaisuuden pelkistämisestä. Sekavaan maailmankaikkeuteen on pakko saada jotain selkeyttä.

Ajattelu ei ole oikea apuväline tähän: mitä enemmän ihminen ajattelee, sitä enemmän hänellä on ajateltavaa. Matematiikassa on Kurt Gödelin kuulun todistuksen pohjalta lakeja enemmän kuin voidaan matemaattisesti todistaa: aina on lakeja, jotka taasen koskevat lakeja, jotka koskevat lakeja – loputtomiin.[14]

Siksi se, mitä on mahdollista ajatella, laajenee aina ajattelun laajentumisen myötä. Muodostaakseen maailmasta jonkunlaisen kuvan ihmisen täytyy yksinkertaistaa. Helpoin tapa tähän on valita yksi metafora tai malli, joka häivyttää monimutkaisuuden taustalle. Siten se vääristää kuvaamaansa maailmaa, mutta sen viehätys on sen ymmärrettävyydessä ja kirkkaudessa, loputtoman lakien sarjan katkaisemisessa jo alkuunsa.

Ajatus siitä, ettei ihmisen ole soveliasta tietää kaikkia totuuksia, tavoitella tiedon tähtiä tai lakien lakia on ikivanhaa perua. Sen varhaisin ilmaus lienee myytti pahan tiedon puusta ja tuon kielletystä hedelmästä ensimmäisessä Mooseksen kirjassa. Keskiajan kristillisessä moraaliopetuksessa uteliaisuus nähtiin uhkaavana ja jopa syntisenä.

Kirkkoisistä Augustinus rukoili Jumalaa säästämään ihmiset siltä, ja myös Tuomas Akvinolainen tuomitsi tämän. Ajatus siitä, että ihmisen käsityskyvyn ulkopuolella on asioita tai totuuksia, joita hänen ei tulisi tavoitella tietoonsa, liittyy ajatuksiin auktoriteetista ja ilmoituksesta.[15]

Man muss nur ein absolutes Grundvertrauen haben, pitää olla absoluuttista perusluottamusta, tunnettu teologi vaatii 800 sivun pohdintojen pohjalta. Iso kirja jo ilmoittaa, että se "joka epäilee, on meren aallon kaltainen, jota tuuli ajaa ja heittelee. Älköön sellainen ihminen luulko Herralta mitään saavansa, kaksimielinen mies, epävakainen kaikilla teillään."[16]

Ison kirjan ilmoituksen voikin ottaa vastaan vain se, joka on jälleen tullut lasten kaltaiseksi. Ilmoitetun sanan auktoriteetin ajatus ei ole mitenkään vieras myöskään maalliselle ajattelulle. Jotakin tällaista vaatiikin myös pankkiirien pankkiiri credossaan, jossa uskoa ei tosin tunnusteta jumalaisille voimille vaan markkinavoimille.

Myös markkinoiden salattu Zen edellyttää jälleen lasten kaltaiseksi tulemista, absoluuttista perusluottamusta. Markkinavoimat ovat kuin sokea kelloseppä sekä markkinat kuin taivaallinen kellopeli, jota ihminen ei voi hevin käsittää, kuten ei Jumalan viisauttakaan. Siihen voi vain luottaa.

Kerettiläisellä tätä absoluutista perusluottamusta ei ole; hän on sielunsa syvyyksissä skeptikko. Skeptisismi tahi pessimismi sen parivaljakkona taas on nykyisin jo huonommassa huudossa kuin koskaan: epäily ei ole vain epäilyä; se on harhaoppisuutta. Eräs liikkeenjohdon konsultti onkin kirkkoisien äänenpainoin julistanut, että uskon aikoina epäily on tosiuskoville kaikista loukkauksista kaikkein sietämättömin.[17]

Tämän ajan ihmisihanne on ”kupliva persoonallisuus”, joka ei kuljeta mukanaan työtehtävästä tahi työpaikasta toiseen juuri muuta valloittavan hymyn ja sen muodostaman hypertekstin, jonka kautta päästään sosiaalisten taitojen ikkunaan. Kupliva persoonallisuus voikin syntyä vain lapsenomaisesta luottamuksesta ilmoitetun sanan auktoriteettiin, kaiken epäilyn kertakaikkisesta jättämisestä.[18]

Eräs itseään bisnesmaailman pitbullterrieriksi kutsuva konsultti sanookin suoraan, että kielteiset ihmiset ovat yksinkertaisesti syvältä; vaikka tämä kuulostaa karkealta, se on kiistaton tosiasia. Negatiiviset tai epäilevät ihmiset imevät energian positiivisilta tai uskovilta ihmisiltä. Katkaisemalla kertakaikkisesti välinsä näiden alati epäilevien eksyttäjien kanssa voi pärjätä paremmin, kukoistuksen kauppamiehet lupaavat kaikkialla.[19]

Lopputuloksena on se, mitä tavoitellaankin: maailma menettää tämän tästä järkensä ja villiintyy jälleen, milloin mistäkin pumpulirannasta, jossa on edes hippunen utopiaa. Pessimismi taasen on konservatiivista, tai ehkä tarkemmin ilmaisten antiutooppista.

Se suuntaa huomionsa siihen, mitä on jo olemassa eikä siihen, mitä ehkä voisi olla olemassa. Se korostaa ihmisen raadollisuutta tai taipumusta ahneuteen, itsekkyyteen sekä väkivaltaan. Toiveet maanpäällisestä paratiisista ovat epäilemättä kohottavia, mutta johtavat vain ruumisröykkiöihin.[20]

Optimistit uskovat itsepintaisesti, että ihmiskunnan ongelmat tahi vaikeudet ovat voitettavissa suuren luokan sopeuttamistoimilla: tarvitaan vain uudet organisaatiot, toimintatavat tai johtajat, niin ihmiset jo vapautuvat väliaikaisista vankiloistaan menetyksen tielle kohti vapauden ja vaurauden yhteiskuntaa. Valitettavasti vain Vanhan testamentin tai vaikkapa *Iliaan* lukemalla voi vakuuttua siitä, että uutta ihmistä *ei* tule.[21]

Tämä ei ole poliittinen oppi tai teoria vaan mielenlaatu tai elämäntie. Ajatuksen voi ilmaista myös siten, että valistuneen inhimillisyyden saavuttaminen edellyttää myös ihmisen epäinhimillisen ja pimeän puolen kohtaamista. Se ei ehkä johda suureen edistykseen mutta se estää sentään ainakin suuren turmeluksen.[22]

Johtamiskirjallisuuden kaanonissa tämä näkökulma on varsin harvinainen. Pääsääntöisesti ihmisten pimeän puolen kanssa askarointi vie väistämättä johtamiskirjallisuuden kaanonista alalla kiellettyjen kirjojen pariin ja siihen maailmaan, jonka johtamiskirjallisuus unohtaa tai jopa kiistää – siis ihmismielen varjoisille sivukujille tai pimeille takapihoille.[23]

”Kielletyt” kirjat eivät olekaan kiellettyjä siksi, että ne ovat epätosia, vaan siksi, että ne ovat epäsopivia. Uteliaisuus, tuo ikävä pyrkimys kurkistella totuuksien taakse, on sekä synnillistä että epäsopivaa. Se ei yksinkertaisesti ole ihmiselle hyväksi – ja siitä henkisen kasvun kastraatiomestareille todistavat intellektuellien itsemurhat ja muut mielenterveysongelmat.

Silti sananvapautta ylistetään jokaisessa juhlapuheessa. Periaatteessa tämän vapauden ydin on George Orwellin määritelmän mukaan mahdollisuus kirjoittaa taikka puhua myöskin siitä, mistä ihmiset eivät halua kuulla. Käytännössä roviot ovat aina vain sytyttämistä vaille valmiita, sillä vaaralliset ajatukset *ovat* vaarallisia ajatuksia.[24]

”Kieltävä ajattelu” käy aina huonosti kaupaksi, ja se elää ikään kuin sukupuuton partaalla sekä ihmeen voimalla. Siksi vain harvoin onnistuvat vapaat henget Platonin tarkoittaman ”muurin takana” kehittelemään täydellisyyteen saakka sen, mitä heidän sisällänsä on. Jotain tämän suuntaista sanoi muuan kirjailija yli sata vuotta sitten.[25]

Tällaisen muurin takana ja "toivottomassa tiedollisessa pimeydessä" tämä monologi työelämästä, johtamisesta ja johtajien johtamisesta on kirjoitettu. Tuloksena on kieltävän ajattelun tahi sosiologisen mielikuvituksen melkeinpä maanista juhlintaa sekä toisaalta silkkaa "taloudellista sontaa", erään historian suurhahmon luonnehdintaa lainaten.[26]

Saarnaaja, Sokrates ja muutos

Johtaminen on työelämää tarkastelevana oppiaineena tunnettu siitä, että se vaatii opettajilta sekä opiskelijoilta avointa mieltä ja paksua nahkaa. Yksiselitteisiä "oikeita vastauksia" ei ole, eikä tämä miellytä kaikkia. Se on aikuisten laji, joka edellyttää omakohtaista ajattelua sekä mielellään myös kokemusta työelämästä.

Toisaalta aine, jossa katto on korkealla sekä seinät leveällä, houkuttelee pariinsa jopa perin kirjavan joukkion kateederin molemmin puolin. Yhdistäväksi tekijäksi jää lähinnä jonkinlainen kiinnostus ihmisiin tai ihmisten väliseen vuorovaikutukseen. Näillä sanoilla rakasta oppiainettansa luonnehtivat eräät professorit.[1]

Professorit jatkavat, miten reilut kymmenen vuotta sitten kohistiin kahden ruotsalaisen *Funky Business* -ideasta, kun Tukholman kauppakorkeakoulun kasvatit valloittivat maailmaa rocktähtien elkein. Heidän spektaakkelimaiset esityksensä herättivät yritysjohtajia uuteen, uljaaseen ja yhä nopeampaan maailmaan.[2]

Ruotsin poikien kukkoilun jälkeen ideoiden vyöry on ollut valtaisa. Sisäiset sankarit ovat jo arkipäivää, ja sinisen meren etsiminen alkaa sekin tuntua hieman lattealta. Matalan profiilin motivaatiopuhujien ketjuun on tullut jatkoksi yhä enemmän niitä, jotka provosoivat ja houkuttelevat yleisöään ajattelemaan myös vaarallisia ajatuksia.[3]

Johtamispuheen kulttuurista kenttää ovat aina leimanneet nopeasti vaihtuvat muotiopit. Jo pari vuosikymmentä sitten havaittiin, että kaupallisen alan korkeakoulut, konsulttitoimistot ja yritysjohto muodostavat yhä selvemmin jo Hollywoodin viihdeteollisuuden tapaan organisoituneen erityisen kulttuuriteollisuuden haaran, niin sanotun johtamisteoriateollisuuden, jonka tuotteille tuntuu olevan lähes loputtomasti kysyntää.[4]

Missä on kysyntää, siellä onkin pian myös tarjontaa. Kuuluisimmat gurut kirjoittavat nykyisin mitä sujuvasanaisinta, kaskuilla ja anekdooteilla höystettyä asiaproosaa, jonka myynninedistämiseksi kustantajat lanseeraavat mukavasti svengaavia mainoskampanjoita liike-elämän johtohahmojenkin lausuessa asiaankuuluvat kehunsa. Seminaarien lavashow on luonnollisesti edutainment-osaston parhaasta päästä.[5]

Lähes loputtomalta näyttävä johtamisoppien kysyntä on ylipäätään saanut muutkin tutkijat sekä niin sanotut intellektuellit menemään mukaan johtajistolle suunnattujen seminaaritilaisuuksien showbisnekseen, jossa on mahdollista ansaita kuukauden palkka yhdessä illassa. Ajatusten vapaakaupan ajan mediafilosofit ja muutkin ovat lumoutuneet menestyksestä.[6]

Menestys taas näyttää seuraavan sellaisia ihmisiä, jotka eivät hukkaa aikaansa kriittisten kysymyksien parissa. Useimmat ihailevat jo suuresti heidän tehokkuuttaan ja asettuvat automaattisesti heidän puolelleen kulttuurisella kentällä, jossa henkisen työn tuotteet luokitellaan kategorioihin uusi ja vanhentunut tai muodikas ja epämuodikas. Jos ei ole uusi ja muodikas, se merkitsee kuolemantuomiota ilman oikeudenkäyntiä.[7]

”Ei ole mitään uutta auringon alla”, Saarnaaja on kuitenkin sanonut. Kaikki muuttuu ja kuitenkaan mikään ei muutu; kaikki on ikuisesti yhtä ja samaa. Varmuudeksi Saarnaaja onkin sanonut vielä näin: ”Jos jotakin on, josta sanotaan: ’Katso, tämä on uutta’, niin on sitä kuitenkin ollut jo ennen, ammoisina aikoina, jotka ovat olleet ennen meitä.”[8]

Myös filosofit kiistelivät jo antiikin aikoina maailmanmenon pysyvyydestä tai muuttuvuudesta. Yhdet väittivät, ettei kukaan voi astua kahta kertaa samaan virtaan; olevainen on jatkuvassa muutoksessa, ja tuo on alituiseen toista kuin hetki sitten. Ihminen on kaiken mitta: jokainen käsittää ja tulkitsee kaikki asiat – myös muutoksen – omasta näkökulmastaan.

Toiset taasen väittivät, että todellisuus on pohjimmiltaan yksi ja jakamaton. Kaikkinainen moninaisuus taikka muutos, joita kuolevaiset ovat maailmassa näkevinänsä, on vain harhaa. Todellinen tieto kohdistuu ihmismielestä riippumattomiin ikuisiin ideoihin.[9]

Kinasteluun kyllästynyt Platon päättikin yhdistää koulukunnat erottamalla kaksi todellisuuden tasoa, joista toinen on pysyvä ja muuttumaton sekä toinen taas jatkuvan muutoksen tilassa. Aistein havaittavan maailman takana on ideoiden maailma, jota aistimaailma vain heijastelee. Ideoiden maailma on muuttumaton ja hahmotettavissa järjellä, ei aistihavainnoilla.

Platon havainnollistikin näiden kahden todellisuuden tason erottelua tunnetulla luolavertauksellaan. Siinä kasvot seinään päin luolaan kahlituille vangeille varjojen todellisuus edusti tosiolevaista; vain varjojen liike oli se, mitä heidän havaintonsa tavoitti, eikä luolamiehille ollut maailmaa luolan ulkopuolella.[10]

Aivan samanlaisia ne ovat kuten mekin, Platonin teosten puhemiehenä toimiva Sokrates sanoo *Valtiossa*, jota voidaan pitää kaikkien aikojen ensimmäisenä organisaatioteoriana. Hän ei väitä, että kuvattua ihannevaltiota olisi koskaan ollut missään maan päällä, mutta taivaassa siitä ehkä on olemassa malli sille, joka haluaa sen nähdä ja järjestää oman sisäisen hallintonsa sen mukaan, Sokrates sanoo.[11]

Valtiossa Sokrates ja Glaukon ja kumppanit ryhtyvätkin pohtimaan muun muassa sitä, minkälaiset luonteenlaadut olisivat sopivimpia "valtion vartioimiseen" – siis johtajiksi. "Kautta Zeun, olemme ryhtymässä todella vaikeaan tehtävään", herrat joutuvat myöntämään jo alustavan pohdinnan jälkeen.[12]

Vartijoiden tulisi nimittäin olla yhtä aikaa kiivaita ja lempeitä. Vartijan olisi oltava kiivas sekä kiihkeäluonteinen varsinkin vihollisiaan kohtaan, jotta tämä ei jäisi taistelussa odottamaan omaa tuhoansa vaan tuhoaa toiset. Toisaalta vartijan olisi oltava lempeä, sillä ilman lempeyttä hän olisi tuhoava myös omiaan kohtaan.

Lempeys tai kiihkeys ovat kuitenkin luonteen vastakohdat, joiden yhdistäminen näyttää mahdottomalta, joten myöskin ihanteellinen vartija näyttää mahdottomuudelta. Kautta Zeun, emme saa luovuttaa; vaikka tuo veisikin aikaa, meidän on alettava *kasvattaa* tällaisia miehiä, Sokrates sekä kumppanit päättelevät.[13] Tämä tarina onkin samalla johtamiskoulutuksen juurikertomus.

Sen paremmin Sokrates kuin Saarnaajakaan eivät kuulu johtamiskirjallisuuden kaanoniin. Näin on edelleen, vaikka erään johtamiskirjallisuuden klassikon mukaan on mahdotonta tutkia organisaatioita tai käyttäytymistä niissä ottamatta kantaa esimerkiksi siihen, mitä oikeastaan tarkoitetaan ihmisellä tai yksilöllä; missä määrin hänellä oletetaan olevan vapaata tahtoa tai valinnanvapautta.[14]

Houkutus jättää vaikeimmat kysymykset filosofeille on varsin suuri. Pakoon näitä ei kuitenkaan voida päästä koskaan, koska jokainen käyttäytymistä koskeva väite tahi teko on samalla epäsuorasti vastaus näihin kysymyksiin. Aina käsitteellisen viisaudenetsinnän alkuajoista asti ihmisen teot ovat olennaisesti riippuneet hänen maailmaa, elämää, ihmisluonnetta, hyvää ja pahaa koskevista oletuksistaan ja "teorioistaan".[15]

Johtamiskirjallisuuden kaanonin suhde tällaisiin lähinnä lamppuöljyltä lemuaviin kysymyksiin on kuitenkin lievästi sanottuna ristiriitainen. Julkiteorian tasolla näiden merkitys saatetaan tunnustaa, mutta käyttöteorian tasolla ne sivuutetaan suoraviivaisesti jonkinlaisina jäänteinä kehityksen varhaisemmilta epävarmuuden ajoilta.

Johtamista koskeva ajatteluperinne alkoi antiikin aikana perustavalla tavalla filosofisena pohdintana vallan sekä alamaisuuden jännitteisten suhteiden järjestämisen tavoista. Sittemmin se on surkastunut sarjaksi teknokraattisia tarkoituksenmukaisuuskysymyksiä, joiden vastaukset vielä määrittyvät puhtaasti mykkien markkinapakkojen kautta.[16]

Siten mietiskelyyn taipuvaista mielenlaatua kiihottavilla kysymyksillä ei ole käytännössä mitään merkitystä: johtamiskirjallisuuden kaanoniin ei päästä ajatuksilla vaan myyntiluvuilla. Eikä mikään myy yhtä hyvin kuin muutos, jatkuva muutos ja jopa eksponentiaalisesti kiihtyväkin muutos: työelämän muutos ja johtamisen muutos, työn murros ja työelämän murros.[17]

Tuo muutos on aina edistystä, ja siksi siinä on samalla kyse vallasta ja vallankumouksesta – vallankumouksesta, joka on määrä toteuttaa Antonio Gramscin opein, valtaamalla ihmisten sydämet ja sielut. Tämän vuoksi ne, jotka eivät hyväksy muutosta, on suljettava kaanonin ulkopuolelle – eikä vain kaanonin vaan koko sosiaalisen todellisuuden ulkopuolelle.[18]

Kerettiläisen todellisuuden edustajat eivät nimittäin edusta pelkästään teoreettista uhkaa, vaan he uhkaavat lopulta itse asiassa koko institutionaalista järjestystä. Siksi heitä vastaan on pakko käyttää erilaisia tukahduttamismenettelyjä, joista yleisimmät ovat erään tunnetun esityksen mukaan terapia ja mitätöinti.[19]

Näistä terapiaa käytetään varmistamaan se, että potentiaaliset normien rikkojat pysyvät määrätyn sosiaalisen toiminnan kentän symbolisen universumin sisäpuolella. Mitätöintiä taas käytetään kaiken samaisen universumin ulkopuolelta tulevan tukahduttamiseen, kaikkien tähän universumiin sopimattomien ilmiöiden ja tulkintojen kieltämiseen.

Mitätöinti voidaan tehdä periaatteessa kahdella tavalla. Ensinnäkin, kaikki poikkeavat tulkinnat voidaan kääntää omasta universumista lähtöisin oleville käsitteille. Toiseksi, siihen sopimattomille tulkinnoille voidaan antaa negatiivinen status, liittää niihin vähempiarvoisuuden ja "ei vakavasti otettavuuden" leima.

Tämän jälkeen kohteisiin voidaan jälleen yrittää käyttää terapeuttisia toimenpiteitä. Jos nämä toimenpiteet eivät tehoa, sopimattomien tulkintojen edustajia yksinkertaisesti tyydytään pitämään alempina, jo syntyjään perusasioiden pätevän järjestyksen kadottaneina, "toivottoman tiedollisen pimeyden kulkijoina".[20]

Johtamiskirjallisuuden kaanonin ytimessä oleva jatkuvan muutoksen ja siihen liittyvän edistyksen ajatus on mahdollista kyseenalaistaa vain kieli poskessa tahi akateemisten luostareiden suljettujen ovien takana. Jälkimmäistä tapausta edustaakin esimerkiksi *Pandemonium*, jonka tavalliset ihmiset tuntevat yhtä hyvin kuin patristisen kauden teologien tekstit.[21]

Esimerkkinä ensin mainitusta tapauksesta on taas *Tarokkijohtaminen*, jonka kirjoittajat alaotsikoivat ironisesti organisaatioiden ikuiseksi käsikirjaksi. Kirjoittajien sanoilla tarokkijohtaminen on huijausta, mutta moniin johtamisoppeihin verrattuna se on siltikin vielä varsin rehellistä huijausta. Tehtaan lattialta tai konttorin lasikuutiosta käsin katsottuna mitään muuta ei koskaan ole ollutkaan kuin pelkkää tarokkijohtamista.[22]

"Pomojen korulauseet vääntyvät irvikuvikseen", eräs aihetta käsitellyt kansantajuinen lehtiartikkeli otsikoitiin aivan 1990-luvun alussa. Laajalevikkisen lehden otsikko epäilemättä kiteyttikin monen kadunmiehen tai -naisen kokemukset johtamisopeista. "Henkilökunta on yrityksemme tärkein voimavara", johtajat olivat oppineet jo tuolloin hokemaan.[23]

Henkilöstöjohtamistaitoja opetteleville esimiehille tarjottiin uudenlaisia motivointityökaluja, joiden avulla voi uudella tavalla avata kommunikointikanavia alaisiin päin. Joskaan heitä ei saanut enää edes alaisiksi kutsua uudessa kaverillisessa kulttuurissa, jossa vanhanaikainen käskytys ja hiostaminen alkoivat naamioitua erilaisiin itsetarkkailuun ja ryhmäpaineeseen perustuviin tekniikoihin.

Tuolloin oltiinkin täysin vakuuttuneita siitä, että ihmiset eivät kohta mene työpaikkaan, jonka maine on huono. Sen sijaan he haluavat tasavertaisten työyhteisön, jossa ihmiset innostavat toisiaan; he haluavat tehdä mielekästä työtä omaan tahtiin taikka päättää oman työn sisällöstä. Ihmiset odottavat työltään entistä enemmän sisältöä.

Lähes yhtä tärkeänä pidettiin tuolloin työpaikan henkeä. Määräilyn aika oli kuulemma lopullisesti ohi – viimeistään kun itsetietoiset nuoret siirtyvät työelämään. Juhlapuheissa johto lupasi ihmisille jakaa avoimemmin tietoa, tarjota vaikutusmahdollisuuksia sekä arvostaa kaikkia tasapuolisesti saavutusten mukaan.

Korulauseet alkoivat tuolloin jo johtajan sihteerin huoneesta, jossa toisensa kohtasikin tasaveroinen työpari – kaksi kollegaa. Tasaveroisuuden merkiksi toinen tosin nosti vähintään kymmenkertaista palkkaa. Korulauseet jatkuivat henkilöstölehdissä, joissa kuvattiin vain hymyileviä johtajia, innostuneita työntekijöitä ja nostattavia yhteistilaisuuksia.

Henkilöstölehdissä sittemmin vakiintuneen liturgian mukaan henkilöstöä kannustetaan, organisaatiota kehitetään, perinteitä kunnioitetaan ja uskollisuudesta palkitaan. Henkilöstölehdissä ketään ei koskaan irtisanota taikka syrjitä, kukaan ei pidä rokulipäiviä, pala loppuun tahi joudu pakkolomalle. Näin oli siis jo sukupolvi sitten.

Jostain syystä jo tuolloin ihmisillä oli silti tunne siitä, että he voivat yhä vähemmän vaikuttaa omaan työhönsä sekä vielä vähemmän tärkeisiin päätöksiin. Monet kokivat, että heidän työtään oli aliarvioitu ja että työn vaatimuksia taikka vastuuta oli muutettu keskustelematta lainkaan heidän kanssaan. Tietoa oli tarjolla jopa huonommin kuin ennen.

Stressi, kiire tai eri häiriötekijät olivat tuolloisten tutkimusten mukaan lisääntyneet. Palkassa taasen koettiin näkyvän aikaisempaa huonommin sen, mitä todella sai aikaan. Ihmiset kokivat, että heistä välitetään yhä vähemmän työssä ja että he itse välittivät yhä vähemmän työstään.[24]

Kokonaiskuva on edelleen sama: organisaatioissa menestyvät sekä viihtyvät ennen kaikkea tyypit, joihin pätee vanha sanonta ”moni kakku päältä kaunis, vaan silkkoa sisältä". Jos hyypiö pukeutuu hyvin, käyttäytyy kuin diplomaatti sekä ennen kaikkea myötäilee sulavasti, hänet palkitaan ylennyksellä tuota pikaa. Esimiesten inhimilliset piirteet pääsevät parhaiten esiin heidän kyvyssään kestää lähes loputtomasti imartelua.[25]

Muinaisten kuninkaiden tavoin he ympäröivät itsensä hovimiehillä, joiden tärkein taito onkin tuo ylempiensä mielenliikahdusten herkeämätön tarkkailu.[26] Tälle pätevyydelle taas perustuu kyky valita puolensa, arvostaa oikeita ajatuksia tai nauraa vanhoille vitseille. Kuninkaat ovat aina olleet – vaikkakin puoliksi jumalia – myös puoliksi ihmisiä: ei-miehet ovat ikäviä, ja siksi he eivät etene; jees-miehet ovat mukavia, ja siksi he etenevät.[27]

Tämä kaikki onkin jo ammoin kirjattu sekä *Parkinsonin lakeihin* että *Peterin periaatteeseen*.[28] Ongelmat syntyvät, kun jees-miehet etenevät huipulle. Silloin he ovat peruuttamattomasti loukussa, koska kukaan ei enää tee heidän puolestansa päätöksiä, joita he voisivat myötäillä. Hoitamattomien asioiden lista pitenee tahi selvittämättömien papereiden pino kasvaa, kun jees-mies yrittää päättää, sanoisiko juu vai jaa.

Jos päättää niin tahi näin, siitä pitäisi kantaa vastuu. Vastuu taas voi tarkoittaa ikävyyksiä, joten tätä on parasta vältellä. Tämä onnistuu parhaiten, kun yrittää vanhan kiinalaisen viisauden vastaisesti seistä kaikissa veneissä yhtä aikaa: kasvotusten mielistellä sekä ylempiä että alempia – ja selän takana puukottaa kaikkia. Jollakin välähti aikoinansa vertailla johtajan työtä näyttelijän työhön. Eroja ei löytynyt kovinkaan paljon.[29]

Johtamisen jumalaisessa näytelmässä totuus ei ylipäätänsä ole kovin tärkeä. Yleensä edes johtoporras ei aavista, mitä organisaatiossa todella tapahtuu, koska sille ei kerrota mitään – eikä ainakaan rehellisesti. Jokainen osasto, esimies ja alainen pitelee kaikin ruumiin ja sielun voimin kulisseja pystyssä, ettei vain menetä jees-miehen tai -naisen mainetta.[30]

Olkoon ilmapiiri kuinka kieroutunut taikka henkilösuhteet kuinka tulehtuneita tahansa se, joka avaa suunsa on jo määritelmällisesti häirikkö ja valittaja, sillä eihän kukaan muu ole sanonut mitään – paitsi päivittäin johtajan selän takana. Ristiriitoja ei haluta kuulla, nähdä, myöntää eikä etenkään selvittää. Totuudenpuhujat päätyvät surman suuhun, kuten on ollut selvää Sofokleen tragedioista ja Sokrateen myrkkymaljasta saakka.[31]

Sillä, että asioille ei tehdä mitään, on toki positiivinen puolensakin. Valtapelit pitävät nimittäin virkeinä, kun työpaikoille tullaan vain taistelemaan reviireistä tahi resursseista. Henkilöstö jakautuu puolueisiin, joiden jäsenet kohottavat katseensa ylös taivaisiin kukin omaan johtotähteensä.[32]

Johtoportailla kilpailevat kiipijät hajottavat hienostuneen julmuuden ja ilkeyden strategioillaan pikkuhiljaa koko organisaation. Yhteistyö ei toimi, kun kaikki vain kyttäävät, kenestä tulee seuraava suuri päällikkö.

Kaikki tämä todettiinkin siis jo aikana, jolloin kasarmikulttuuri oli ajautunut kriisiin ja jolloin muutoksen mestarit tahi työelämän terapeutit olivat vasta valtaamassa markkinoita. Myöhemmin kaikki on mennyt vain hullumpaan suuntaan, mikä on tosin nähty ennen sekin.[33]

Nykyaikaisten finanssimarkkinoiden piiskaaman turbokapitalismin oloissa myös päälliköitä liikutellaan kuin limoviikunoita osastoilta toisille. Tämä vaikeuttaa huomattavasti antropologien tarkoittamia ikiaikaisia vallan liehakoimisen performansseja.[34]

Jatkuvan muutoksen pyörteissä alaiset eivät tiedä, kenelle pitäisi olla lojaali tahi kenen ohjeita lopulta pitäisi noudattaa, jos haluaisi edetä myös jatkossa. Jääräpäisen johtajan luonnetyypille eivät kelpaa mitkään järkiperustelut, vaan asiat tehdään niin kuin ennenkin, tai niin kuin minä sanon. Pikkumaisen johtajan prototyyppi ei taasen piittaa muusta kuin ulkoisten muotojen ja virallisen virkatien ohittamattomuuden periaatteista.[35]

Jokainen johtaja pitää kiinni niistä ominaisuuksista tai periaatteista, jotka ovat auttaneet häntä itseään eteenpäin urallaan ja joita hän olettaa, toivoo tai suorastaan edellyttää myös muiden seuraavan. Vallan liehakoimisen performanssin julkisen käsikirjoituksen mukaisesti muut taas näyttelevät uskollisesti omaa rooliansa. Performanssi syntyy siitä, että ihmisillä on aina myös omat kätketyt käsikirjoituksensa, joista vallanpitäjät yrittävät päästä perille kivettyneiden naamioiden taakse kurkistelemalla.[36]

Tämä onkin tarpeen, sillä kätkettyjen käsikirjoitusten ohella ihmisillä on myös omat ”kulttuuriset projektinsa”, joita vallanpitäjät pyrkivät vähättelemään ja mitätöimään. Siksi menestyvä ”organisaatiomies” ei edes näinä avoimuuden aikoina koskaan laske naamioitansa, vaan puhuu julkisilla foorumeilla aina ”yleisen tyhmyyden äänellä”, kuten muuan kuuluisa munkki opetti *Maallisen viisauden käsikirjassaan*. Sittemmin myös monet suoraviivaisemmat uraoppaat ovat toistaneet samat viisaudet.[37]

Esimerkiksi niin kutsutusta osallistumisesta tuleekin varsin helposti vain suuri sosiaalinen seurapeli, jota pelaavat sekä johtajat että työntekijät. Pelissä kummatkin keskittyvät puolustelemaan omia asemiaan: johto työn tehokkuutta tahi etuoikeutettua asemaansa, työntekijät työelämän laatua tai tinkimisvaraansa.[38]

Pelin idea on kaleeriorjan kahleiden pituudesta keskusteleminen, ei näiden katkaiseminen. Tämän salaliiton luonteen omaavan pelin suuri paradoksi on se, että sitä ei saa myöntää: ylevöittävästä keinotodellisuudesta on pidettävä kiinni hinnalla millä hyvänsä. Palkkio on uralla eteneminen.

Ei siten ole yllätys, että johtaminen on aina yhtä ja samaa tarokkijohtamista ja että johtamisessa juhlapuheiden tahi tekojen välillä on aina ollut räikeä ristiriita. Tuo teorian ja todellisuuden välinen kuilu onkin dokumentoitu ties' kuinka monessa tutkimuksessa.[39]

Joku varmasti kivahtaa jo, että mitä vanhoilla tutkimuksilla on väliä. Nyt ovat uudet ajat ja tavat. Sopii epäillä. Esimerkiksi erään kuntajohtamista koskevan uudemman tutkimuksen kokonaiskuva on lohduton. Johtaminen julkishallinnossa perustuu suurimmaksi osaksi perinteiseen, hierarkkiseen tai käskyttävään malliin, jossa työntekijöitä kohdellaan epäluottamuksella, eriarvoisesti ja toisinaan jopa epäasiallisesti.[40]

Tutkimuksen perusteella kuntajohtamisen puutteet liittyvät asioihin, joihin johtamisen puutteet ovatkin aina liittyneet: tiedonkulun puutteisiin, vaikutusmahdollisuuksien puutteisiin sekä kohtelun tasavertaisuuden puutteisiin, arjen työn organisoinnin puutteisiin, lakien taikka sopimusten kunnioituksen puutteisiin sekä riittävän läsnäolon ja palautteen puutteisiin – lyhyesti sanoen johtamisen autoritaarisuuteen ja hierarkkisuuteen.

Joku varmasti kivahtaa jälleen, että mitä julkishallinnolla on väliä. Sinne päätyvät ovat pelkkiä luusereita jo kaikilla portailla. Sen sijaan liike-elämän luuserivapaalla vyöhykkeellä kaikki on toisin – kaikki on muuttunut. Katsokaa vaikka Googlen pääkonttoria: se on kuin lastentarha limukoneineen sekä pingispöytineen. Kaikki on todella muuttunut, kuten eräs toinenkin yritystapaus osoittaa.

Nokia – se oli hetken pienen Pohjoismaan taloushistorian tuhkimotarina. Eri versioita tapahtumista on varmasti yhtä monta kuin kertojiakin. Tässä on yksi. Yhtiön nousuunsa siivittänyt tapa suunnitella puhelimia oli se, että tiivis tiimi rakenteli yhdessä tuoteperheitä alusta loppuun sekä sai työhönsä hyvin rahaa tai toiminnallisia vapauksia. Työntekijöihin luotettiin, arvoista puhuttiin tai positiivisen ajattelun profeettana kunnostautuneen filosofin palveluita käytettiin. Nokia ei ollut vain yhtiö vaan saaga.[41]

Sitten ajat muuttuivat – ja amerikkalaiset omistajat tulivat. Finanssimarkkinat alkoivat määräillä, ja pörssikurssista tuli kuningas. Yhtiö keksikin uuden tavan tuottaa puhelimia: kiritetään osaajia pilkkomalla suunnittelu pienille hajallaan oleville tiimeille, jotka voivat kilpailla keskenään.

Seurauksena eri puolilla kehiteltiin sokkona samoja paloja, parhaat voimat eivät saaneet toisistaan tukea, tuli nollaprojekteja tai turhaa työtä. Tuotekehittäjät tai ulkoiset yhteistyökumppanit alkoivat hermostua. Parhaimmat insinöörit alkoivat pian miettiä kokonaan muita kuvioita.

Henkilöstön puolelta tulleita heikkoja signaaleja ei taasen tässäkään tapauksessa kuunneltu, vaan nopeasti laajentuvaa organisaatiota korjattiin konsulttioppien mukaisesti. Muodissa tuolloin ollut matriisimalli tuhosikin lopullisesti sen suoraviivaisuuden, jolla yhtiön nousu oli rakennettu.

Matriisin mukana organisaatio sumeni, mutta samalla kaikkea alettiin johtaa ylhäältä alas. Etulinjaan tuli yhä useammin yhä sekavampia ohjeita, joita oli silti noudatettava. Syntyi epäluottamusta ja jopa pelkoa. Ilmapiiriä ei yhtään parantanut se, että ylin johto puhui kuin palosireeni tai että yhtiö halusi kierrättää väkeä kuin amerikkalaiset esikuvansa.[42]

Erään myyttisen maineen saaneen pääjohtajan periaatteiden mukaan heikoin kymmenesosa oli heitettävä joka vuosi ulos talosta. Parhaita taasen oli palkittava ruhtinaallisesti. Päähuomio alkoikin kiinnittyä puhelimien sijasta pörssikursseihin sekä optioiden arvoihin. Kuninkaan kultatuolissa ei enää istunut asiakas vaan pörssikurssi, jota pönkitettiin pian ostamalla omia osakkeita noin 20 miljardilla – investoimisen ja kehittämisen sijasta.

Illuusioihin kuului usko uuteen ihmiseen, joka jatkaakin raatamista miljoonatilien jälkeen. Ei tullut uutta ihmistä: optiotilin jälkeen oli mahdollisuus keskittyä kivilinnan rakentamiseen, viinikerhoihin tahi muuhun harrastustoimintaan. Samalla ilman optioita jääneet joutuivat raatamaan lasikuutioissaan yhä pidempää päivää omaa ulosheittovuoroansa tahi arpajaisvoittoansa odottaen.[43]

Edeltävä versio puhelinyhtiön tuskien taipaleeksi tulleesta tarinasta perustuu ennen muuta eräisiin artikkeleihin. Suunnilleen sama tarina numerojohtamisessa tiivistyneen ahneuden ylivallasta on helposti luettavissa myös yhtiön erään entisen johtajan tilityksestä, joka on jo alaotsikoitu perusvireen paljastavasti: mitä johtamisesta voi oppia?[44]

Ei niin mitään, monet ovat varmasti valmiita vastaamaan. Jokaisen sukupolven pitää kantapäänsä kautta kokeilla, miten tayloristinen tehokkuushulluus tahi numerojohtaminen vievät kohti katastrofia. Kuten tiedetään, puhelinyhtiön saaga päättyikin surullisesti. Tosin saman kohtalon kokevat kapitalismissa kaikki saagat, koska kauppa on vain "päättymätöntä sotaa", kuten sosiaalidarvinistit sanoivat niin sattuvasti jo ammoin.[45]

Työelämän huonontumisen lyhyt historia tietääkin asioiden yleisemminkin muuttuneen – jos ne johonkin ovat muuttuneet – lähinnä huonompaan suuntaan, kun maailmanlaajuisten finanssimarkkinoiden piiskaaman turbokapitalismin ihmiskokeessa testataan, kuinka paljon ihmisistä todella voi pusertaa ulos ennen kuin heidät heitetään pois kuin sitruunan kuoret. Opus on kuitenkin kielletyistä kirjoista kaikkein kielletyin.[46]

Se on yhtä kielletty kuin musta raamattu. Sen on kieltänyt työssä jaksamisen ylipappi, ja kaikki muutkin kuoripojat. Sitä lukevat vain noidan oppipojat, jotka kirkkokuoro laulaa pian kumoon. Eihän tarvitse valita kuin eri teoria, tutkimusmenetelmä, tutkija ja varsinkin rahoittaja, niin saadaan jo eri tulokset. Tähtiin on kirjoitettu, kuka tämän kilpalaulannan voittaa. Kauppakorkeakoululaitoksen täysin suhteeton laajeneminen ei ole mikään sattuma tai vahinko: markkinatalous tarvitsee Stahanovinsa.[47]

Johtamiskirjallisuuden julistus

Johtamiskirjallisuudella on kopernikaaninen ratkaisu teorian ja käytännön välisen kuilun ongelmaan. Sen mukaan tämä kuilu eli puheissa kuvatun ihannemaailman tai arkipäivän raadollisen todellisuuden irtautuminen toisistansa ei ole iso ongelman ydin. Se ei oikeastaan ole edes ongelma vaan ratkaisu, eräässä puoliteologisessa johtamisoppaassa julistetaan.

Oppaan mukaan johtamistyötä on asioihin vaikuttaminen, todellisuuden muuttaminen. Johtamispuhe kuvaa todellisuutta, jota ei ole mutta jota halutaan. Tässä työssä on täysin luvallista maalailla asioita sellaisin sävyin, joiden kulloinkin halutaan korostuvan. Johtamiskirjallisuuden käsitteistöt ovat luovia prosesseja täydentävä ehtymätön viisauden lähde, josta on ammennettavissa uutta oman ajattelun rajoihin törmättäessä.[1]

Johdon ajattelu muokkaakin puheiden ja tekojen kautta kulttuuria. Kulttuuria taasen vahvistaa kaikki, mikä siihen yhdistetään, olipa tuo sitten oikein tahi väärin. Kulttuuri puolestaan vaikuttaa ajatteluun antaen malleja taikka tulkinta-avaimia yksilöiden ajattelulle.

Puhe on kaiken johtamisen edellytys – ja siksi johtamispuhetta riittää ja riittää. Myös klassikot lupasivat ”uusia johtamisen malleja”. Heidän jälkeensä uusia malleja onkin tulvinut niin nopeasti, että edistys on voinut olla vielä nopeampaa vain Maon aikaisessa Kiinassa.[2]

Johtamisen kantasana on opastaa, eli näyttää tietä – erityisesti uutta tietä. Jokainen johtaja haluaa olla Mooses, joka johdattaa joukkonsa luvattuun maahan jumalaisen viisauden ohjaamana. Jumalainen viisaus taas on uskottu vain harvoille sekä valituille, kuten jo pergamentteihin on aikoinaan kirjoitettu; muille puhutaan vain vertauksin tai tarinoin.

Saduilla ja tarinoilla kuvataan todellisuutta, jonka halutaan syntyvän; toisaalta puhe on teko itsessään, se on johtamista, se on todellisuuden luomista. Matkiminen taas ei ole luomista, ja siksi johtamisoppeja on niin paljon – tarpeettoman paljon. Harva muistaa, ettei Mooses koskaan päässyt luvattuun maahan. Jordanin yli joukot vei Joosua.[3]

Mooses on silti tärkeä johtamistyön symboli, sillä ideaalista todellisuutta kuvaavan johtamispuheen ytimessä on aina vapautuksen retoriikka. Johtaja vapauttaa tehottomuuden turmeluksesta ja byrokratian perisynneistä taikka hierarkioiden hullutuksista; johtaja vapauttaa aina jostakin – ja kohti jotakin parempaa.[4]

Tämä edellyttää kuitenkin yhteen hiileen puhaltamista, kuten niin kovin jo kulunut sanonta kuuluu. Siksi johtamiskirjallisuuden kaanon korostaa kaikille yhteisen kielen, käsitteistön, ajattelun, arvojen taikka todellisuuskäsityksen siunauksellisuutta. Mikäli mielleyhtymät ovat ytimeltään samoja, ne ohjaavat käyttäytymistä toivottuun suuntaan.

Arjessa matka yhteisen todellisuuskäsityksen vaatimuksesta vaivoin verhoiltuun totalitarismiin voi olla hyvinkin lyhyt: lähtökohtaisesti tehokkaimpia ovat aina sotilaallisesti johdetut organisaatiot. Niiden valta perustuu ennen kaikkea informaation hallintaan: käytännössä kaikki organisaation omien etujen ja päämäärien vastainen informaatio kielletään, ja "väärien" tietojen levittäminen sanktioidaan ankarasti.[5]

Lupa käsitellä tai levittää tietoa on aina olennainen osa organisaatioiden kurinpitojärjestelmää, jossa organisaation jäseniltä de facto vaaditaan sananvapaudestaan luopumista. Siitä luopuminen on olennainen osa laajempaa hallinnollista alistumista, mikä äärimmäisessä – joskaan ei mitenkään poikkeuksellisessa – tapauksessa merkitsee itsenäisen ajattelun lopettamista kaikessa, mikä koskee organisaation päämääriä ja keinoja.[6]

Näin syntyy todellinen "organisaatiomies" ja valan vannonut sotilas, joka todella uskoo siihen, mitä hän tekee tai mitä yläporras päättää. Hierarkkisuuden hintana on kuitenkin organisaatiot, joissa toimeliaisuutta tapaakin lähinnä silloin, kun kyseessä johtoportaiden keskinäinen juonittelu. Organisaation ylemmät toimihenkilöt ovat enimmäkseen turhautuneita tai taantuneita, alemmat taas apaattisia ja avuttomia.[7]

Usein ajatellaan, että ihmiset ovat näissä organisaatioissa ensin yrittäneet parhaansa, tämän jälkeen taistelleet vääjäämätöntä vastaan, ja vihdoin myöntäneet kärsineensä tappion. Lopulta käytävillä hortoilee vain unissakävelijöitä, jotka eivät enää yritä juuri mitään eivätkä saa aikaan yhtään mitään. Suurin osa organisaatioista on kuitenkin päässyt tähän horrostilaan varsin suunnitelmallisen ja selkeän prosessin jälkeen: kyse on itse hankitusta sairaudesta, jolle on joskus annettu nimeksi "kelvotteellisuus".[8]

Kyse on sairaudesta, jossa yhdistyvät kelvottomuus ja kateus ja joka on huomattavasti helpompi tunnistaa kuin parantaa. Helpoimmin sairauden tunnistaa henkilössä, joka ei ole omalla osastollansa saanut aikaan juuri mitään, mutta joka pyrkii jatkuvasti sotkeutumaan muiden osastojen asioihin taikka saamaan sananvaltaa keskusjohdossa – siis omalaatuisen saamattomuuden ja kunnianhimon kieroutuneena yhdistelmänä.

Sairaus onkin aina jo astetta vakavampi silloin, kun on saanut keskusjohdon osittain tai jo kokonaan valtaansa. Tällöin diagnoosin voi perustaa siihen itsepintaisuuteen tahi kekseliäisyyteen, jolla kaikki itseä pätevämmät pyritään karkottamaan taikka jolla kykeneviksi mahdollisesti osoittautuvien palkkaamista tai ylentämistä vastustetaan.

Melkein aina tämä tapahtuu "arvostelukyvyn" tai "yhteistyökyvyn" korostamisella ohi älyn, luovuuden ja aikaansaannosten. Seurauksena keskusjohto täyttyy jo vähitellen tyypeillä, jotka ovat selvästi tyhmempiä kuin pääjohtaja. Nämä toistaitoiset taas palkkaavat alaisiksi vielä huonompia, ja pian on käynnissä suoranainen kilpailu siitä, kuka loistaa kyvyttömyydessä ja keskinkertaisuudessa. Joukkoälyn filosofiaa juhlitaan.[9]

Lopulta koko keskusjohto on vain rautaa tahi vaskea, vaikka sen pitäisi Platonin ihannemallien mukaan olla puhdasta kultaa. Terminaalivaiheessa koko organisaatiossa johtajista juoksupoikiin ei ole pientä älyn kipinääkään jäljellä. Organisaatio on käytännössä kuollut tai ainakin saattohoidossa, mutta se voi silti elää tällaisessa horrostilassa vielä vuosikausia. Terminaalivaiheesta toipuminen on erittäin harvinaista. Voimakkaasti levinneen taudin tapauksessa edes uusi veri tai leikkaus ei aina auta.[10]

Onnellisessa tapauksessa organisaatioon onkin saattanut rekrytointivirheen takia päästä pujahtamaan edes yksi luova, kyvykäs ja älykäs nuori, joka on jostain syystä onnistunut peittämään kyvykkyytensä hölmön hyväntuulisuuden naamarilla. Koska kyvykkyyden hävittämiseen erikoistuneet eivät tunnista kyvykkyyttä, kyvykäs kiipeää vähitellen kohti huippua.

Naamari kasvoillaan hän tallustelee tietään, lavertelee keilaamisesta, selittelee ihmissuhteitaan, nauraa höröttää vähämielisesti, hukkailee papereitaan, pitää sekavia esitelmiään sekä on muutenkin niin kuin muut. Vasta korkean position saavutettuansa hän paljastaa kasvonsa kuin joku paholaiskuningas. Kauhusta kirkuen keskusjohto tunnistaakin kyvykkyyden, mutta vahinko on jo tapahtunut. Parantuminen voi silti viedä vuosikausia.[11]

Parantumisen todennäköisyys on sitä suurempi, mitä varhaisemmin tauti havaitaan. Alhaiset tavoitteet tai omahyväisyys ovat aina organisaatioille muistutuksia manalan puolelta. Saattohoitokotia kohti matkalla olevassa organisaatiossa vain vaatimattomiin tavoitteisiin pyritään, ja vieläkin vaatimattomammat riittäisivät.

Kun kaikki tavoitteet on asetettu tarpeeksi matalalle, ne melkoisella varmuudella myös saavutetaan. Aikaansaannoksistaan ylpeä johto taas alkaa paisua omahyväisyydestä, suunnitella lasipalatsia tahi esitelmöidä seminaareissa. Janten lait on kultaisin kirjaimin kaiverrettu tällaisen organisaation pääoven yläpuolelle.[12]

Paradoksi on tässä: niin siunauksellisia kuin yhtenäinen organisaatio sekä yhteinen todellisuuskäsitys saattavat tietystä kulmasta olla, nuo kääntyvät kiroukseksi, kun tarvitaan ajattelua, luovuutta tahi muutosta. Luovuus sekä muutos taasen kypsyvät vain marginaalissa – ja aina jännitteisessä suhteessa ytimeen ja valtaan.[13]

Tämän jännitteen perimmäisen luonteen ymmärtäminen edellyttää sukeltamista sangen syviin tai tummiin vesiin. Useimmat eivät sinne koskaan uskaltaudu, sillä heidän mielestään ei ole halveksittavaa uskoa sitä tai tätä ja elää sen mukaan uskomustensa perusteita enemmälti pohtimatta.[14]

Johtamiskirjallisuudessa tämä tarkoittaa kaiken kuoliaaksi syleilevää "sekä että" -ajattelua seuraavaan tapaan. Yhtäältä vahvaan yhteiseen todellisuuskäsitykseen perustuva organisaatiokulttuuri tekee toiminnasta ennustettavaa sekä koordinoitua, helppoa johtaa. Toisaalta jatkuvat jännitteet ja avoimiksi tai tulkinnanvaraisiksi jätetyt kysymykset ovat hyödyllisiä, sillä vain niistä nousevat luovat uudistukset; vain niistä nousee muutos.[15]

Johtamiskirjallisuudessa korostetaan, että jo maailmankuvien monimuotoisuus on luovuuden näkökulmasta välttämätön, tarpeellinen ja suorastaan hedelmällinen asiantila. Luovuudella on kuitenkin aina vaikeampi puolensa, joka liittyy vanhan kyseenalaistamiseen sekä vaarallisia ajatuksia esittäviin vaikeisiin ihmisiin. Todellisen luovuuden tahi muutoksen ytimessä ovatkin aina vaaralliset ajatukset, joille *ei ole* sijaa hovielämässä.[16]

Ihminen kuitenkin tarvitsee toivoa, uskoa, unelmia tahi utopioita. Ne eivät merkitse vain todellisuudesta pakenemista, vaan haaveet, toiveet, unelmat tai päiväunet ovat ihmisen ymmärtämisen avainkäsitteitä; ihmisen arkipäiväisissäkin toimissa on aina ripaus utopiaa. Utopia ei asemoidu konkreettisen toiminnan vastakohdaksi, vaan se on osa pientenkin käytännön asioiden toteutumista.[17]

Utopia voi kuitenkin konkretisoitua vain silloin, kun sen utopistisuus tunnustetaan: jokaista utopiaa ei voida, eikä pidäkään, toteuttaa. Tämä ei ole utopian heikkous vaan vahvuus, sillä sen perimmäinen tehtävä on ainoastaan arkisen realismin henkisten kahleiden katkaiseminen.[18]

Johtamiskirjallisuuden kaanonissa tällaisen utopian paikan on ottanut *Graal*. Kaanonin kuvaamasta työyhteisöstä ja siihen liitetystä johtamismallista on tullut utopia, johon on projisoitu kaikki hyvinä pidetyt arvot tai ihanteet. Sen ensimmäinen elementti on ollut unelma täydellisestä organisaatiosta, joka toimii kitkatta sekä toteuttaa kaikki tavoitteensa käyttäen tehokkaasti hyväksi kaikkien ihmisten osaamisen.[19]

Toisena elementtinä on ollut unelma onnellisesta työyhteisöstä, jossa kaikkien on hyvä olla; se on ollut unelma paremmasta perheestä, jossa kaikki saavat huomiota sekä tunnustusta tahi jota johtaa jo täydellinen isä. Kolmas elementti on ollut teoreettisempi ja erityisesti tutkijoiden hellimä. Tämä on ollut ihanne jalostavasta työstä, jossa opitaan, kehitytään ja toteutetaan itseä.

Tällaisessa täydellisessä organisaatiossa jokaisella onkin lupa ja jopa velvollisuus ajatella, kyseenalaistaa ja luoda itse. Aivan turhaan ei puhutakaan ”toivon johtamisesta”. Tällaisesta toivolla johtamisen retoriikasta on tullut tämän ajan uusi puhetapa jopa julkishallinnossa, jossa on pitkät perinteet hierarkkiselle hallintokulttuurille ja siilomaiselle toimintatavalle.[20]

Muuttuvassa maailmassa edes julkishallinto ei voi enää toimia saarekkeina tai siiloina, vaan sen on keskityttävä yhä enemmän radikaaleihin, vanhoja toimintatapojaan kyseenalaistaviin uudistuksiin. Siltä edellytetään sitoutumista uuteen strategiseen näkemykseen, vahvaa tahtotilaa, resurssien liikkuvuutta sekä innovatiivisia ratkaisuja monitahoisiin haasteisiin.

Näin eräässä valtionhallinnon visiokirjasessa profetoidaan. Kirjasen mukaan ongelmat onkin käännettävä haasteiksi kirjaamalla tulos- sekä johtamissopimuksiin tavoitteiksi muun muassa asiakaskeskeisten palveluketjujen pystyttäminen, vanhoista malleista luopuminen taikka uusien kumppanuuksien solmiminen sekä luovuuspotentiaalin vapauttava johtaminen.[21]

Lisäksi tarvitaan nykyistä yhteisöllisemmät, eri rajoja ylittävät työskentelytavat. Modernisoimalla julkishallinnon johtamisen sisältö sekä käytännöt vapautetaankin ihmisten omaehtoiseen luovuuteen sekä tuloksellisuuteen pyrkivä elämänasenne osaksi virkatyötä palkiten aloitteellisuudesta, uusiutumisesta ja rohkeasta riskinotosta.

Kirjasen mukaan erityisesti innovaatiokäsitteistö tarjoaakin uusia näkökulmia toiminnan analysointiin sekä uudistusten suunnitteluun, sillä ei ole yhdentekevää, minkälaista kieltä tai käsitteistöä käytetään. Kieli ja käsitteet muokkaavat ajattelua, jonka pohjalta toimitaan, joten jo käsitteistön uudistamisella sinänsä voidaan viedä kehitystä haluttuun suuntaan.

Innovaatiokyvykkyys kukoistaa vain uudenlaisessa hallintokulttuurissa, jonka keskeisiä osatekijöitä ovat luottamus ja moniäänisyys, riskinottokyky ja epävarmuuden sietäminen sekä erilaisten osaamisten yhdistämiselle perustuva asiantuntijuus; tässä kulttuurissa korostetaankin rohkeutta kokeilla uutta ja luopua vanhasta, vahvistetaan strategista ketteryyttä, tuetaan moniäänisyyttä sekä kannustetaan tiedon avoimeen jakamiseen.[22]

"Pomojen korulauseet vääntyvät irvikuvikseen" – taas kerran, kun asiaa tarkastelee alemmilta portailta taikka lasikuutioista käsin. "Kun kuulet puhetta strategiasta, on syytä poistaa pistoolin varmistin. Kun kuulet sanat missio, visio, kehittäminen, luovuus ja innovaatio, on aika siirtyä sarjatuleen", eräs kyllästynyt kommentaattori kirjoittaa.[23]

Kulttuurivallankumouksen asettaa kyseenalaiseksi jo se, että suurin piirtein samat vanhat jääräpäät – jotka ovat joskus jostain syystä arvottu johtopaikoille – pysyvät paikoillansa kuin aurinko ikään. Tuskin koskaan on kuultu puuttuvien tulosten takia potkut saaneista julkisjohtajista; tunareista on julkishallinnossa hankkiuduttu eroon *ylentämällä* heidät. Nämä byrokratian perilliset ovat uudistajina yhtä uskottavia Erich Honecker tai Nicolae Ceausescu; virkarälssi ei vihreää oksaa sahaa.[24]

Myös sanahelinä on yhtä korviasärkevää kuin entisessä Itä-Saksassa tai Romaniassa. Uusi julkisjohtaminen perustuu politbyroon paikan ottaneen pienen virkarälssin sekä talouseliitin ekonomistiseen ihmiskäsitykseen, jonka nimissä ihmisiä heitellään kuin hiekkasäkkejä, kiristetään katteettomilla lupauksilla kehityskeskusteluissa ja lopuksi puhutaan aivan puuta heinää henkisestä kasvusta ja upeasta elämästä samalla, kun reviirin ja työn vaihtosuhteen säätelyn viimeiset rippeetkin yritetään viedä.[25]

Julkisen sektorin johtamiseen kopioidaankin yritysmaailmasta melkein kaikki muu paitsi modernin henkilöstöjohtamisen ideaali, jonka syntyjuuret ovat nimenomaan siinä havainnossa, että ihminen *ei* ole taloustieteellisten mallien musta laatikko. Kaikkien johtamisteorioiden juurikertomus on Nietzschen havainto siitä, että psykologia on avain aivan kaikkeen; pelkkä palkka on suuressa roolissa vain pienessä politiikassa.[26]

Tämä taas on mahdoton ajatus taloustieteen puhtaiden mallien puristiselle utopialle, jonka nimiin vannovat loukkaantuvat verisesti, jos heidän mallinsa tahrataan psykologisella tai sosiologisella saastalla, heille kerrassaan vieraiden ja alkukantaisten heimojen seremonioilla. Kyse on varsin leveästä kulttuurikuilusta, jonka yli veljensä vartijaksi itsensä mieltävä virkarälssi vasalleineen ei koskaan halua astua.[27]

Tästä puolitiehen jättämisen politiikasta kaikki uuden julkisjohtamisen typeryys ja välinpitämättömyys – tuo autoritaarisen hallintokiiman ja liehittelevän valmennusfilosofian sukurutsainen ristisiitos – juontuu ja selittyy: sille psykologia on vain puhtaan taloudellisen mallin pateettinen päällysrakenne, kentaurin kasvattaman Ruhtinaan rahvaalle kertoma satu, sotaan valmistautumisen verho.[28]

Periaatteessa uuden julkisjohtamisen asialistalla ei ole byrokratian uudistaminen vaan sen alas ajaminen, asteittain ja kaikessa hiljaisuudessa – verenimijän hoikentaminen henkihieveriin. Ilman tätä uusien vallankumouksellisten pitkä marssi instituutioiden läpi olisi aivan liian pitkä. *Käytännössä* vihreää oksaansa vaaliva virkarälssi huolehtii siitä, että Max Weberin pahamaineinen byrokratian rautahäkki pitää edelleen pintansa.[29]

Arkipuheessa byrokratialla viitataan esimerkiksi valtionhallintoon, paperisotaan ja siitä aiheutuvaan tehottomuuteen sekä mihin tahansa suureen organisaatioon, jonka edustajien nähdään toimivan "virkavaltaisesti". Weberin lähtökohtana taasen oli puhtaasti teknisestä näkökulmasta tarkastella inhimillisen käyttäytymisen kontrolloinnin eri keinoja maksimaalisen tehokkuuden tavoitteen näkökulmasta.[30]

Hän päätyi analyysinsa perusteella häkellyttävään ja hämmentävään tai jopa epäilyttävään teesiin, jonka mukaan pysyvyytensä sekä ennustettavuutensa ansiosta byrokraattinen organisaatio onkin tehokkain mahdollinen organisaatio, eikä organisoidun toiminnan laajuuden kasvaessa byrokraattisia piirteitä voida ehkäistä tai poistaa.

Weberin teorian mukaan organisaatio on byrokraattinen silloin, kun tämän kaikki toiminnot jaetaan jo hyvin erikoistuneisiin vaiheisiin siten, ettei päällekkäisiä toimintoja ilmene. Tuolloin yksittäisistä toiminnoista tulee helposti vaihdettavissa olevia, mikä tuottaa joustavuutta ja tehokkuutta.

Erikoistumisen aiheuttama yhteensovittamisongelma ratkaistaan päätöksenteon keskittämisellä ja selvillä esimies-alaissuhteilla. Epävarmuus alaisten käyttäytymisestä poistetaan tarkoilla määräyksillä sekä säännöillä, minkä avulla asiakkaille tai muille sidosryhmille varmistetaan yhdenmukainen kohtelu sekä selvät toiminnan arviointikriteerit.

Edelleen sekä työntekijöiden että erityisesti esimiesten tulisi käyttäytyä tai toimia mahdollisimman persoonattomalla ja muodollisella tavalla. Sosiaalisella etäisyydellä ja sen ylläpitämisellä pyritään varmistamaan se, etteivät ystävyyssuhteet ja perhesiteet taikka muut vastaavat riippuvuussuhteet vaikuta työn mahdollisimman tehokkaaseen suorittamiseen.

Lopuksi viestinnän tulee tapahtua virkatietä eli hierarkkisesti valta- ja vastuusuhteiden mukaisesti ja mielellään kirjallisessa muodossa. Tämän tarkoituksena on poistaa mahdollisimman suuressa määrin ristiriitaisten tulkintojen mahdollisuus sekä toisaalta mahdollistaa toteutuneen kehityksen kontrollointi ja objektiivinen jälkikäteisarviointi.

Weber ei milloinkaan väittänyt, että byrokraattisen ideaalimallin mukainen organisaatio olisi varmasti tehokas myös käytännössä. Hänen tavoitteenaan oli yksinkertaisesti osoittaa, mihin byrokraattinen organisaatio periaatteessa kykenee: monet byrokraattisen ideaalimallin usein esillä olevat puutteet ovat enemmänkin seurausta inhimillisen käyttäytymisen ja tuon irrationaalisten momenttien mukanaan tuomista poikkeamista kuin ideaalimallin heikkouksista sinänsä.[31]

Vaikka otettaisiin huomioon esimerkiksi epätäydellinen tieto tai rajoitettu rationaalisuus, suunta on siltikin sama: byrokraattiseen malliin päin. Varsinkin valtiovalta on instituutiona niin vahva, että vain valjastamalla se byrokratiaan voidaan välttää mielivaltaa; valtiokoneisto vailla sääntöjä on vain tyrannian kasvualusta. Toisaalta suuruuden ekonomian sivutuotteena myöskin yritysmaailmassa on auttamatta byrokraattisia piirteitä.[32]

Max Weber tiedosti oman teoriansa ristiriitaisen luonteen. Modernin kapitalismin rakenteellisen monimutkaisuuden ja epävarmuuksien hallinnan taikka hyvinvoinnin tuottamisen näkökulmasta ylivertainen työkalu tuotti samalla suuria inhimillisiä kustannuksia tahi kärsimyksiä vaatiessaan yksilöllisten erojen ja halujen alistamista omille vaatimuksilleen.

Toisin sanottuna Weber tiedosti rationaalisen byrokratian korvaamattomuuden modernille ajalle jo ominaisten edistystavoitteiden saavuttamiseksi. Toisaalta hän oli jo huolissaan byrokratian yksilönvapaudelle muodostamasta uhasta, sillä tämä näyttikin määrittävän kaikkien, eikä vain talousmiesten elämäntyylin, vieläpä väkipakolla. Puritaani *halusi* olla moderni ammatti-ihminen; modernin ammatti-ihmisen *täytyy* olla puritaani.[33]

Hallinnollisen sekä taloudellisen kehityksen sivutuotteena ovat lopulta "erikoismiehet ilman henkeä", jotka kuvittelevat kuitenkin nousseensa koskaan aikaisemmin saavuttamattomalle ihmisyyden asteelle. Näin selitti siis jo Max Weber, joka oli hyvin tietoinen siitä, että ideaalityyppisellä ihanneorganisaatiolla on oma hintansa ja kääntöpuolensa – hiekkalaatikko, joka syntyy, kun byrokratiaan lisätään psykologia.

Byrokratioissa erilaiset erityisasiantuntijat taikka päälliköt saavat nimittäin valtansa siitä, että he hallitsevat organisaation lukuisten eri hiekkalaatikkojen sisältämää informaatiota. He oikeuttavat asemansa sillä, että he valvovat eri kanavissa virtaavaa informaatiota. Kun syntyy tilanteita, joita ei voida helposti jättää kunkin organisaation valmiiksi olemassa olevien hiekkalaatikkojen vallasväen hoidettavaksi, byrokraatit ärsyyntyvät.

He alkavat taistella toimivallasta, rahasta, henkilöstöresursseista ja informaatiovirtojen hallinnasta. Kamppailuihin kulutetaan hillittömästi emotionaalista energiaa; ihmisten toimintatarmo poltetaan hallinnollisen myrskyn taikka kiihkon lieskoissa. Nämä roihut saavat organisaatiot käyttäytymään jopa täysin järjettömästi ja lopulta rationaalisuus, jolla byrokraatit kerskailevat, haihtuu ilmaan, kun vallanhimo korvaa järjen ratkaisujen perustana.

Kun byrokraattien on pakko käsitellä asiaa, joka ei sovi mihinkään jo olemassa olevaan hiekkalaatikkoon, he käyttäytyvät aina tietyn peruskaavan mukaisesti. Alkukahakointien jälkeen joku väistämättä ehdottaa uuden yksikön perustamista ja itseään tai omaa luottomiestään tämän johtoon. Tämä uudistus mielletään sellaiseksi, miksi se käytännössä kehittyykin: vanhempien yksiköiden kilpailijaksi, joka tulee jakamaan niukkoja resursseja.

Koska kukaan muu ei halua sellaista, päädytään kompromissiin, joka on kaikista byrokratioista tuttu kummajainen, jossa yhdistyvät norsun hidas ja huojuva käynti sekä ameban aivotoiminta. Uudesta yksiköstä tulee usein uusi hiekkalaatikko. Siinä toimivat tyypillisessä tapauksessa astetta alempien portaiden henkilöt, jotka on lähetetty pysyviä yksiköitänsä edustamaan sen varmistamiseksi, ettei uusi yksikkö vohki mitään olemassa olevista toimivaltuuksista tai määrärahoista – eikä pimitä informaatiota.

Byrokratiassa mikä tahansa uudistus muuttuu vakiintuneen valtajärjestelmän puolustamiseksi. Ylipäänsä erityisasiantuntijat ja päälliköt pelkäävät vakiintuneen valtansa vaarantuneen aina, jos he menettävät edes hetkeksi hiekkalaatikkojensa välisten informaatiovirtojen hallinnan. Niinpä byrokratioissa kaikki on sanottava selvästi ohjekirjoissa, ja työntekijöiden on toimittava näiden ohjekirjojen mukaan.

Koska toimintaympäristössä tapahtuu kuitenkin jatkuvasti yllätyksiä sekä äkillisiä käänteitä, on mahdotonta tietää täsmälleen tai ennakolta, kuka organisaatiossa tarvitsee ja mitäkin informaatiota. Hiekkalaatikkojen hallintaan perustuvassa järjestelmässä informaatio ei koskaan tule etulinjaan ajoissa tai oikeassa muodossa, joten informaatiota alkaa väistämättä valua epävirallisiin verkkoihin, juorupiireihin taikka huhupuheisiin, jotka hallinnan illuusiostaan huolestunut hiekkalaatikkojärjestelmä taas pyrkii nujertamaan.

Järjestelmän mies on mielestänsä ”hyvin viisas ja usein niin ihastunut omaan ihannehallitsemistapansa oletettuun kauneuteen, että hän ei voi sietää pienintäkään poikkeamista mistään sen osasta. Hän näyttää kuvittelevan, että hän voi järjestää suuren yhteiskunnan jäsenet yhtä helposti kuin käsi järjestää nappulat sakkilaudalla. Hän ei ota huomioon, että sakkilaudan nappuloilla ei ole muuta liikettä kuin se, minkä käsi niille antaa, vaan että ihmisyhteiskunnan suurella sakkilaudalla jokainen nappula liikkuu omalla tavallaan, joka on aivan erilainen kuin se minkä lainsäätäjät sille määräävät."[34]

Käytännössä kaikissa byrokratioissa on näiden virallisen koneiston sisällä epävirallinen organisaatio tai eräänlaisia salaisia siirtomaita. Näiden asukkaat käyttäytyvät kuten siirtomaiden asukkaat kaikkialla sekä kaikkina aikoina: tottelevat ja mielistelevät eliitin ollessa paikalla, halveksivat ja pilkkaavat sen ollessa poissa.

Byrokratioissa ystävyyden, yhteistyön ja avunannon pinnan alla elää edelleen bwanojen sekä sahibien mielenlaatu. Byrokratia on eräänlaista imperialismia. Siinä keskusvallan alaisuudessa toimivat myös nuo lukuisat epäviralliset, torjutut tahi puolisalaiset ryhmittymät, jotka saavat asiat hoitumaan myös silloin, kun hiekkalaatikkojärjestelmä itse ei saa mitään aikaan.

Jokaisella näistä siirtomaista on jo oma johtonsa, omat viestintäyhteytensä ja oma epävirallinen valtarakenteensa. Tuo heijastelee harvoin muodollista hierarkiaa taikka hiekkalaatikkojärjestelmää, joka alkaakin yhä selkeämmin näyttää anakronismilta nykyisessä nopeasti muuttuvassa maailmassa.

Yhä useammin kyse on näiden torjuttujen ryhmien vapauttamisesta; kyse on näihin salaisiin siirtomaihin sisältyvän voiman ja innovaatioita tuottavan energian vapauttamisesta. Hiekkalaatikkojärjestelmä – tuo byrokratian periksi antamaton selkäranka – on joutumassa maalitauluksi kaikkialla.

Jos kuvaus tuntuu tutulta tahi jopa kotoisalta, se ei ole mikään ihme. Se on teoksesta *Suuri käänne* – ja jo vuodelta 1991![35] Pyhää sotaa byrokratiaa vastaan on käyty ainakin kolmatta vuosikymmentä. Nykyisin jopa julkishallinto – tuo byrokratian pesäpaikka – on liittynyt lähetyssaarnaajiin.[36]

Kasvun kultaiselta 1980-luvulta lähtien lähetyssaarnaajat ovat luvanneet, että markkinoiden väkivaltainen tuuli puhaltaa pian jo byrokratioiden jokaiseen käytävään, koloon ja sokkeloon. Turboruuvit hehkuvat punaisina, kun konsulttiarmeijoiden käsitteelliset innovaatiot kiidättävät jo kohti taloudellista kasvua, upeaa elämää sekä avaraa tulevaisuutta, jossa Weber on vihdoin pantu viralta ja jossa ei hierarkiaa tai byrokratiaa näy.[37]

Silti moni johtaja ei oikein vieläkään tajua, mistä muutoksessa mikrotasolla on lopultakin kysymys. Niitä on kuulemma nykyään jo yhä enemmän. Ne ovat nuoria naisia tai miehiä, joilla on kanttia ja pokkaa. Ne osaavat ja tekevät, mutta myös sanovat sekä vaativat. Silti se, mitä niiden kanssa voi tehdä, onkin monille byrokratioiden pelisäännöillä johtoasemiin kiipineille perin epäselvää.[38]

Niitä pitäisi kohdella silkkihansikkain ja yksilöinä. Niiden niskaan ei saisi hengittää, mutta silti niille pitäisi koko ajan olla haasteellisia tehtäviä, etteivät ne kohta jo kyllästy. Palkkaa niille pitäisi maksaa yhtä paljon kuin vanhoille konkareille, enemmänkin.

Työelämän perinteiset pyhät lehmät – valta-asemat, hierarkiat tahi niiden ympärillä pyörivät rituaalit – ovat niille yhdentekeviä. Ne seuraavat valikoivasti vain jo hyväksi havaittuja käytäntöjään taikka luovat tarvittaessa omansa; ne arvostavat ja kunnioittavat vain aikaansaannosten perusteella.

Ne haluavat erottua ja tulla nähdyiksi; ne haluavat vaikuttaa, tehdä valintoja sekä ilmaista itseänsä; ne haluavat vapautta, yksilöllisyyttä, avoimuutta, yhteisöllisyyttä sekä innovatiivisuutta. Mikä pahinta, ne haluavat kyseenalaistaa ja haastaa – myös johdon. Niiden arvoista tahi asenteista versoo Z, joka on eräiden professoreiden symboli uudelle ja vasta idullaan olevalle ja vähän pelottavallekin; silti juuri se on muutoksen moottori.[39]

Maailmasta on tulossa entistäkin kiivasrytmisempi ja kilpailuhenkisempi. Nopeat ovat aina syöneet hitaat, mutta taistelu paikoista auringossa on muuttumassa entistäkin kovemmaksi. Z onkin sielunmaisema, jossa ei koskaan ole ollut urapolkuja vaan projekteja ja jota leimaa pärjäämisen pakon ja putoamisen pelon kohtalonyhteys. Tällaisessa maisemassa menestyksen avain ei ole pokkurointi vaan pokka.

Myöskään uusi polvi ei silti ole jokin yhtenäinen massa. Senkin sisältä löytyy varmasti omat ylisuorittajansa. Toisaalta myöskin vanhempien joukossa on aina ollut kyseenalaistajia, kapinallisia ja innovoijia.[40]

Ihmisellä ylipäätänsä onkin taipumus muuttua eri elämänvaiheiden mukana: nuoret aikuistuvat, Siperia opettaa ja vallankumous syö lapsensa. Toisenkin vanhan hokeman mukaan ihminen on aina nuorena radikaali, keski-ikäisenä konservatiivi ja vanhana seniili.

Professorit eivät silti asetu Saarnaajan kannalle siinä, ettei ole mitään uutta auringon alla. Sen sijaan he asettuvat – joskin hieman arastellen – sille kannalle, että monet nuoret naiset taikka miehet eivät vain enää yksinkertaisesti ole johdettavissa perinteisin keinoin: he vaativat vapautta tai vaikutuskanavia, he kyseenalaistavat ja kokeilevat.[41]

Suurena massana he saavat työelämään tullessaan haluamansa. Nettisukupolven edustajat kunnioittavatkin vain vertaisyhteisöä, jonka malli löytyy verkkomaailmasta. Tiivistetysti he eivät kerta kaikkiaan siedä hierarkioita sekä näihin liittyvää pokkurointia, pönötystä, salailua, klikkiytymistä ja kavereiden suosimista tahi muihin kohdistuvaa kurinpidollista mittaamista. Siksi Z vaatii *epäjohtamista.*

Epäjohtaminen taasen tarkoittaa sitä, että uusien sukupolvien uusien ajatusten taikka arvojen edessä johtaminen pitää piilottaa. Suurin muutos, jonka uudet sukupolvet tuovat työelämään, on uskallus sekä mahdollisuus vaatia yksilöllistä kohtelua. Epäjohtaminen on vastaus tähän hierarkioiden hylkäämisen haasteeseen: hierarkia ei kokonaan katoa, mutta sen merkitys organisoinnin välineenä vähenee. Tämä on johtamisen tulevaisuutta, jossa tosin on jotain perin tuttua jo vuosikymmenten takaa.[42]

Pankkiirin taivas ja maa

Johtamiskirjallisuuden kaanon ei määrittele omaksi messiaaniseksi tehtäväkseen todellisuuden kuvaamista – vaan jo todellisuuden muuttamisen. Tärkein väline tämän messiaanisen tehtävän toteuttamisessa on taas ollut *Graal*: unelma täydellisestä organisaatiosta, johon on projisoitu kaikki hyvinä pidetyt arvot ja ihanteet.[1]

Uusia johtamisoppeja on omaksuttu ja organisaatioita on muutettu, ihmisiä vaihdettu ja konsultteja palkattu, jotta unelma toteutuisi niin hyvin kuin mahdollista. Jotkut ovatkin väittäneet johtamiskirjallisuuden tulleen evankeliseen vaiheeseen. Evankeliumeissa teema on tunnetusti suunnilleen sama. Johtamisevankeliumeissa tämä tiivistyy teosten nimissä: uusi kapitalismi, byrokratian loppu, pyramidit nurin, hierarkioiden vaihtoehdot, suuri käänne, vapautuksen johtaminen ja epäjohtaminen.[2]

Erään klassikon mukaan kyse on silti vain välivaiheesta, sakkitermein kuningasta vastaan suunnatusta gambiitista eli avauksesta, jossa sotilas uhrataan suuremman päämäärän saavuttamiseksi. Tämä suurempi päämäärä taas on kuninkaan eliminointi. Johtamiskirjallisuuden suuri paradoksi on tuon tapa hyökätä johtajaa vastaan; epäjohtamisen ihanteesta onkin tullut johtamiskirjallisuuden valtavirtaa.[3]

Juuri kun tämä ihanne ilman johtajaa toimivasta organisaatiosta on lähempänä kuin koskaan, taivaalle ilmestyy pahanilmanlintu. Se on "pankkiirien pankkiiri", joka julistaakin kuten jo Vanhan testamentin profeetat, että valtaideologiat syleilevät aina suuria toiveita, sillä niiden on pakko; elleivät ne tee näin, ne menettävät valtansa niille, jotka tekevät.[4]

Tämän profeetan mukaan liikeyritykset *ovat* retoriikasta huolimatta hierarkioita ja ne ovat jopa yhä selvemmin niitä: hierarkia sekä hallintoperiaatteena että johtamistyylinä palaa 1900-luvun demokraattisten ihanteiden harhapoluilta. Tämä profeetta on siten selvästi eri linjoilla kuin useimmat professorit, jotka evankelioivat hierarkioiden häviämisen ja byrokratioiden purkamisen puolesta.[5]

Kuka on viimein oikeassa? Entä kuuluuko "pankkiirien pankkiirin" kirja kaanoniin? Kukapa tietää. Varmuudella voidaan sanoa vain, että pankkiirilla on kosoltikin enemmän käytännön kokemusta kuin professoreilla. Hän itse kuuluu kiistatta kaanoniin. Itse asiassa hän on jo tavallaan kaanon, lihaksi tullut sana – tosin vain niille, jotka tuntevat salatun viisauden sekä osaavat sanoa *shibboleth*.

Hän on enemmän kuin pelkkä tavallinen pankkiiri tahi yritysjohtaja. Hän on joidenkin tarkoittama modernin toteemin maallinen inkarnaatio; häntä ympäröikin lähes feodaalisen ylemmyyden aura, jollaista ei monella muulla ole. Juuri siksi hän voi jo puhua kuin muinaiset profeetat: myös siitä, mistä ihmiset eivät halua kuulla.[6]

Se, mistä ihmiset eivät halua kuulla, ovat jäähyväiset messiaaniselle proletariaatille. Lyhyesti sanottuna myöhäismoderni talouselämä on funktionaalisia välttämättömyyksiä toteuttava systeemipakkojen verkosto, jossa vastarinnan rooli liittyy lähinnä yksilönvapauden osin epätoivoiseen ja illusoriseen puolustamiseen.[7]

Tästä puolustustaistelusta edellä mainitussa epäjohtamisessa on pohjimmiltaan kysymys. Koska mykkien markkinapakkojen alaisuudessa kaiken työn on pakko olla kannattavaa ja hierarkkisesti organisoitua, alistettua sekä kuluttavaa raadantaa, ihmiset eivät halua *työtä* vaan *työelämää*, erityistä sosiaalisen toiminnan kenttää, jolla voi päteä ja toteuttaa itseään.[8]

Niinpä he vaativatkin työelämän laatua, matalampia organisaatioita, demokraattista johtamista tai itsensä toteuttamisen mahdollisuuksia. Nämä taasen uhkaavat muuttaa työelämän oikeasta työstä puhdistetuksi puuhasteluksi, joka ei ole erityisen kannattavaa. Työelämästä uhkaa tulla jo todellinen kuhnurien kerho.[9]

Itsepintaisesti myöhäismoderni ihminen kuitenkin vaatii työelämän laatua tahi palvoo postmodernia *Graalia*; luonteeltaan lähinnä sosiaalidarvinistisen markkinakilpailun maailmassa arkisen realismin jalkarautojen kolinaa on pakko paeta päiväuniin, unelmien tai utopioiden silkinpehmeälle pumpulirannalle.

Myös pankkiirien pankkiiri tilittää tuskaansa siitä, miten nykyisin on suurta muotia nauttia markkinakilpailun eduista, mutta samalla arvostella ankarasti tuon instituutioita, logiikkaa sekä perusteita. Yläkerroksille tämä kaksinaismoraali onkin jo suorastaan tyypillistä: kerskakulutus on ikään kuin hyväksyttävämpää, kunhan sen kyytipoikana on aimo annos sosiaalista omatuntoa tai suorastaan sosialismia – tosin salonkityylistä sellaista.[10]

Ennen kuin unissakävelijät heräävät, ja se orjien kuoron korviasärkevä vastalauseiden myrsky alkaa, onkin hieno hetki vilkaista paikkaa, joka näyttäisi olevan pankkiirin taivas ja maa – siis markkinoita. Pankkiirille markkinat eivät nimittäin enää pitkiin aikoihin ole tarkoittaneet vain kysynnän ja tarjonnan kohtaamispaikkoja.[11]

Markkinoilla olennaisinta on se, että markkinahinnat tasapainottavat aina kysynnän ja tarjonnan. Tässä tiivistyy markkinoiden salattu viisaus ja Zen, jonka johdannaisia muut markkinoilla tapahtuvat asiat ovat. Markkinat välittävä informaatiota; ne tuottavat kannustimia; ne määräävät tulonjaon taikka laadun mittapuun. Tehokkaimmillansa markkinat ovatkin lähes erehtymättömiä, ja erehtyessäänkin ne korjaavat pian virheensä.

Markkinat eivät haaskaa hetkeäkään epäolennaisen taikka turhan informaation välittämiseen. Vain olennainen on tärkeää – ja se tiivistyy hintainformaatiossa. Markkinat eivät väittele, päättele, saati syytä. Markkinat eivät kiistele teorioista, hypoteeseista tahi tulkinnoista. Kulttuuripersoonien päivällispöydissä välttämättömiin moniselitteisyyksiin oppineen on vaikea hyväksyä ideaa kaiken olennaisen kiteytymisestä *vain* hintaan.[12]

Markkinoilla ihmiset eivät tiedä, miksi heidän on tehtävä se, mitä he tekevät tai miten heidän tekojensa vaikutukset ulottuvat pidemmälle kuin vain heidän omiin tavoitteisiinsa. Tuo tuntuukin jo älylliseltä loukkaukselta ihmistä kohtaan. Jos taasen markkinat olisivat ihmisen suunnittelun tulosta, niitä ylistettäisiin yhtenä ihmismielen suurimmista älyllisistä riemuvoitoista. Markkinoiden epäonneksi ne eivät ole tietoisen suunnittelun tulos – vaan sokea kelloseppä.[13]

Markkinoiden taide ja Zen on se salattu viisaus, joka erään profeetan hajautuneen järjestelmän ideaan sisältyy. Silti ei ole edes oikein kunnollista englannin tahi saksan kielen sanaa, joka tarkasti luonnehtisi hajautunutta järjestystä. Lähinnä voitaisiin ajatella ”transsendenttia”, mutta sekin on niin väärin käytetty, että sitä voidaan käyttää vain epäröiden.[14]

Kirjaimellisessa merkityksessänsä käsite kuitenkin viittaa sellaiseen, "mikä *pitkälti ylittää ymmärryksemme, toiveidemme ja tavoitteidemme ja aistihavaintojemme tavoituskyvyn*, ja sellaiseen mikä yhdistää tai tuottaa tietoa, jota yhdenkään yksilön aivot tahi mikään yksittäinen organisaatio eivät voi hallita tai keksiä." Näin lukee profeettojen pergamenteilla.[15]

Markkinoiden mahdin tunnistamisen tai tunnustamisen jälkeen on pakko pohtia sitä, miksi kaikkia liiketoimia ei kuitenkaan tehdä viisaiden yksilöiden valintojen kautta markkinoilla – ja miksi siis ylipäänsä tapahtuu organisoitumista. Kääntäen taas voidaan kysyä, miksi markkinat ylipäänsä ovat olemassa, eikä kaikkia liiketoimia hoideta yhden tai muutaman suuren yrityksen sisällä, siis jättiläismäisissä byrokratioissa.[16]

Yhden klassikon aseman saaneen vastauksen mukaan transaktiokustannukset määräävätkin sen, mitkä liiketoimet suoritetaan markkinoilla ja mitkä yrityksissä taikka muissa organisaatioissa. Yleisperiaatteena on, että ne suoritetaan markkinoilla, jos nämä kustannukset tällä tavalla muodostuvat pienemmiksi.

Transaktiokustannuksia ovat tiivistetysti kaikki kustannukset, jotka liittyvät sopimusten suunnitteluun, neuvotteluun, täytäntöönpanoon tahi valvontaan. Klassisen teesin mukaan ilman näihin liittyviä esteitä ja kustannuksia viisaat valitsijat pääsevät aina keskinäiseen sopimukseen. Sen sijaan silloin, kun nämä esteet ja kustannukset ovat korkeita, myös markkinaympäristössä tarvitaan hierarkkisia instituutioita.[17]

Käytännössä tämä tarkoittaa sitä, että liiallisilta neuvotteluilta välttymiseksi ylin johto voikin tarpeen vaatiessa käyttää saneluvaltaa. Hierarkia on ikään kuin hinta, jonka ihmiset vastentahtoisesti suostuvat maksamaan ryhmätyön tehokkuudesta. Tässä on tiivistetysti hierarkioiden hienous tahi perusidea, johon toki sisältyy omat ongelmansa.[18]

Annettakoon toteemin maanpäälliseksi inkarnaatioksi muuttuneen miehen itsensä kuitenkin kertoa. Hän kun tekee tuon huomattavasti mielenkiintoisemmin kuin rutikuivat klassikot – olkoot vain nobelisteja.[19]

Pankkiirien pankkiirin mukaan ihmisyhteisöjä kuvaakin parhaiten tietty demokratian, hierarkian ja markkinoiden sekoitus. Tämä sekoitus ei ole koskaan sama kaikissa maissa tahi kaikkina aikoina. Kukaan ei hyväksy ajatusta, että yksi hallintoperiaate voisi päteä kaikkina aikoina kaikkiin sosiaalisen organisoitumisen muotoihin.[20]

Kaikilla hallintoperiaatteilla on sekä myönteisiä että kielteisiä puolia, joiden lähempi tarkastelu on mielekästä ainoastaan kulloisenkin sovelluksen yhteydessä. Taloushistoriallisessa katsannossa yksi tämän ajan mielenkiintoisimpia kysymyksiä on se, onko hierarkia todella kuollut ja kuopattu historian roskatunkiolle.

Kysymyksen tarkastelu kannattaa "pankkiirien pankkiirin" mukaan aloittaa Karl Marxin ainoasta mielekkäästä ajatuksesta. Tämä onkin hänen historiakäsityksensä, joka sisälsi aikoinaan vallankumouksellisen ajatuksen siitä, että historiaa ei tule pitää vain brownilaisena liikkeenä muutoin liikkumattomassa maailmankaikkeudessa.

Kaikilla tapahtumilla on sittenkin näkymätön suunta. Kaikkien sekalaisten sotien, salaliittojen, kumousten ja kruununperimysten kuohuvan pinnan alla on aina salattu järkensä. Korvaamalla Marxin muutoin tolkuttomassa filosofiassa luokkaristiriita kilpailulla tai vallankumous luovalla tuholla voidaan kehittää toinen näkemys, jonka pohjalta voidaan paremmin ymmärtää modernia maailmaa muovaavia voimia ja prosesseja.

Kilpailu toimii parhaiten hyvin järjestetyillä markkinoilla, joilla uusi informaatio löytää tiensä hintoihin muuttaen kysyntää ja tarjontaa. Rahoitusmarkkinoilla tämä voi olla muutaman sekunnin asia. Kestokulutushyödykkeiden markkinoilla tämä voi kestää päiviä, viikkoja tai kuukausia.

Siellä, missä ei ole kunnollisia markkinoita, uuden tasapainon löytyminen voi viedä vuosia taikka sukupolvia. Tämän vuoksi modernissa maailmassa kilpailu onkin mukana melkein kaikessa, mitä ylipäätään tehdään – ilmenee tämä sitten nopeasti tai hitaasti, täydellisesti tai epätäydellisesti.

Kilpailun ymmärtämiseksi syvällisemmin kuin vain pelkästään viidakon lakina kannattaa mielikuvituksessaan loikata pitkälle tulevaisuuteen ja katsoa sieltä taaksepäin historiaan. Kun tulevaisuudesta käsin katsotaan, mitkä tämän ajan ideat, tuotteet, palvelut tahi vaikkapa taideteokset ovat selviytyneet, vastaus on varmasti: parhaat.

Selviytyjät eivät ehkä ole parhaita jossakin absoluuttisessa mielessä, vaan mitattuna kyvyllä sopeutua ja palvella toisia suhteessa muihin tarjolla oleviin vaihtoehtoihin. Kilpailu tarjoaa tulevaisuudessa paremman valikoiman kaikkea, olipa kyse sitten elämäntavoista, abstrakteista organisaatiorakenteista tahi konkreettisista ihmisponnistelun tuloksista.

Kilpailu heittää huonoimmat vaihtoehdot historiassa kylmästi tienposkeen. Tämä ei kuitenkaan tarkoita, että markkinoilla elettäisiin viidakon lakien varjossa. Kilpailussa ei ole mitään epäinhimillistä tai sivistymätöntä; kilpailu on kulttuurin syntymisen käyttövoima ja juuri se "näkymätön käsi", joka ohjaa sen tulevaa kehitystä.

Silti ihmisiä muistutetaan jatkuvasti prosessin puutteista ja tilapäisistä takaiskuista. Esimerkiksi eräät profetoivatkin jo puoli vuosisataa sitten, että erityisesti amerikkalaisten suuryhtiöiden jatkuvasti kasvaessa markkinakilpailu vähenee ja kilpailun merkitys on arvioitava uudelleen, sillä monopolia tai oligopolia ei pidä kurissa kilpailu, vaan eräänlainen markkinoiden ulkopuolelta tuleva "vastavoima".[21]

Kapitalismin kehitys tämän jälkeen on kuitenkin kumonnut väitteen siitä, että yritysten koko taikka suurtuotannon edut vähentäisivät kilpailun merkitystä sääntelymekanismina. Kilpailun ansiosta jo nykypäivän maailma on huikeasti parempi kuin mennyt, ja kilpailun ansiosta se paranee edelleen, pankkiirien pankkiiri profetoi.

Samalla hän kuitenkin myöntää, että ylivertaiseksi osoittautuneella kilpailuprosessilla on myöskin oma hintansa: demokraattisen vallankäytön kentän on yksinkertaisesti pakko supistua, ja luovutettu kenttä joutuu taas sekä markkinoiden että hierarkioiden haltuun. Julkisessa hallinnossa markkinat kaappaavat suuremman siivun. Sen sijaan yhtiöissä hierarkia – sekä hallintoperiaatteena että johtamistyylinä – valtaa takaisin alaa, jonka se on menettänyt kuluneina vuosikymmeninä.[22]

Yhtiö onkin tuo 1700-luvulta peräisin oleva innovaatio, joka kannustaa pankkiiria jatkamaan kehittelyään. Taloushistorian muutosvoimista kolme tärkeintä ovat hänen mukaansa kronologisessa järjestyksessä raha, luotto – sekä yhtiö. Markkinoiden tehokkuus parani huimasti jo sillä, että otettiin käyttöön jonkinlainen alkeellinen raha kuten oravannahat. Rahasta olikin lyhyt matka luottoon, joka on kapitalismille kaikki kaikessa: sen avulla siirretään pääomia niille, joilla on enemmän ideoita kuin pääomia.

Luotosta taas oli lyhyt matka yhtiöön. Luotto loi ensin äänettömän yhtiömiehen kulttuurin sekä alkeellisten arvopapereiden tahi päiväämättömien luottojen kautta sittemmin yksinkertaisen osakeyhtiön. Ennen osakeyhtiöitä liikeyritykset olivat toimineet joko yksityishenkilöiden tai sukujen kokonaan omistamina tai vaihtoehtoisesti avoimina kumppanuusyhtiöinä, joissa omistaminen ja johtaminen kulkivat käsi kädessä.

Juuri tässä suhteessa osakeyhtiö aiheutti varsin perustavanlaatuisen muutoksen. Jos pääomia kerätään jopa tuhansilta sijoittajilta, he eivät millään mahdu edes suurimpaankaan saliin valvomaan pääomiensa käyttämistä. Osakeyhtiön päätöksentekoa ei voida muutoinkaan sen paremmin tehokkuusnäkökulmasta kuin liikesalaisuus- ja tarkoituksenmukaisuussyistä uskoa jollekin Puolan parlamenttia muistuttavalle elimelle.

Osakeyhtiöissä omistaminen ja johtaminen oli siis erotettava toisistaan. Vaikka aina joskus juhlapuheissa peräänkuulutetaan näkyvää ja vahvaa omistajuutta, osakkaiden ei tosiasiallisesti ole koskaan oletettu osallistuvan aktiivisesti yhtiön johtamiseen. Ajatus on aina ollut ja on edelleen, että omistajat luovuttavat yhtiön johdolle.[23]

Yhtiön johtamisen taas on pakko perustua tähän päätösvallan delegointiin sekä siihen liittyvään toimeenpanovallan vahvaan keskittämiseen, tiukkoihin toimintasääntöihin ja ammattimaiseen valvontaan. Viime kädessä tuon on kuitenkin aina perustuttava luottamukseen, jonka rikkomisella on oltava vakavat ja välittömät seuraukset.

Jotta tällainen luottamus voisi ylipäätään syntyä, yhtiön johdolla ja osakkailla on oltava lähes identtiset intressit sekä päämäärät: osakeyhtiö ei voi olla hyväntekeväisyyslaitos, mutta ei myöskään johdon oikotie onneen ja vaurauteen; se ei koskaan voi olla laupias samarialainen, mutta ei myöskään myöntyä joka ikisen johtokunnan jäsenen taikka toimitusjohtajan huoneen hetkellisen haltijan oikkuihin taikka toiveisiin.

Yhtiö voikin ajaa vain siihen sijoittaneiden osakkaiden taloudellisia etuja. Yhtiön johdon tehtävänä taas on kaikin laillisin keinoin maksimoida osakkeenomistajien jo sijoittaman pääoman arvo. Johtajat eivät voi johtaa yhtiötä sen työntekijöiden, asiakkaiden tai alihankkijoiden hyväksi. Näihin tarkoituksiin voi perustaa vaikkapa osuuskuntia.

Sen sijaan osakeyhtiöissä enemmistöllä ylipäänsä, saati enemmistön mielipiteellä, ei ole kovinkaan suurta merkitystä. Koska yhtiön pitää aina tavoitella voittoa, ja vieläpä mahdollisimman hyvää voittoa, eroaville näkemyksille tai prioriteeteille ei jää pahemmin pelivaraa.

Osakeyhtiö on ollut niin menestyksellinen innovaatio juuri sen takia, että sillä on voimakas johto, joka on keskittänyt toimeenpanovallan yhden miehen taikka naisen käsiin. Yhtiön yksinkertainen ja selkeä taloudellinen tavoite mahdollisti tehokkaan hierarkian taikka käytännössä olemattoman demokraattisen kontrollin organisaation sisällä. Sen ei ole koskaan ollut tarkoitus olla muunnelma 1800-luvun lopun ruukkikaupungeista.[24]

Siitä huolimatta yritysjohtoon on aina kohdistunut suuria sosiaalisia paineita varsinkin silloin, kun tämän on ollut pakko toteuttaa epäsuosittuja supistuksia, sulkemisia taikka fuusioita yleisön vihaisten silmien edessä. Suhdetoiminnasta tämän kaikissa muodoissa onkin tullut erottamaton osa nykyaikaisen suuryhtiön organisaatiota ja arkipäivää.

Suhdetoiminnan tarkoituksena on kuitenkin ollut vain saada kaikki yhtiön taloudellisen menestyksen jo edellyttämät toimet näyttämään hyväksyttäviltä taikka edes siedettäviltä. Silti tästä alkoi vähitellen tulla ongelma: esimerkiksi yhtiökokouksissa keskityttiin yhä enemmän väittelemään yhtiön näkymien sijasta sosiaalisesta vastuusta ja ympäristöhuolista.

Samalla myös toimitusjohtajan laajasta toimeenpanovallasta alkoi tulla ongelma. Toimitusjohtajat tajusivat palkkansa sekä palkkioidensa riippuvan sittenkin enemmän yhtiön koosta kuin kannattavuudesta, ja he alkoivatkin rakennella itselleen imperiumeja. Niinpä osakeyhtiön hallintotavasta alkoi koitua myös taloudellista haittaa.

Pettymys pörssiyhtiöihin purkautui ainakin osaltaan pääomasijoitusyhtiöiden syntymiseen, mikä sai puolestaan todellisen sysäyksen pääomamarkkinoiden nopeasta kehittymisestä. Pääomasijoitusyhtiöiden synnyssä ei ollut kyse vain uudenlaisesta rahoituksesta, vaan ennen kaikkea uusista kannustimista sekä organisaatiomalleista. Alussa muut tieltään raivannut suuryhtiö oli muuttunut moniongelmaiseksi ja omahyväiseksi.

Johdosta oli tullut kaikkivoipa, ja yhtiöstä taas hyökkäysten kohde. Edes osakkeisiin sidotut palkkiojärjestelmät eivät saaneet enää johtoa ajamaan riittävän tehokkaasti osakkeenomistajien etuja; yhtiöt näyttivät yhä useammin lepäävän laakereillaan, keskittyvän suhdetoimintaan sekä imperiumien tai hallintopalatsien rakenteluun. Ne eivät lopulta leikanneet tarpeeksi kustannuksiaan, ulkoistaneet epäolennaisia osiaan eivätkä muutenkaan käyttäneet niille uskottua pääomaa tarpeeksi tehokkaasti.

Vastaus olikin uusi sekä yhtä vallankumouksellinen yhtiömuoto kuin pörssiyhtiö jo sata vuotta aikaisemmin. Pääomasijoitukset olivat sen edelläkävijöitä, jotka ratkaisevalla tavalla muuttivat velan uudeksi taloudellisen kurinpidon perustaksi. Pörssiyhtiöissä uskottiin pitkään osakkeenomistajien, analyytikoiden ja tilintarkastajien painostavan johtoa tekemään kaikkensa mahdollisimman suurten tuottojen hankkimiseksi, mutta pääomasijoituksissa tämä rooli siirtyi pankeille ja velkapapereiden omistajille.

Kun velkaa on tarpeeksi, ei ole enää varaa virheisiin eikä omahyväisyyteen. Pääomasijoittajat tuovat mukanaan ratkaisun myös suhdetoimintaongelmiin. Pörssin ulkopuolella toimiessaan yhtiön ei tarvitse noudattaa pörssin julkisuussääntöjä taikka sen suuremmin panostaa mediasuhteisiin. Tämän ansiosta se on vähemmän alttiina erityisten intressiryhmien painostukselle ja voi siten toimia pörssiyhtiötä nopeatempoisemmin.

Pääomasijoitukset ovatkin tulleet jo jäädäkseen, koska nämä tarjoavat osakkeenomistajille aivan uuden välineen piiskata liian laiskaa tai epäpätevää johtoa: yhtiöt voidaan aina ostaa! Tätä kautta pääomasijoitukset ovat myös tuoneet markkinatalouteen uudenlaisen johtamisen, joka nojaa entistä enemmän hierarkiaan – eikä "demokraattiseen" valvontaan senkään vertaa kuin perinteinen osakeyhtiö.

Hierarkkisten johtamismallien yleistyminen voi kuulostaa paluulta jo pimeälle keskiajelle. Uudessa asetelmassa edes yrityshierarkia ei kuitenkaan ole kaikkivoipa, vaan sen valtaa rajoittavat lainsäätäjien tai valvojien sijasta – markkinat. Tämä on pankkiirien pankkiirin mukaan se todellinen vallankumous, joka on menossa – ei johtajien eliminoiminen, kuten johtamisvallankumouksen väärät profeetat aina lupaavat. Tämä oikea vallankumous on ollut käynnissä oikeastaan jo pitkän aikaa.[25]

Tämä on vihdoin kypsynyt suuren harppauksen aikaan, eikä vain yritysmaailmassa vaan myös julkishallinnossa. Ero alkuperäiseen on vain siinä, että tätä harppausta ei toteuteta Maon eikä Marxin vaan Gramscin opein: "tämä on tällaista hiljaista vallankumousta, mitä me yritetään tehdä", jo eräskin uuden ajan apologeetta myöntää eräässä haastattelussa.[26]

Vallankumouksen yksi ilmenemismuoto tai peitenimi on uusi julkisjohtaminen. Lyhykäisyydessään tämä tarkoittaa markkinakurin ulottamista myös julkishallinnon perimmäisiin nurkkiin tai uppiniskaisimpiin ryhmiin. Ideologian hienous onkin siinä, että sosiaalidarvinistista ruoskaa alamaisten päiden päällä ei enää heiluttele suuri johtaja vaan markkinoiden mykät pakot – julkishallinnossa tosin epäsuorasti velkavankeuden kautta.[27]

Vallankumoukselliset katsovat kuitenkin taistelevansa kestävien moraalisten totuuksien puolesta sitä itsensä hemmottelua vastaan, minkä jo liian suureksi turvonnut sosiaalivaltion äidinsyli aikoinansa salli. Hallintokielellä valtion virastojen sekä ministeriöiden rakenteita tahi toimintatapoja uudistetaan siten, että strateginen ohjaus vahvistuu sekä toimintaprosessit tulevat nykyistä yhtenäisemmiksi.[28]

Selkokielellä tämä taasen tarkoittaa sitä, että huomio on kiinnitettävä läskiin – läskiin julkisissa ja julkisomisteisissa organisaatioissa. Uskonnollista kääntymyskirjallisuutta muistuttavissa oppaissa vallankumous käsitteellistetään matkaksi paisuneesta, tuhlaavasta taikka tehottomasta koneistosta kohti uutta vapauden sekä vaurauden valtakuntaa, joka jo lähitulevaisuudessa luodaan. Tehottomuus taas onkin sosialismin perisynti, johon lankeavat kaikki kollektivismin ilmenemismuodot.[29]

Pahin näistä perisynnin pesäpaikoista on julkinen byrokratia, tuo todellisen Babylonin porton kotipaikka. Julkinen koneisto on vain turha kuluerä, joka on korvattava joustavalla konsulttidemokratialla. Se paikka on pankkiirin taivas ja maa: siellä se sininen meri kutsuu todellisia strategeja; siellä vesi ei vielä ole värjäytynyt punaiseksi; siellä vain mielikuvitus piirtää rajat ja rantaviivat.[30]

Julkinen talous tarvitseekin "turboruuvin" ja "inno6packin". "Uusi paradigma" valmentaa sekä voimaannuttaa. Voimaannuttaminen tosin vie monilta voimat, kun kehittämishankkeita on enemmän kuin entisen Itä-Saksan keskushallinnossa, ja työt tehdäänkin omalla ajalla. BSC:n korvaa jo CAF ennen kuin edellisen ideaan ehditään edes sisäistää. Jatkuva muutos haastaa kuitenkin henkiseen kasvuun, jonka palkintona onkin fantastinen elämä – vailla varmuutta työstä ja toimeentulosta tosin.[31]

Missään ei ole niin paljoa tyhjää puhetta tyhjäpäisille johtajille kuin konsulttidemokratiassa, jossa kaikki kelpaa tai menee läpi, jos se on peräisin yritysmaailmasta. Kyse on vakavasta yrityksestä tehdä vanhentuneiden ideoiden uudelleenkierrätyksen maailmanennätys ja konsultointibisneksen ehtymätön kultakaivos. Seminaarista toiseen kiirehdittäessä ilmasto pilataan projektijätteillä ja kesken jääneillä kehittämishankkeilla.[32]

Olennaisinta on kuitenkin illuusio dynaamisuudesta uutena elämänvalheena, minkä tuottaa sisällöistä jo puhdistettu markkinoiden muotokieli. Sanahelinä palvelee pääasiassa uusien julkisjohtajien identiteettityötä, itsetehostusta ja palkkiovaateita, kun edistys edistymistään edistyy, suorastaan suurin harppauksin. Harppaus on perinteisestä byrokraattisesta kontrollista markkinakuriin managerivallan eetoksena.[33]

Itseään korjaavat markkinat eivät tuota mitään turhaa tahi tehotonta, joten myös se, mitä ei voi heti ymmärtää, edustaa jo niiden salattua viisautta. Siten kaikki, mitä markkinat tuottavat, on asiakkaiden taikka kansan tahto – ja ketkään eivät ole yhtä tuotteliaita kuin konsultit. Niinpä luovuus ulkoistetaan konsulteille, ja alas ajettavan valtion korvaa konsulttidemokratia, virkamiehistön ulkoistettujen asiantuntijoiden armeija.[34]

Virkamies onkin ”strategisen ketteryyden” käsitteellinen vastakohta, jonka hiljainen vallankumous siirtää pian vallankahvasta kortistoon. Pestuumarkkinoilla projektit tekevät riippuvaisiksi ruokkivasta kädestä, joten lojaliteetti nousee toiseen potenssiin. Korvaamattomia ovat vain ne, jotka ovat epäröimättä valmiit kertomaan vallanpitäjille sen, mitä nämä haluavat kuulla. Muiden suut sulkeutuvat ilman sananvapauden rajoittamista.

Särjettyjen siilojen maailmassa sirpaleiden verkkoa hallitsevat hyvin harvat, joilla on oikeus ja kyky holistiseen ajatteluun. Koska keskushallinnon ydinpätevyyksiin ei kuulu muutosjohtaminen, sen voi myös ulkoistaa konsulteille. Samalla saadaan syntipukki pieleen meneville projekteille; satunnaiset onnistumiset ovat tietysti ylimmän johdon ansiota.[35]

Kaiken tämän tarkoituksena tehdä pääministeristä eräänlainen uusi aurinkokuningas, toimitusjohtaja ja tyranni, joka voi tehokkaammin keskittyä elinkeinoelämän etujen varjelemiseen enemmistödemokratian uhalta. Melkeinpä parasta konsulttidemokratiassa onkin mahdollisuus vetää liikesalaisuuksien verho näiden etupyrkimysten eteen, ja yksi mies on helpompi ostaa kuin kokonainen parlamentti.[36]

Kun kuulutetaan vahvaa johtajuutta, tarkoitetaan vahvaa johtajaa – eli tyrannia. Tätä tosin uuden julkisjohtamisen hyödylliset idiootit eivät itse tiedä tahi ainakaan tunnusta. Hyödyllisillä idiooteilla Lenin tarkoitti korkeasti oppineita kaunosieluja, joiden suoltamaa retoriikkaa voitiin käyttää raadollisten päämäärien peittämiseen. Leninillä oli kosolti käytännön kokemusta valtionhallinnon perusteellisesta uudistamisesta.[37]

Pankkiirien pankkiiri sanoo sentään jo suoraan sen, että enemmistödemokratiaan ei enää ole varaa, koska demokratia on aina tehokkaan päätöksenteon hidaste. Siksi markkinoilla yhtiöt ovat yhden miehen mikrotyrannioita: näiden päälliköt ovat saaneet "johtaa organisaatioitaan yhtä rautaisella kädellä kuin kuka tahansa diktaattori."[38] Suuryhtiöillä tosin on vain yksi tavoite, ja tyrannitkin vaihtuvat nykyisin varsin taajaan.[39]

Silti hyvästä hallinnosta tulee tämän mallin myötä vain yksi talouskasvun uhrilammas, kun yhä pienempi joukko ratkoo aina suurempia ongelmia, konsulttiensa avulla tosin. Poistuvan byrokratian korvaavat ohituskaistaa pitkin ajava konsulttivalmistelu, suosikkijärjestelmät ja tapauskohtainen improvisointi. Valtiovallasta tulee jälleen todella "vain toimikunta, joka hoitaa koko porvariluokan yhteisiä asioita."[40]

Uuden julkisjohtamisen tahi konsulttidemokratian aikakaudella ei ole enää tarpeen puhua erikseen valtiovallasta sekä liike-elämästä. Organisaatioihanne on aina sama: Niken mallin mukaan melkein kaiken ulkoistaneet ja kilpailuttaneet, ketterät tai puolivirtuaaliset organisaatiot. Tällä pyöröovien aikakaudella onkin melkeinpä makuasia, onko entinen pääministeri lähdössä eräästä rahastosta erääseen suuryhtiöön, vai onko entinen johtaja samaisesta suuryhtiöstä tulossa kyseiseen rahastoon.[41]

Keskushallinnon kehitys näyttää kaiken kaikkiaan todistavan merkillistä paluuta menneisyyteen: Maon Kiinasta on omaksuttu kulttuurivallankumouksen käsite, Stalinin Neuvostoliitosta vallan keskittäminen ja 1800-luvun kapitalismista suoraviivaiset kannustinmallit. Reseptit ja retoriikka on toki jo paketoitu markkinahenkiseksi uuden julkisjohtamisen opiksi, joka on Gosplanin ja Wall Streetin ruokoton ristisiitos Singaporen malliin.[42]

Lopputuloksena tämän turbokapitalismin kaudella tuhansien toimistorottien ohella diakonissat sekä terveydenhoitajatkin totutetaan jo pian tulosvastuuseen ja itseohjautuviin tiimeihin. Lasikuutioissa valot palavat pitkälle yöhön. Manageriporras puhuu managementeseä ja muita vieraita kieliä.

Konsulttiyhtiö ideoi hallitusohjelmaa, ja mediafilosofi tietää tulevaisuuden. Lopputulos on lähempänä Kiinaa kuin Yhdysvaltoja. Rahaston illallisilla onkin kuulemma jo skoolattu ”eliitille”. Tällainen on pankkiirin taivas ja maa; sellainen on edessä oleva markkinakurin ja isäntävallan aika.[43]

Työelämän eksyneet lampaat

Konsulttidemokratia tahi uusi julkisjohtaminen tämän käsipuolessa on vasta hahmottuneen uuden "hallinnan eetoksen" heijastumaa. Vallan ytimessä on aina hallinnan eetos, eli hallinnon tapa perustella tai oikeuttaa toimintansa. Yksittäinen hallitsija rakentaa tämän kautta itselleen eettisen paikan, josta käsin hän asemoi itsensä ja toimintansa suhteessa muihin oikean ja väärän, hyvän ja pahan ulottuvuudella.[1]

Myös julkishallintoon levittäytyi viime vuosituhannen lopulla sittemmin vain vahvistunut uusi hallinnan eetos, jota voidaan kutsua managerivallaksi. Tämän uuden eetoksen mukaan byrokratia taikka politiikka eivät enää tarjoa ratkaisuja, vaan ne tietävät ongelmia. Ratkaisuja tarjoaa näiden sijasta markkinakurin mekanismien ulottaminen myöskin julkishallintoon. Markkinakurin käytännön toteuttamisesta taas vastaavat managerit.[2]

Managerit eivät ole vanhaan malliin urallansa edenneitä vanhempia virkamiehiä. He ovat yritysjohtajien henkisiä pikkuserkkuja, joiden messiaaninen pelastustehtävä on tuoda yritysmaailmassa hyviksi havaitut markkinakurin käytännöt myöskin julkiselle sektorille: näiden käytäntöjen ytimessä on taas vakaumus siitä, että asioiden tehokkaampi tekninen hoitaminen on samalla – ikään kuin sivutuotteena – ratkaisu myös laajempiin taloudellisiin ja yhteiskunnallisiin ongelmiin.

Manageri tuo mukanansa muutokset, joissa julkishallinto käytäntö kerrallaan luopuu entisaikoja byrokraattisista ja virkavaltaisista tavoistaan. Manageri keskittyy vain tuloksiin sekä tuo jo tätä kautta uutta dynamiikkaa jähmeään julkishallintoon. Ennen muuta uusi manageri on muutosagentti, joka irtisanoutuu politiikasta ja joka pyrkii vain asioiden mahdollisimman käytännölliseen ratkaisemiseen mahdollisimman tehokkaasti.[3]

Managerille on ominaista äärimmäinen käytännöllisyys, pragmatismi. Asiat ymmärretään tässä filosofiassa käytännöllisinä ongelmina, joihin on löydettävä mahdollisimman käytännöllisiä ja tehokkaita ratkaisuja. Uuden hallinnan eetoksen taustalla ei siten ole selvää teoreettista taikka filosofista, moraalista taikka poliittista ajattelua: on pelkkä joukko mykkien markkinapakkojen sanelemia nopeita käytännön ratkaisuja vaativia ongelmia.

Managereiden toimeenpanemat muutokset tapahtuvat pienin askelin ja hallinnollisina päätöksinä ilman, että näitä välttämättä edes noteerataan, saati että nämä nousisivat laajemman julkisen keskustelun kohteiksi. Kyse todellakin on eräänlaisesta "hiljaisesta vallankumouksesta", jossa päätösten perustelusta vain mykkien markkinapakkojen kautta tulee eliitin uudelleen yhdistävä *lingua franca*.[4]

Mykkien markkinapakkojen käsitteellistämisessä tai kuvailemisessa avainasemassa on totta kai taloustiede, varsinkin tämän uusklassiseksi kutsutussa muodossa. Paradoksi on, että taloustiede on vähintään yhtä eripurainen seurakunta kuin teologia tai filosofia.[5]

Niin kutsutuista tieteistä taloustiede taitaa olla ainoa, jossa Nobelin palkinnon ovat saaneet täysin päinvastaista näkemystä edustavat tutkijat. Vanhan vitsin mukaan kahdelta taloustieteilijältä saakin aina kaksi eriävää näkemystä – ja jopa kolme, jos toinen näistä on John Maynard Keynes.

Taloustieteilijöiden arvostus osoittaa, että alkemistit olivat väärällä alalla. Arvottomia metalleja ei voi muuttaa kullaksi loitsuilla, mutta ihmiset voivat rikastua rahamarkkinoilla esittämällä virheellisiä väitteitä taikka itsensä toteuttavia ennusteita. Heidän mahdollisuutensa ovat aina paremmat, jos he voivat esiintyä tieteen valepuvussa. Tiede onkin taikasanana, jolla nykyajan alkemistit yrittävät noitua tutkimuskohteitaan.[6]

Taloustieteilijät ovat nähneet valtavasti vaivaa apinoidakseen luonnontieteitä. Heidän ponnistelujensa tulokset ovat tuskin luonnontieteiden irvikuvaa parempia. Taloustieteiden tai alkemistien epäonnistumiset eroavat kuitenkin toisistansa merkittävällä tavalla. Siinä, missä alkemistit epäonnistuivat lähes täydellisesti ja joutuivat naurunalaisiksi, taloustieteilijät ovat saaneet runsain mitoin ystäviä, menestystä ja vaikutusvaltaa.[7]

Näin on selittänyt tunnettu miljardööri, jonka tämän ajan Pontius Pilatukset tuomitsevat "toivottoman tiedollisen pimeyden" kulkijana. Taloustieteellisen tiedon epävarmuus ja ongelmallisuus ovat selviöitä kaikille asiaa tunteville. Silti päättäjien puhekäytännöt rakentuvat yhä selvemmin taloudellisten "tosiasioiden" ja "järjen äänen" tunnustamisen tärkeydelle.[8]

Tämä johtuu puolestaan siitä, että markkinakuriin perustuvat puhekäytännöt toimivat niin hyvin hallinnan eetoksen moraalisena oikeutuksena. Taloudellisen taikka teknokraattisen asiantuntijuuden hiljainen tunkeutuminen perinteisten poliittisten puhekoodien tilalle tarkoittaa samalla sitä, että modernissa hallinnassa poliittinen kamppailu kääntyy kamppailuksi totuudesta. Kamppailu vallasta tarkoittaa kamppailua siitä, kenellä on oikeita tietoja todellisuudesta ja kuka tuottaa sitä koskevia tosiasioita.[9]

Kyse on totuuden politiikasta, jossa asiantuntijuuden korostaminen on vain yksi tapa vahvistaa omaa puheasemaa. Totuuden politiikan taisteluissa juuri managerit edustavat järjen ääntä, kun taasen toiset määritellään harhaoppisiksi. Taistelun tuoksinassa manageri tulee kuin itsestään löytäneeksi kritiikin kohteen ympärillään olevan maailman järjettömyydestä, ihmisluonnon ahneudesta tai hillittömyydestä sekä kaikkeen uuteen kohdistuvasta ja orjamoraalin määrittelemästä pelkuruudesta.[10]

Tällaiseen totuuden politiikkaan perustuva managerivalta ulottaakin järjen tutkivan sekä tuomitsevan katseen itsessään ihmisluontoon sekä sen ominaisuuksiin. Jos Jumalaa ei ole, kaikki on sallittua. Jumalan kuoleman jälkeisessä maailmassa uusi moraalinen selkäranka voi löytyä vain ihmisestä itsestään. Ajatus itsekurin korostamisen tarpeesta on aina kulkenut talousliberalismin käsipuolessa, jo oppi-isien teksteissä.[11]

Vaikka talousliberalismin ja itsekurin avioliiton muodot ovat vaihdelleet, moraalin ytimessä on aina nähty työteliäisyys taikka säästäväisyys, kun taas laiskuus, löysyys tahi tuhlailevaisuus ovat edustaneet moraalittomuutta. Taloudelliset vapaudet voivat kasvaa vain, jos ne yhdistyvät yksilöiden itsekuriin ja moraaliseen selkärankaan; kaleeriorjan kahleet voidaan avata vain sisäistetyn herruuden oloissa.[12]

Vallan mekanismit ovatkin jalostuneet tavalla, joka ei enää edellytä vallan kohteelta henkistä harkintaa. Näiden mekanismien metaforaksi on nostettu panoptikon. Tämä oli Jeremy Benthamin arkkitehtoninen neronleimaus, jossa kiteytyy myöhäismodernin kontrolliyhteiskunnan olemus ja kieli; se oli alun perin vankilan tai tehtaan keskelle sijoitettu valvontatorni, josta oli maksimaalinen näkyvyys koko valvonta-alueelle.[13]

Idean nerous oli täydellisen näkyvyyden mahdollistamassa täydellisessä valvonnassa: valvontatornista voikin helposti nähdä lieriömäisen rakennuksen ulkokehälle sijoitettujen sellien perille saakka. Se oli siten valvontamuoto, joka toteutti itseänsä jo automaattisesti tai jatkuvasti riippumatta tarkkailijan tosiasiallisesta paikallaolosta.

Se oli järjestetty siten, etteivät kohteet voineet nähdä valvojiaan, eikä valvonta henkilöitynyt lainkaan. Tämä järjestelmä tuotti siten toivottuja reaktioita silloinkin, kun valvoja ei ollut paikalla – ja riippumatta valvojan omista motiiveista tai tarkoitusperistä. Kyse oli näkyvillä olemisen psykologiasta; kyse oli valtasuhteiden sisäistymisestä ja ehdollistumisesta.[14]

Tietoja jatkuvasti tallentavat sekä tulkitsevat älyjärjestelmät yhdessä tulosjohtamisajattelun kanssa kykenevät tuottamaan panoptikonista sellaisen version, jonka läpivalaisukyky ylittäisi Benthamin hurjimmatkin toiveet. Informaatiojärjestelmät voivat tallentaa mitä tahansa, mitä järjestelmän suunnittelijat vain haluavat jo tallentaa – riippumatta tiedon käyttötarkoituksista tai tulkintaa ohjaavista motiiveista.[15]

Valvontatornin vastineena on vain kaiken tallentava päätelaite. Tuloksena on sisäistetty herruus, jonka tuottamiseen toki tarvitaan teknologian ohella myös ideologiaa. Vallan on aina myös syleiltävä suuria toiveita tai muuten valta menetetään niille, jotka tekevät näin.[16]

Johtamiskirjallisuuden kaanonissa tämä tarkoittaa mykkien markkinapakkojen saneleman tulosvastuun eetoksen upottamista yhteisösiirappiin. Tämä silmänkääntötemppu tehdään ylikorostamalla ihmissuhteiden koulukunnan kommunitaarisia ihanteita, joiden nimissä työn ja pääoman ristiriidan luvataan lopultakin ylittyvän orgaanisessa tiimiyhteydessä.[17]

Siten alistumisesta yhtiön palvelukseen yritetään tehdä itseilmaisun tai yhteiskuntaan kuulumisen korkein muoto. Tuloksena on tiimi-ideologian tyrannia, joka on virustartunnan tavoin levinnyt läpi koko työelämän niin yksityisiin yrityksiin kuin julkiseen hallintoon. Tiimi on tämän ajan tärkein meemi.[18]

Tiimistä on tullut jo taikasana, joka kiteyttää kilpailuedun parhaan perustan: kovien tavoitteiden sekä ihmiskasvoisen vuorovaikutuksen yhdistämisen. Vaikka edes tiimiorganisaatiossa ei täysin voi välttyä erisuuntaisilta odotuksilta, tiimissä niistäkin on aina lupa keskustella.

Tiimeissä tavoitellaan yhteisöllisyyden nostamista piilevästä voimavarasta päivittäin kehitettäväksi perusperiaatteeksi. Tämä edellyttää ennen muuta hierarkkisten rakenteiden korvaamista itseohjautuvilla työryhmillä, avoimen tiedonkulun turvaamista, monipuolisten työtehtävien takaamista sekä keskinäisen vuorovaikutuksen ja luottamuksen tukemista.[19]

Tarjotessaan itseänsä tällä tavalla alati rapautuvien kollektiivisten siteiden korvikkeiksi organisaatiot tulevat ovelasti vedonneeksi sekä ihmisen sosiaalisuuteen laumaeläimenä että ihmisen jo pohjattomaan tunnustetuksi tulemisen tahi turvallisuuden tarpeeseen: ihminen kerta kaikkiaan tule toimeen, ellei hän saa olla merkityksellinen muille. Työ on ihmisen tapa olla merkityksellinen muille.[20]

Ihanne työpaikasta uutena perheyhteisönä voidaan elää todeksi silloin, kun uhrataan koko elämä tämän puolesta. Palkkiona on tunnustus ja turvallisuus. Yhteisöllisyys varmistetaan testaamalla ja valikoimalla huolellisesti työntekijät, jotka opetetaan kehityskeskustelujen sekä jatkuvien arviointien kautta jatkuvasti monitoroimaan itse itseään – ja toisiaan.

Toisena uuden yhteisöllisyyden tukijalkana on avokonttori, johtamiskirjallisuuden kielellä joustavat sekä avoimet toimitilaratkaisut, joissa oman työhuoneen tai työpisteen puuttuminen onkin ajan tasalla olemisen mitta. Yksityisyys poistuu kokonaan, kun rikkaudeksi nostetaan kaikkien mahdollisimman esteetön pääsy kaikkien luo; kaikki verkottuvat kaikkien kanssa kollektiiviseksi minäksi, joka ylittää osiensa summan.[21]

Pakottamalla työntekijät anonyymeihin ja läpivalaistuihin lasikuutioihin ja samaan hälyäänien mattoon viedään viimeisetkin mahdollisuudet vastarinnan kasvualustana toimivaan identiteettityöhön. Uuden yhteisöllisyyden nimessä lörpöttelevästä työkulttuurista tulee jo kuhnureiden kerhon näkyvä normi, joka pakottaa tekemään keskittymistä vaativat asiat kotona tai yöllä ylitöinä.

Tuottavuushaitoistaan huolimatta avokonttorit yleistyvät tiimityön käsipuolessa jatkuvasti. Avoimien tahi joustavien toimitilaratkaisujen pääasia eivät olekaan näiden avulla saavutettavat kustannussäästöt vaan työntekijöiden vertaisvalvonta: lasikuutioihin pakatut ja tulosvastuutetut tiimit tekevät työntekijöistä huomaamatta toistensa vartijoita.

Näitä vartijoita vartioivat vielä johtajat yleensä edelleen omissa erillisissä lasikuutioissaan niin, että kummankin kerroksen läsnäoloa voi tarkkailla ulkoa lasiseinän läpi; itseriisto ei enää erotu riistosta, ja koko rakennus henkii hyötykäytön filosofiaa.[22]

Silti työelämässä suorastaan rakastetaan yhteisöllisen osallistumisen ideaa, joka tarkoittaa aina tavalla tahi toisella jonkin tehtävän tosiasiallista ulkoistamista tietyn *joukon* suoritettavaksi. Joukkojen viisaudesta on nopeasti tullut suosittuja johtamistyön kulmakiviä. Julkilausuttu ydinajatus tässä filosofiassa onkin, että joukko saa aina yhdessä enemmän aikaan kuin sen älykkäimmätkään edustajat yksin.[23]

Kun eri näkökulmat kiistelevät keskenään, päädytään kokonaisuuden kannalta kaikkein parhaaseen lopputulokseen. Parhaimmillaan joukkojen viisaus voikin nousta jo nerouden tasolle. Silti jopa postmodernin parviälyn profeetat tunnustavat, että tuo joukkojen viisaus ei toteudu automaattisesti ilman varsin vaativien reunaehtojen täyttymistä tahi että joukkojen viisaus voi myös hajota joukkoharhoiksi.[24]

Lasipalatsien pyhässä tiimiyhteydessä toteutuvien kommunitaaristen ihanteiden tulos on usein todellisuudessa pelkästään professionaalin autonomian purkautuminen tai karaktäärin korroosio sekä joukkosielu, jonka toimintaa ohjaa ensisijaisesti alitajuinen ja irrationaalinen eikä tietoinen ja rationaalinen tajunnan aines. Yhteisöllisen autuuden hinta onkin yksimielisyyden pakkopaita – ja itsenäisyyden yksinäisyys.[25]

Joukossa jopa vahvan yksilön tietoinen persoonallisuus yksinkertaisesti häviää; joukossa kaikkien ajatukset sekä tunteet suuntautuvat samaan kohteeseen, josta tulee joukolle toteemi. Tämän kautta joukolle muodostuu eräänlainen sielu, joukkosielu, jolla on tietyt – tosin vain tilapäiset – ominaisuudet. Se ei ole yksilöiden kykyjen summa tai keskiarvo, vaan yhdistelmä täysin uusia ominaisuuksia, jotka syntyvät vain joukossa.[26]

Joukossa yksilöt pyrkivät alitajuisesti asettumaan samalle henkiselle tasolle muiden kanssa. Tämä tarkoittaa usein varsinkin lahjakkaimpien, omaperäisimpien tahi itsenäisimpien taantumista jopa monta astetta omaa tasoaan alemmas; lahjattomat eivät voi enää erityisemmin taantua – ja joukko on ollut olemukseltaan ennen muuta lahjattomien tuki ja turva.

Pahimmillaan joukko taantuu alastoman apinan esi-isien kaltaiseksi vaisto-olennoksi, jota ohjaavat kaukaa esikulttuuriselta kaudelta periytyvät primitiiviset reaktiot, niin viha tai väkivaltaisuus kuin lapsenomainen uteliaisuus ja innostuskin. Joukossa tällaiset tunteet ovat helposti tarttuvia, ja kaikkein herkkäuskoisimpienkin havainnoista tulee pian toiston rituaalien kautta "tosiasioita".

Joukkosielu ajatteleekin aina tunteella: hän ajattelee kuvien ja konsulttikaavioidensa kautta. Mielikuvat korvaavat itsenäisen ajattelun, jolloin myöskin persoonallisuus liukenee jo joukkoon. Huomaamatta alkava prosessi etenee itsensä toteuttavan ennusteen tavoin, eikä tuo kerran käynnistyttyään ole helposti pysäytettävissä.

Oman tahtonsa, persoonallisuutensa tai ajattelukykynsä menettänyt yksilö altistuu jo manipulaatiolle sekä suggestiolle. Jotkut ovat tietysti muita kyvykkäämpiä ja vahvempia vastustamaan suggestiota sekä sosiaalista painetta – mutta hekin kykenevät henkiseen vastarintaan vain tiettyyn rajaan saakka. Koska näitä yksilöitä on lopulta verraten vähän, joukon massa vie heidätkin vastarintaan jo väsyneinä lopulta mukanaan.

Joukkosielun sisäinen maailma onkin aina mustavalkoinen maailma. Se ei kuuntele järjen ääntä vaan tunteiden kieltä; se kuulee vain, mitä se jo haluaa kuulla, ja se kuulee, mitä on helppo kuulla.

Joukkosielun liikuttaminen edellyttää inkvisiittorin kiihkoa ja yksinkertaistettuja väitteitä, joissa palataan perusasioihin ja primitiivisiin reaktioihin – yhä uudelleen ja uudelleen. Ajattelukyvystään alastomaksi riisuttu joukkosielu ei erota toisistaan valhetta taikka totuutta, joten tarunhohtoiset tarinat uppoavat siihen paremmin kuin seikkaperäiset selostukset.[27]

Joukkosielun kohdalla asiat eivät puhu puolestaan, kuten jo vanhat reettorit antiikin aikoina opettivat. Myös vanhan Matteuksen evankeliumin mukaan "kaiken Jeesus puhui kansalle vertauksilla, ja ilman vertausta hän ei puhunut heille mitään". Tie on taivasta myöden auki sille, joka ymmärtää tämän antiikin oppineiden ja evankeliumin viisauden.[28]

Vain joukossa jokainen tuleekin jälleen jo lasten kaltaiseksi, pieneksi lapseksi, joka janoaa satuja ja tarinoita yhä uudelleen ja uudelleen ja joka haluaa ansaita pelottavan mutta samalla suojelevan isän kiintymyksen. Se, joka sisäistää tämän hyvin, ottaa paikan joukkosielun kuninkaiden kuninkaana, jonka valtaan alistutaan vapaaehtoisesti. Parhaimmillaan tuloksena on todella eräänlainen uskonnollinen hurmos, jossa ei palvella tai palvota vain johtajaa vaan korkeampaa voimaa, jota hän maan päällä edustaa.[29]

Mikään muu ei tue tätä tarkoitusta niin hyvin kuin tiimityön ideologia ja tyrannia. Tiimityöstä on tullut oivallisesti toimiva patenttiratkaisu peittää valtasuhteet tahi eturistiriidat samaa venettä soutamisen retoriikalla, joka lupaa palkaksi palkan ohella myös jo "uuden perheen" tai tarkoituksen elämälle, mahdollisuuden olla merkityksellinen muille.[30]

Elämän tarkoituksesta puhuminen taas edellyttää aina sielunpaimenia, jotka seuraavat yksilöä taikka hänen sielunsa tiloja läpi elämän. Johtamiskirjallisuudessa tämä tärkeä tehtävä on annettu erityisesti yritysvalmentajiksi kutsutulle ammattiryhmälle.[31]

Siinä on kyse kristillisestä perinteestä ammentavasta pastoraalisesta vallasta tahi paimenen vallasta, joka pyrkii yksilön ohjaamiseen tai muovaamiseen tämän sisimmän kautta, heidän "omalla totuudellaan". Pastoraalinen valta kuitenkin ohjaa yksilöitä niihin tunnustuksiin, toimintoihin ja valintoihin, joiden tavoitteena onkin tuottaa jo uusprotestanttiselle työneetokselle tarpeelliset jatkuvan itsetutkiskelun ja itsekontrollin ilmenemismuodot.[32]

Pastoraalisessa paimenen vallassa on kyse seurakuntalaisten sieluntilan jatkuvasta tutkiskelusta heidän oman parhaansa nimessä. Tämä onkin moralistista siinä, missä managerivalta on taas täysin teknokraattista. Se ei kuitenkaan kumoa managerivaltaa vaan täydentää sitä: managerivalta tarjoaa markkinakuriin perustuvalle hallinnan eetokselle tekniikat ja välineet, kun taas paimenen valta tarjoaa sille sisällön ja moraalisen paatoksen.

Paimenen valta tuottaa – totta kai – laumassa pysytteleviä lampaita, jotka on helppo tunnistaa heidän tavastaan tarkkailla herkeämättä ympäristöään tunnistaakseen ne rajat, joiden ylitse ei ole soveliasta astua. Johtamiskirjallisuuden sokerilla tai siirapilla kuorrutetun puhekoodin onkin vaikea peittää sitä, että markkinakurin eetokseen perustuva moraalijärjestys merkitsee käytännössä paluuta perinteiseen isäntävaltaan.[33]

Tämä taasen merkitsee paluuta ihmissuhteiden koulukuntaa edeltäneeseen "klassiseen" organisaationäkemykseen. Siinä jotkut ovat väittäneet, että juuri *organisaatio* on kaiken vallan perimmäinen lähde; omaisuudella tahi persoonallisuudella on merkitystä vain, jos ne liittyvät organisaatioon. Se tapa, jolla nämä liittyvät toisiinsa, voi kuitenkin vaihdella suuresti. Silti kaikilla organisaatioilla on myös jotain yhteistä.[34]

Organisaation perusluonteen ilmaisee jo tämän sanakirjamääritelmä: useita henkilöitä tahi ryhmiä, jotka työskentelevät *yhteisen* tavoitteen saavuttamiseksi. Organisaation jäsenet ovat eriasteisesti alistaneet itsensä organisaation pyrkimyksille jotakin yhteistä tavoitetta ajaakseen. Tähän taas liittyy vaihtelevasti julkilausuttuja pyrkimyksiä ulkopuolisten henkilöiden tai ryhmien alistamiseksi.

Organisaatiolla vallan lähteenä on eräitä vain sille ominaisia piirteitä. Ensimmäinen näistä piirteistä on ns. symmetrinen kaksineuvoisuus: ulkopuolisten alistamista sen pyrkimyksiin voidaan tavoitella vain siinä määrin kuin sisäistä alistumista esiintyy; sen ulkoisen vallan lujuus ja luotettavuus riippuvat sisäisen alistumisen syvyydestä ja varmuudesta.[35]

Toinen ominaispiirre on, että organisaation valta riippuu tuon käytettävissä olevista vallan välineistä tai yhteyksistä muihin vallan lähteisiin. Organisaatio on vahvin silloin, kun se voi käyttää tehokkaasti kaikkia vallan välineitä: pakottamista, palkitsemista tai ehdollistamista. Mitä vähemmän näitä keinoja on käytettävissä, sitä heikompi se on.

Kolmas ominaispiirre onkin selvä yhteys organisaation saavuttaman vallan sekä sen tavoitteiden lukumäärän ja monimutkaisuuden välillä. Mitä enemmän organisaation tavoitteet tai pyrkimykset poikkeavat toisistaan, sitä vähemmän sillä on voimaa alistaa ketään yhteenkään sen tavoitteista taikka pyrkimyksistä. Vain valtion kohdalla tämä ei täysin päde, koska sillä onkin poikkeukselliset oikeudet pakkovallan käyttöön. Silti sekään ei ole immuuni tämän säännön suhteen.

Neljäs organisaation ominaispiirre on sen suuressa määrin harjoittama suostutteluvalta. Organisaatiot luonnollisesti palkitsevat ja rankaisevat – ja toisaalta myöskin yksilöt suostuttelevat toisinaan. Silti nimenomaan organisaation erityispiirre on ehdollistamiseen perustuva systemaattinen suostutteluvallan käyttö. Johtamiskirjallisuuden kaanonissa tämän prosessin yksi peitenimi on sitoutuminen tai sitouttaminen.[36]

Organisaatiohierarkian alimmilla tasoilla voimakas sitoutuminen ei ole täysin välttämätöntä, joskin erittäin suotavaa, sillä riittävä alistuminen voidaan saavuttaa palkitsemisen ja rankaisemisen keinoin. Sen sijaan hierarkian ylimmillä portailla tilanne on toinen: *täydellinen* mukautuminen ja sitoutuminen organisaation tavoitteisiin on aivan olennaista.

Koska organisaation menestys riippuu olennaisesti sisäisestä kurinalaisuudesta ja koska organisaation johto toimii esimerkkinä myös kaikille muille, ei ole ajateltavissa, että johto pohtisi julkisesti organisaation tavoitteita tavalla, joka voidaan tulkita näiden kyseenalaistamiseksi. Tämän takia vahvat organisaatiot tarvitsevat kaikkien jäsenten ja varsinkin johdon huolellista valintaa ja sisäistä ehdollistamista.[37]

Organisaation jäsenten valikoimisen, perehdyttämisen ja koulutuksen tavoitteena on indoktrinaatio, joka käsitteenä viittaa avoimesti pyrkimyksiin vaikuttaa eri yksilöiden uskomuksiin. Yksilöitä pidetään kelvollisina edustamaan organisaatiota sekä tämän tavoitteita vasta, kun tässä on jo tarpeeksi hyvin onnistuttu. Tämän jälkeen tehokas organisaatioihminen todella uskoo siihen, mitä hän tekee.[38]

Ehdollistamiseen pohjautuvan suostutteluvallan ”positiivisia puolia” onkin, että se ei esimerkiksi pakkovallan tavoin yleensä vahingoita yksilöä, johon se kohdistuu. Usein tämä ei edes huomaa sitä. Kun alistuminen ei ole tietoista, se ei ole alentavaa eikä tuskallista. Pikemmin se jopa vapauttaa henkilökohtaisen ajattelun ja päätöksenteon vaivoista.

Suostutteluvallan heikkous on sen horjuvuus verrattuna pakkovallan taikka omistuksen tuomaan valtaan. Indoktrinaation onnistumisesta ei voida saada objektiivista näyttöä, eikä alistumisesta siis koskaan voida olla varmoja. Lisäksi ulkoisten vaikutteiden takia yksilöt voivat myös muuttaa mieltään. Johdon kohdalla täydellinen alistuminen on välttämätöntä varmistaa myös mittavilla palkkioilla, joihin ei kaikkien kohdalla ole varaa.[39]

Erityisesti organisaation muiden jäsenten kohdalla suostutteluvalta edellyttää jatkuvaa vahvistamista. Suuri osa turhiksi tiedetyistä kokouksista onkin itse asiassa tähän prosessiin liittyvää sisäistä identiteettityötä, ja siitä ne saavat merkityksensä. Tämän peilikuva taas on kaikkinainen poikkeavuuden kitkeminen.[40]

Mikään ei esimerkiksi horjuta organisaation johdon arvovaltaa niin kuin yhden johtajan siihen kohdistama arvostelu. Organisaation johdossa onkin aina voimassa *omertà*. Alemmilla tasoilla taasen tiimityön kautta toteutettava ehdollistaminen organisaation valtaan on onnistumisen avain, ja myös alemmilla tasoilla organisaation jäsenten oletetaan työskentelevän lujassa yhteistyössä vakuuttuneina organisaation tavoitteiden tärkeydestä.

Tästä taas johtuu, että vahvojen organisaatioiden historia on hyvin suurelta osin harhaoppisuuden tukahduttamisen historiaa: mitä enemmän organisaation sisällä esiintyy erilaisia mielipiteitä tahi tavoitteita, sitä heikompi tuo on. Organisaation ulkopuolella eläviä harhaoppisia voidaan kyllä herjata, mutta heihin ei kohdistu sellaista kiukkua tahi kiihkoa kuin organisaation sisäiseen poikkeavuuteen.[41]

Tähän tarvitaan erityistä paimenen valtaa käyttävää pappisluokkaa, ”maallista papistoa”. Tuota tarvitaan myös toisesta syystä: sodassa saatujen sielunvammojen hoitamiseen. Yritykset ovat eräänlaisia linnoja markkinataiston kentillä sekä julkiset laitokset puolestansa poliittisen taiston kentillä. Kaikki nämä ovat tavallaan erilaisia ja kuitenkin samanlaisia.[42]

Työelämää ylipäätään voi kuvata kukkulalle rakennetuksi linnaksi, jonka ympärillä on lukuisia hankalasti ohitettavia tarkastuspisteitä ja jonka korkeat lasiseinät kiiltelevät houkuttelevasti. Jo sen ulko-ovelle kiipeäminen on pitkä sekä raskas urakka. Ovesta sisälle pääseminen on vielä vaikeampaa, sillä se edellyttää erityisesti armeijassa vaadittuja ominaisuuksia: alistumista, tottelevaisuutta ja yksilöllisyydestä luopumista.[43]

Sisälle pääsevät vain täydelliset sotilaat, joilla on rautainen itsekuri sekä kaikki aikeet tai tunteet peittävä alati hymyilevä, miellyttävä sekä mitäänsanomaton yhteistyön naamio. Linnassaan sotilas onkin samaan aikaan suojassa ja täysin suojaton. Suojaton hän on siinä mielessä, että pelin henki on pieteetti ja lojaliteetti hinnalla millä hyvänsä; oman asiansa voikin viedä oikeuteen vain teoriassa.[44]

Sotilaan tärkein ominaisuus on horjumaton usko siihen, että ihmisen kohtalo riippuu vain hänestä itsestään eikä taloustilanteesta tai yhtiön vaatimuksista. Sotilaiden yläpuolella on monen tasoisia upseereita sekä kaikkein ylimpänä ylipalkattu tyranni. Tämä uhrataan yhä useammin kuin muinaisen mytologian kuninkaat aina keväisin maaperän hedelmällisyyden takaamiseksi, siis markkinoiden jumalien lepyttelemiseksi.[45]

Linnan ulkopuolella nälkää näkevät irtolaiset kiertelevät barbaarien sekä susien armoilla kerjäten pääsyä tornin tarjoamaan turvaan. Irtolaisten ohella ulkopuolella on myös sekalainen pätkätyöläisten joukko raatamassa linnanväen kulloinkin kehittämissä pienissä puhdetöissä, joiden turvin onnekkaimmat pääsevät jotenkuten oman elämänsä herroiksi. Näitä todelliset sotilaat taas eivät voi sietää.

Useimmat päätyvät kuitenkin perikatoon tai sitten ponnistelemaan nälkäpalkalla pikkupajoissaan. Linnan ulkopuolella turvaa ei ole ensinkään, sillä sudet ja barbaarit pyörivät aina ympärillä. Toisaalta linna tarjoaa turvaa vain niille, jotka alistuvat täysin sen päämääriin. Silmiinpistävin piirre siellä – erotukseksi ulkomaailmaan – on jatkuva sotilaiden oikean persoonallisuuden ja asenteen korostaminen.[46] Alokkaat ovat aina nuoria, vihreitä ja helposti hallittavia.[47]

Linnaan johtavaa polkua reunustavatkin tuhannet ja taas tuhannet opaskyltit, jotka kertovat siitä, miten voi jalostaa persoonallisuuttaan palveluskelpoiseksi. Porteilla testit ovat äärimmäisen tarkkoja, mutta samalla täynnä mystiikkaa, kuten henkilökemiaa. Keskiaikainen usko tietynlaisiin temperamentteihin – kuten koleerinen, melankolinen tahi niin edelleen – elää tänäkin päivänä vahvana linnassa.

Tämän uuskielessä ihmiset tosin jaetaan neljään, viiteen tai yhdeksään persoonallisuustyyppiin. Näiden jalostaminen taas perustuu numerologisiin uskomuksiin neljästä kompetenssista taikka seitsemästä tehokkaan ihmisen tavasta. Käytännössä tämä etsii tahi jalostaa vain yhtä ihmistyyppiä: apostoli Paavalin tarkoittamaa uskollista palvelijaa, joka horjumattomassa uskossaan palvelee maallisia isäntiään niin kuin palvelisi Jumalaa.[48]

Paimenen valta on aina ollut isäntävallan kiertoilmaus sekä pehmeä julkisivu. Sen kääntöpuoli on karaktäärin korroosio, luonteen luhistuminen. Myöhäismodernissa työelämässä vaeltava uskollinen palvelija ei saa kuljettaa mukanaan mitään muuta kuin yhteistyön ystävällisen naamionsa: joustavan asenteen sekä valloittavan hymyn. Tämä on se, mitä linnassa tarkoitetaan ”hyvillä tyypeillä”.[49]

Innokkuus, iloisuus, sopeutuvaisuus ja puuhakas toimeliaisuus ovat määritelmällisesti alaisten ominaisuuksia, palvelijoiden pikemminkin kuin isäntien. Uskollisten palvelijoiden halutaan tulevan jälleen lasten kaltaisiksi, sillä jo vanhojen pergamenttien mukaan vain sellaiset pääsevät taivaaseen; vain sellainen onkin todellinen tiimipelaaja – puhdas kuin teuraalle vietävä karitsa.

Uskonnollinen kuvasto sopii muutenkin tähän itsensä syyllistämisen filosofiaan. Uuden informaatioteknologian luomassa tilanteessa, jossa ihmiset joutuvatkin jo kilpailemaan myös omasta työpaikastaan maailmanlaajuisilla markkinoilla, mitkään urakehityksen periaatteet eivät toimi, kuten ennen vanhaan. Tästä on turha syyttää ketään. Itseään saavatkin sen sijaan syyttää ne, jotka eivät ole valmiita sopeutumaan muutoksiin.[50]

On turha valittaa tai katkeroitua: vastustamalla muutosta tai antautumalla vihan valtaan taikka muistelemalla menneitä ihminen vain tuhlaa kallisarvoista aikaansa sekä energiaansa. Maailma ei totta puhuen ole lainkaan kiinnostunut yksilön mielipiteistä, saati tunteista; maailma palkitsee vain ne, jotka pysyvät ajan hermolla ja jotka ovat valmiita tarttumaan muutoksen tuomiin tilaisuuksiin.

Syyttämisen sijasta on sopeuduttava, ja se sopeutuminen tarkoittaa sisäistä yrittäjyyttä, tulosvastuullisen yksityisyrittäjän asemaan tahi asenteeseen samaistumista. Vaikka perinteisiä urapolkuja ei enää ole, tämä asenne palkitaan siinä vaurauden sekä valinnanvapauden valtakunnassa, joka jo aivan nurkan takana kaikkia raatajia kohta odottaa. Vielä pitää kuitenkin jaksaa; vielä pitää kuitenkin yrittää; vielä pitää kuitenkin uskoa.[51]

Näin saarnaavat työelämän terapeutit, muutoksen mestarit ja pastorit.[52] Heille tosiuskovat ovat kuin Espanjan sisällissodan tasavaltalaiset sotilaat, jotka kaatuivat Stalinin nimi huulillaan. Vielä kerran: uskon aikoina juuri epäily on "kaikista loukkauksista kaikkein sietämättömin". Näin saarnaa kaanon, ja vain perverssit kyselevät työn ja pääoman jakosuhteen perään.[53]

Näiden sakramenttien saarnaamisella moni pastori onkin ansainnut miljoonansa – ja he ovat todella ansainneet ne, siis johdon ja omistajien näkökulmasta; pienen hetken heidän suostuttelutyönsä oli jopa suorastaan korvaamattoman arvokasta kapitalismille.

Julmistuneen kuninkaan edessä heidän kohtalonsa on siltikin sama kuin kaldealaisten tähtienselittäjien jo aikoinaan. Monet heistäkin heitetään historian roskatunkioille, koska paluutaan tekevä isäntävallan aika ei heitä suuremmin enää tarvitse.

Markkinat eivät hukkaa aikaa tahi rahaa mihinkään turhaan. Maailmanmarkkinoiden miljoonien työttömien reservit ja joutoväki pitävät alas ajettavan hyvinvointivaltion oloissa jo huolen siitä, ettei erityistä suostuttelijoiden armeijaa enää tarvita – oikeaa pappia ehkä paremminkin.[54]

Suostuttelijoita ei suuresti tarvita petetyn keskiluokan pestuumarkkinoilla, joilta jokainen itsensä enemmin tai myöhemmin löytää kuin entisaikojen ahtaajien asemasta – ei vain pyytämässä vaan – kerjäämässä edes jonkinlaista työtä. Samalla se villi julma eläin, jonka ihmissuhteiden koulukunnan nimissä tehdystä kesyttämisestä johtamiskirjallisuuden kaanon on ollut niin kovin ylpeä, palaa jälleen paljastaen Januksen kasvojensa.

Johtamisen pahan tiedon puu

Linnoitusten historia on linnanherrojen historiaa, ja organisaatioiden historia on näiden johtajien historiaa. Ihmiskunnan historia on hierarkioiden historiaa – ja luokkataistelujen historiaa. Homo Sapiens on *Homo Hierarchicus*, koska nykyihminen "kantaa kehossaan alhaisen syntyperänsä lähtemätöntä leimaa." Ihminen ei ole kuin alaston apina, joka sivistyksen lehtikullan ohuen pinnan alla ei juuri eroa karvaisista edeltäjistään.[1]

Television luonto-ohjelmista välittyy kuva eläimistä alati saalistavina, pakenevina taikka taistelevina otuksina. Eläimet tosiaan taistelevat eloonjäämisestä ja toisiaan vastaan. Eläimet kuitenkin taistelevat keskenään vain kahdesta varsin pätevästä syystä: joko päästäkseen johtavaan asemaan hierarkiassa taikka varmistaakseen oikeutensa johonkin nimenomaiseen maapalaan, reviiriin tahi territorioon.[2]

Eräät eläinlajit ovat pelkästään hierarkkisia ja vailla kiinteitä territorioita; toiset taas ovat puhtaasti territoriaalisia ja vailla hierarkian ongelmia; kolmannet ovat sekä hierarkkisia että territoriaalisia, ja näiden on kiisteltävä kummastakin syystä. Alaston apina kuuluu tähän jälkimmäiseen ryhmään: sillä on aggressioita kumpaakin laatua.

Alastonta apinaa on jo alun perin rasittanut hierarkkinen järjestelmä, joka kuuluu perustavana osana kaikkien kädellisten elämään. Apinalauma vaeltaa lakkaamatta ruokaa etsien sekä seisahtuen vain harvoin mihinkään niin pitkäksi aikaa, että sille syntyisi pysyvä reviiri. Silloin tällöin voi esiintyä eri ryhmien välisiä yhteenottoja, mutta nämä ovat suhteellisen harvinaisia, puuskittaisia ja vähämerkityksellisiä.[3]

Nokkimajärjestys sen sijaan on aivan ratkaisevassa asemassa apinan elämässä: apinoilla onkin ankara sosiaalinen arvojärjestys, jossa hallitsevalla uroksella on johtava asema. Kun siitä tulee vanha ja heikko, sen aseman kaappaa nuorempi sekä väkevämpi uros. Laumassa johtaja toteuttaa herkeämättä rooliaan tyrannina. Siitä huolimatta se on lauman huolehdituin ja parhaiten kyhnytelty apina.

Kädellisten sosiaalinen organisaatio ei ole aina täysin diktatorinen. Joissakin tapauksissa johtaja on suhteellisen hyvänsuopa ja melko kärsivällinen tyranni. Se voi jakaa naaraat alempien urosten kanssa, olla jalomielinen ruokailuasioissa taikka pitää kiinni etuoikeuksistaan vain erityisistä syistä, esimerkiksi kapinan oireiden ilmetessä. Silti se on aina tyranni.

Alastoman apinan kohdalla tämän perusasetelman oli muututtava, kun siitä tuli yhteistyötä harrastava metsästäjä, jolla oli myös kiinteä kotipesä. Samalla kun alaston apina omaksui petoeläimen osan, laumasta täytyi tulla territoriaalinen sekä kiinteää kotipesäänsä puolustava. Koska metsästäminen ja kotipesän puolustaminen edellyttivät yhteistyötä, ryhmän rooli korostui yksilöihin nähden.

Tyrannijärjestelmää oli muutettava, jotta myös heikompien jäsenten yhteistyö voitiinkin varmistaa. Järjestelmää ei voitu kuitenkaan kokonaan poistaa. Saalistuksen jo vaatimien selkeiden taikka nopeiden ratkaisujen tarve edellytti, että ylimpänä olivat yhä lauman vahvimmat jäsenet sekä kaikkein ylimpänä tyranni. Tämä tosin joutui ottamaan muut lauman jäsenet hieman enemmän huomioon kuin viidakon karvaiset virkaveljensä.[4]

Silti jopa alastoman apinan valtapyyteet ovat pohjimmiltaan sammumattomia. Kulttuurisella kaudella nuo kuitenkin muuttuvat kaiken aikaa, ja yksilöiden pyyteet poikkeavat toisistaan; toisten pyyteet ovat vaativampia kuin toisten. Onni on menestymistä pyyteiden kohteiden pyydystämisessä eikä tämä pyydystäminen pääty ennen kuin kuolemassa. Alaston apina on tavallaan tuomittu ajamaan takaa pyyteitään kuin virvatulta.[5]

Tällä on ilmeinen seuraus: yksilön on pyyteidensä saavuttamiseksi yritettävä saada haltuunsa edes jonkin verran valtaa ja voimavaroja. Koska pyyteet ja näiden kohteet ovat muuttuvia, erilaisia tai osin ristiriitaisia, jokaisen on ikään kuin varmuuden vuoksi hankittava myös valtaa ja voimavaroja, joilla voi joko kaapata tai vastustaa toisten valtaa ja voimavaroja.

Viime kädessä kaikki valta perustuu siihen, että saa jollakin tavoin hallintaansa toisten valtaa sekä voimavaroja. Yksilön pyyde kohdistuu siten toisen voimavaroihin omina potentiaalisina, mutta vielä toistaiseksi käyttöön ottamattomina "luonnonvaroina". Toisten omaisuutta katsellaan lähes aina kiiluvin silmin.

Vallanjanon tai omaisuudenhimon syynä ei lopulta ole lisänautinnon halu, vaan se että sosiaalisten olosuhteiden perusluonteen takia kohtuullinen valta ei välttämättä riitä. Jos ei hamua lisää valtaa, ei välttämättä voi turvata asemaansa, koska muiden pyyteet uhkaavat potentiaalisesti alinomaa kerran saavutettua vallan ja voimavarojen määrää.

Valtapyyteiden sammumattomuutta on vaikea kiistää. Sen voi helposti nähdä elävässä elämässä, jos vain viitsii katsoa kulissien tahi kivettyneiden naamioiden taakse. Jotkut ovat kuitenkin väittäneet, että valtapyyteistä tulikin sammumattomia vasta kulttuurisella kaudella. Luonnontilassa ne olivat sammuvia: edes apinalaumaa johtanut tyranni ei viitsinyt haalia ruokaa ja naaraita enempää kuin sen omat tarpeet edellyttivät.[6]

Vaikka valtapyyteet olisivat olleet sammuvia tuolloin, tämä ei muuta tilannekuvaa oikeastaan millään tavalla. Jos nimittäin katsotaan kulttuurista luonnontilafiktion kautta jälleen kulttuuriin, luonnontilassa nähdään vain kulttuurisen kauden sammumattomien valtapyyteiden sikiö.[7]

Alastoman apinan ratkaisu vallan hankkimisen tai jakamisen jatkuvaan ongelmaan olikin organisaatio. Jokainen, joka puhuu organisaatiosta, tarkoittaakin harvainvaltaa. Tämä on tiivistetysti *Oligarkian rautainen laki*, joka kirjana kuuluu kielletyimpiin jo sen kirjoittajan taustan takia.[8]

Laki syntyi sen kirjoittajan ideasta tutkia tasa-arvoisista tasa-arvoisimmiksi oletettuja työväenliikkeen organisaatioita. Lähemmässä tarkastelussa ne paljastuivat kuitenkin vähintään yhtä autoritaarisiksi ja hierarkkisiksi kuin kaikki muutkin organisaatiot. Jopa entisestä työmiehestä saattoi johtajaksi pääsemisen jälkeen kasvaa esiin suunnaton autoritaarisen hallitsemisen tahto.[9] Homo Sapiens on *Homo Hierarchicus*.[10]

Mikään ei näyttäisi ytimeltään muuttuneen miksikään, lähinnä vallan verhona tahi verukkeena käytetyt tarinat ovat monimutkaistuneet. Kaikissa organisaatioissa kaikkina aikoina ovat vaikuttaneet sisäänrakennetut oligarkkiset tendenssit, ylitsepääsemätön taipumus harvainvaltaan. Enemmin tahi myöhemmin tämä jakaa organisaation aina kahtia: johtavaan vähemmistöön ja johdettavaan enemmistöön.[11]

Oligarkia organisaatioissa on pohjimmiltaan seurausta jäsenmäärän kasvusta niin suureksi, että suora demokratia estyykin jo käytännön syistä.

Tällöin joudutaan turvautumaan edustukselliseen järjestelmään, joka on aluksi vain hieman harvainvaltainen. Vähin erin tästä kehittyy kuitenkin jo ainoa mahdollinen yhteisten tavoitteiden toteuttamisen väline tahi välttämättömyys, jota ei voida ohittaa. Täsmällisemmin oligarkian synnyn syitä voidaan erottaa kolme: teknishallinnolliset, psykologiset ja älylliset.[12]

Oligarkian teknishallinnollisissa syntysyissä onkin kyse lukumäärän kasvuun liittyvästä välttämättömyydestä. Ensiksi, suuri joukko ihmisiä ei vain voi enää pitää "antiikin mallin" mukaisia torikokouksia. Toiseksi, todellisen vaikutusvallan saaminen perustuu joukkovoimaan: yhteistyö sekä liittoutuminen merkitsevät myöskin voimaa suhteessa ulkoisiin vastustajiin. Kolmanneksi, kilpailu tai valtataistelu edellyttävät tehokkuutta, strategista ajattelua ja nopeita päätöksiä äkkiä muuttuvissa tilanteissa.

Vaatimukset täyttää vain organisaatio, jolla on kyvykäs ja keskitetty tai ammattimainen johto sekä valitun linjan toteuttamiseen yhtenäisesti ja kurinalaisesti sitoutunut jäsenistö; ja vaatimukset täyttää vain sotilaallisesti johdettu organisaatio, jossa avoin keskustelu korvataan pienen piirin etukäteisvalmistelulla. Tällöin tosiasiallinen valta organisaation sisällä siirtyy jo tähän valmisteluprosessiin osallistuville, ja johtoryhmän päätöksistä tulee koko organisaation päätöksiä.[13]

Oligarkian yksilöpsykologisista syntysyistä olennaisimmat liittyvät vaadittuihin johtajaominaisuuksiin. Älykkyys, puhelahjat, sosiaalinen taitavuus, monimutkaisten asiakokonaisuuksien hallinta sekä muut vastaavat vaatimukset vievät vääjäämättä kohden johtajuuden ammattimaistumista. Tätä vielä tukevat johtajan omanarvontunnon tai itseluottamuksen kasvu sekä ihmisen tavanomainen turhamaisuus ja itseihailu.

Joukkopsykologian puolella samaan suuntaan vie osaltaan suurten joukkojen pätemättömyys, näiden kyvyttömyys hoitaa asioita sekä näiden apatia eli haluttomuus tarttua asioihin; suuret joukot yksinkertaisesti ovat purnauksestaankin huolimatta pohjimmiltaan kiitollisia jokaiselle suurelle johtajalle, joka ottaa asiat hoitaakseen heidän puolestaan.

Nimenomaan kiitollisuudenvelat betonoivat oligarkian älyllisen perustan: johtajuus on joukkojen pätemättömyyden päällysrakenne ja apatia sen kasvualusta. Apatia ja pätemättömyys antavat harvainvallalle sekä eettisen että käytännöllisen oikeutuksen: johtajien, asianajajien ja asiantuntijoiden olemassaolo tulee välttämättömäksi.

Oligarkian "älylliset" syntysyyt perustuvat perinnöllisen älykkyyden sijasta nimenomaan johtajien kouliutumiseen ja pätevöitymiseen tehtävissään, joissa he oppivat hallitsemaan yksityiskohtaisesti juridisia, poliittisia tai teknisiä hienouksia, joista suurilla joukoilla ei ole käsitystä. Johtajien ja johdettujen välille avautuu näin koulutusero, jota voidaan vielä täydentää uran kuluessa. Lopputuloksena on johtajan älyllinen ylivalta.

Harvainvaltaiset tendenssit johtavat kuitenkin alkuperäisten yhteisten tavoitteiden vesittymiseen taikka toiminnan keskittymiseen erilaisten valtataisteluiden ympärille. Vallanhimon tahi jo turhamaisuuden takia asemien säilyttäminen käy vähitellen harvainvaltaiselle johdolle tärkeämmäksi kuin tavoitteet, päämäärät ja toiminnan tosiasiallinen sisältö.

Johto on lopulta valmis tinkimään melkeinpä mistä tahansa tavoitteesta asemansa säilyttääkseen. Samalla kun yhteisten tavoitteiden toteuttamiseksi muodostetusta organisaatiosta tulee itsetarkoitus tahi johtajiensa valtapyyteiden foorumi, se tyhjenee tarkoituksestaan. Jäljelle jää vain suuren johtajan myytti – ja jopa entisestä työmiehestä voi kasvaa esiin suunnaton vallanhimo ja autoritaarinen hallitsemisen tahto.[14]

Tämä taas kumpuaa alastoman apinan alkuperäisestä tyrannijärjestelmästä: "ihmiselle sallittakoon se, että hän on ylpeä omasta noususta an orgaanisen järjestelmän huipulle, vaikka se ei olekaan hänen omaa ansiotaan [...] on kuitenkin myönnettävä, että ihminen kaikkine ylhäisine kykyineen kantaa kehossaan alhaisen syntyperänsä lähtemätöntä leimaa."[15]

Eräs toinen ajattelija ilmaisee tämän vain hieman toisin: "Ne myöhemmät aikakaudet, jotka saavat olla ylpeitä ihmisyydestä, pelkäävät yhä niin kovin, pelkäävät niin taikauskoisesti 'villiä julmaa eläintä', jonka herraksi pääseminen juuri on tuon inhimillisemmän aikakauden ylpeytenä, että käsinkosketettavatkin totuudet jäävät kuin tehdystä sopimuksesta vuosisadoiksi lausumatta, koska näyttää siltä, että ne auttaisivat tuota villiä, viimein surmattua eläintä jälleen elämään."[16]

Se, mikä tässä villissä ja julmassa eläimessä niin pelottaa, on tämän tapa ratkaista erimielisyydet tahi ongelmat ensin uhkailemalla ja viime kädessä surmaamalla omat vastustajat. Vanhassa testamentissa Jerusalemin kadut jo peittyivät kerta toisensa jälkeen vereen, eikä edes 1900-luku voi ylvästellä päässeensä eroon tästä vitsauksesta.

Valtapyyteitä, voimankäyttöä ja väkivaltaa tavataan selittää ihmisen irrationaalisuudella. Myös johtamiskirjallisuuden kaanon on alkuajoistaan asti korostanut kollektiivisia kommunikaatioratkaisuja: avoimen ja rationaalisen keskustelun päätteeksi paras argumentti voittaa. Tämä on samalla erään filosofin ideaalisen puhetilanteen ydin.[17]

Tähän liittyy monia ongelmia, joista teoreetikot ovat kiistelleet tuhansilla sivuilla. Yksi ilmeinen ongelma on se, että tällaisen torikokouksen pitäminen voi viedä loputtomasti aikaa, kuten oligarkian rautaiset lait sanovat. Vielä merkittävämpi ongelma on kuitenkin se, etteivät erilaiset intressit taikka arvot aina yksinkertaisesti ole sovitettavissa yhteen edes ikuisessa torikokouksessa.[18]

Niinpä maailmannäyttämölle nousee aina uudelleen Hobbesin susi. Se on tuo *Leviathanissa* kuvattu raakalaismainen tappelupukari, jota eivät kiinnosta tieteelliset todisteet tai filosofiset argumentit, vaan oman elintilan, reviirin sekä uskomusjärjestelmän puolustaminen keinoilla millä hyvänsä. Kerran surmattu villi ja julma eläin herää henkiin.[19]

Pääosin tämä tapahtuu kuitenkin sublimoituna kulttuurisena vallantahtona. Halu voittaa, tulla kilpailussa ensimmäiseksi oli kulttuurin alkuaikoina kehittävä tai jalostava voima. Koska tätä viettiä voitiin niin vähäisessä määrin toteuttaa katkerassa sodassa, se täytyi kokea ennen muuta esteettisenä ja sosiaalisena fiktiona. Etenkin aateliselämästä muodostui kohottava kunnian ja urhoollisuuden leikki.[20]

Tämän pyhyydellä kyllästetyistä kaksintaistelujen korvikkeista kasvoi vähitellen koko yhteiskuntaelämän rakenne. Siksi yhteisön henki hakeutuu yhä uudelleen ihaniin kuvitelmiin sankarielämästä. Kunnian kentillä käytävän jalon taistelun aate on kerrassaan kulttuurin tärkein kantovoima.[21]

Myös työelämässä organisaatioiden yläportaille valikoituu adrenaliinikylläisiä, voitontahtoisia sekä vallanhaluisia yksilöitä. Johtamiskirjallisuuden kaanonissa heitä kutsutaan kauniisti ”suoritusmotivoituneiksi” tai ”A-tyypin persoonallisuuksiksi”. Voiton varmistamisessa yksinkertaisin ja tehokkain menetelmä on kilpailijoiden eliminointi: yksikään suoritusmotivoitunut A-tyypin persoonallisuus ei sielunsa syvyyksissä halua reviireilleen yhtään vakavasti otettavaa kilpailijaa.[22]

Johtavan apinauroksen esimerkkiä seuraten kilpailijat on syytä eliminoida mahdollisimman varhaisessa vaiheessa, kun se on vielä helppoa ja voimia vähän kuluttavaa. Luotuaan ensin uraa – kuten jälleen kovin kauniisti sanotaan – nämä huipulle päässeet Hobbesin sudet alkavat jo taistella keskenään: puoluejohtajat haluavat voittaa vaalit, yritysjohtajat viedä toistensa asiakkaat ja professorit sanoa viimeisen sanan totuudesta.[23]

Erityisen selvästi tämä ilmenee liike-elämässä, sillä sosiaalidarvinistien sanoilla kauppa on kuin sotaa – ja upseerikoulutuksen arvostuksella onkin ilmeiset historialliset perusteensa. Liikkeenjohdon iltalukemistoon ovatkin aina kuuluneet esimerkiksi von Clausewitz, Sun Tzu sekä Machiavelli, jonka mukaan ruhtinaalla ei saa olla mitään muita harrastuksia kuin sodankäynti ja sen sääntöjen opiskelu.[24]

Sodankäymisen taito on nimittäin ainoa taito, johon käskijän asemassa olevan on välttämättä perehdyttävä. Jos ruhtinas ajattelee enemmän elämän nautintoja kuin sodankäynnin taitoa, hän sinetöi oman kohtalonsa etukäteen. Ruhtinaan on jo siksi alituisesti ajateltava sodankäyntiin liittyviä asioita, ja rauhan aikana hänen on pohdittava näitä jopa enemmän kuin sodassa ollessaan, sillä sodassa ei ole tarpeeksi aikaa ajatella.[25]

Siihen liittyvää tietoa hankkiakseen ruhtinaan on opiskeltava historiaa sekä suurmiesten elämäkertoja. Näiden teosten avulla hänen on tutkittava, mitkä syyt vaikuttivat voittoihin ja tappioihin, jotta hän yltää edellisiin ja välttää jälkimmäiset. Ennen kaikkea hänen on otettava esikuvakseen jokin aikaisemmin elänyt, kiitetty ja kunnioitettu suurmies tai sotasankari sekä pitää hänen toimintaansa jatkuvasti ohjenuoranaan.[26]

Yksikään ruhtinas ilman kumartavia alamaisia ei ole ruhtinas. Siksi huipulle valikoituneet haluavat aina laajentaa valtakuntaansa: he haluavat, että heidän puoluettaan äänestetään, että heidän tuotteitaan ostetaan ja että heidän kirjojaan luetaan. Käytännössä kyse on pyrkimyksestä minimoida kilpailijoiden ja maksimoida alamaisten määrä. Tämä ei tietenkään toteudu sellaisenaan – eikä koskaan ilman kitkaa ja vastarintaa.[27]

Siltikin organisaatioelämässä on havaittavissa aina uudelleen toistuva peruskaava: huipulla on vain yksi todellinen johtaja, jonka ympärillä apuna häärii suhteellisen suppea joukkio suosikkeja taikka eräänlaisia hovimiehiä. Suuri enemmistö on puolestaan passiivisia alistujia; heille organisaatioelämä merkitsee lähinnä absurdia näytelmää, jota joka ikisen on itsensä elättääkseen pakko näytellä.[28]

Johtamiskirjallisuuden kaanonissa tätä asetelmaa ei ehkä ihmissuhteiden koulukuntaa lukuun ottamatta lähestytä enemmistön näkökulmasta. Ruhtinaan tehtävänä taas on aina ollut päättää, edustaa sekä sotia. Siitäkin johtamiskirjallisuudella on ollut varsin vähän sanottavaa – ja etenkin valta ja vallankäyttö suorastaan loistavat poissaolollaan.[29]

Johtamiskirjallisuuden kaanon on keskittynyt käytännössä kiipijöiden klaaniin, eli tuohon pikkupäälliköiden armeijaan, jolle eliitti on mielellänsä siirtänyt epämiellyttävän sekä työlään suurten joukkojen "motivoimisen". Epämiellyttävyydestänsä huolimatta tehtävä on elintärkeä, joten kiipijöiden klaania pitääkin palkita tämän likaisen työn tekemisestä. Tärkein palkinto on pääsy porrasta ylemmäs kohti todellista valtaa ja voimaa.[30]

Eräs alan klassikko kuvasi tuota "organisaatiomiehiksi" kutsumaansa ryhmää näin: Nämä ihmiset eivät ole työläisiä, eivätkä he ole johtajia. He eivät vain työskentele organisaatiolle, vaan he kuuluvat organisaatiolle. He ovat niitä keskiluokkien edustajia, jotka ovat lähteneet kotoaan niin fyysisesti kuin henkisesti antaakseen tai saadakseen pyhän lupauksen organisaatioelämästä; juuri he ovat kaikkien suurten tahi itseään vahvistavien instituutioiden mieli ja ruumis.[31]

Vain harvat heistä ovat huippujohtajia tai tulevat koskaan olemaan. Systeemissä, joka jo vilisee vanhemman erityisasiantuntijan tyyppisiä titteleitä, useimpien heidän kohtalonaan onkin riippua keskialueella – joka edelleen odottaa osuvaa korukielistä käsitettä. Silti juuri he ovat elintärkeitä organisaatioelämälle, jossain katsannossa jopa hallitseva ryhmä. Heidän arvoistaan tahi arvoasemistaan käsin määritellään nimittäin työelämän temperamentti ja mielenlaatu – tai ainakin on määritelty.[32]

Yritysihminen on luonnollisesti kaikkein silmiinpistävin esimerkki tästä ryhmästä. Silti sen edustajia tapaa pappisseminaareissa, lääketieteellisissä laboratorioissa, säätiöiden projekteissa sekä julkisissa hallintobyrokratioissa yhtä lailla kuin suuryhtiöissä. He kaikki ovat, kuten he tämän niin usein ilmaisevat, samassa veneessä. Kuuntelemalla, kuinka he puhuvat toisilleen esikaupunkitalojensa aitojen ylitse, voi yllättyä siitä, miten hyvin he ovat sisäistäneet heitä sitovat yhteiset nimittäjät.

Ammattinimikkeiden eroista huolimatta palkkatyön yhteiset ongelmat hallitsevatkin heidän puhemaailmaansa. He vieläpä virnuilevat tuolle tosiasialle, ja he puhuvat toisinaan polkumyllyistä tahi oravanpyörästä, kyvyttömyydestä kontrolloida oman elämän suuntaa. Silti he ovat vanhemmista sukupolvista poiketen suuressa kiitollisuudenvelassa nimenomaan organisaatioelämälle; kaikesta huolimatta he uskovat itsensä ja organisaation välillä olevaan perusharmoniaan.[33]

Organisaatiomiesten tai kiipijöiden klaanin tragedian synty on siinä, että juuri ne, jotka luetaan omaan vertailuryhmään, ovat aina yhtä porrasta ylempänä kuin he itse ovat. Kiipijöiden kohtalona onkin ajaa takaa itätuulta taikka juosta virvatulen perässä: yhden tavoitteen täytyttyä, on pakko asettaa uusia, ettei huuma haihdu taikka tyhjyyden tunne iske. Uran luomisesta on tehtävä elämän sisältö ja päämäärä itsessään.[34]

Lopulta kiipijöiden klaani ei ole kiinnostunut toiminnan tuloksista vaan pyrkimisen pelistä sinänsä, mahdollisuudesta voittaa kaikki kilpailijat. Pelissä menestymisen perusresepti ovat pitkät päivät ja politikointi, perseennuolenta ja ikuinen jees-miehen maine.[35] Tarkemmin kiipijöiden klaanin arkea on jo kuvailtu monissa teoksissa, jotka johtamiskirjallisuuden kaanon saattaa mainita alaviitteissä, mutta harvemmin sielläkään.[36]

Menestys on kiipijöiden klaanin maaninen jumalatar, joka vartioi jo ikuisesti mystisen usvansa peitossa olevia huippuja. Tämä jumalatar sallii vain hyvin suppean joukon saapua luoksensa usvan läpi. Hänet tunnetaan yhtä aikaa armottomana tahi hullutelevana valinnoissaan. Kriteerit vaihtuvat kaiken aikaa ja kaikilla portailla: alemmilla portailla pätevät enimmäkseen apostoli Paavalin sanat, mutta kaikkein ylimmillä portailla valintoja voivat ymmärtää vain ne, jotka ovat itse jumalien kaltaisia.[37]

Polku ylös on aina liukas ja vaarallinen: osa poluista vie varmuudella vain pimeyteen, osa taasen on jo oikopolkuja onneen. Ilman omaa suojelupyhimystä tahi sherpaa matka voikin katketa hyvin lyhyeen. Pelin henki on pelin politiikka: kaikki vannovat meritokraattisen mallin nimeen, mutta politikoivat minkä ehtivät; pelin politiikkaan kuuluu tietysti tämän kiistäminen. Kaikki kampittavat kaikkia, ja jumalatar vain nauraa.[38]

Pelissä voikin selviytyä vain, jos on ovela kuin käärme ja viaton kuin kyyhkynen, jo Vanhan testamentin kerubin kaltainen – kuin kameleontti, joka sopeutuu kaikkeen vaan joka ei kiinnity mihinkään. Onnella on aina osansa, mutta ilman uhrilahjoja jumalatar ei ota ketään luokseen; näytelmän nimi on pieteetti ja lojaliteetti hinnalla millä hyvänsä.[39]

Näytelmä on aina tragedia, sillä jumalatar ottaa *vain* yhden kerrallaan omakseen. Ylipäätään pyramidien usvan peitossa olevilla huipuilla on tilaa aina vain hyvin harvoille, koska olisi kerrassaan sopimatonta paljastaa liian monille, ”miten vähällä viisaudella maailmaa hallitaan”. Siksi sen huipun on oltava ikuisesti usvan peitossa.[40]

Huippu muodostuu huolella valituista hovimiehistä, joiden joukkoon pääsemiselle onkin aivan omat salatut vaatimuksensa. Viimeistään kypsässä keski-iässä enemmistö kiipijöiden klaanista turhautuu huomatessansa tiensä huipulle olevan jo tukossa. Edes kerubi ei keksi enää uusia keinoja. Johtamiskirjallisuuden kaanonissa tätä kutsutaan kauniisti urakriisiksi.[41]

Kaikki mitä on, on ollut – ja on oleva. Hierarkiassa tämä tarkoittaa ykköstä ja kakkosta: jokaisessa organisaatiossa joku on aina ykkönen ja joku yhtä varmasti kakkonen, *Parkinsonin lait* kertovat. Siinä he ovat aina olleet sekä tulevat aina olemaan. Jo alkukantaisina aikoina perheen muodostaman organisaation ykkönen oli isä tai isoisä; vanhin poika taasen oli kakkonen, varamies ja todennäköinen seuraaja.[42]

Auktoriteetti palautuu perheenisän arkaaiseen asemaan, jonka pohjalla on ihailu, kiintymys ja pelko: ihailu, jota lapsi tuntee isänsä etevämmyyttä kohtaan; kiintymys, joka tuokin turvallisuuden tunnetta lapsen elämään; ja lopulta lapsen isän rankaisuvaltaan liittyvä pelko. Raamatullisen kuvaston taivaan isä, ihmisen poika ja seuraajien lasten kaltaiseksi tuleminen eivät voisi olla paljon paremmin valittuja, ikuisiksi tarkoitettuja.[43]

Organisaatioissa kakkosen asema palautuu vanhimman pojan asemaan ja on siten ikiaikaista perua. Toisin kuin tuonpuoleinen tämänpuoleinen on tietysti sekavaa, eivätkä ikiaikaiset kaaviot piirry eteen yksiselitteisinä ja kristallinkirkkaina. Joissakin organisaatioissa kakkonen on todellinen ykkönen. Vatikaanissa on jo varsin usein ollut tämä tilanne, mutta se ei ole mitenkään tuntematon työelämässäkään.[44]

Toisaalta diktaattorin johtamassa valtiossa taikka firmassa ei usein ole tunnustetun aseman saavuttanutta varamiestä tai nimettyä seuraajaa, koska koko hallinto perustuu oletukseen hallitsijan korvaamattomuudesta. Tehokas varamies tai tunnustettu seuraaja saisi hallitsijan hohtavan auran himmenemään, joten täyttämättä jätetyn kakkosen paikan alapuolelta löytyy vain piraijaparvi, joukko kiiluvasilmäisiä toistensa kadehtijoita.

Monia yrityksiä tai muita organisaatioita on yritetty johtaa Adolfin ja Josifin opein ja samanlaisin seurauksin: organisaatio ei pysy pystyssä yhtään kauempaa kuin sen johtajakaan. Jotta organisaatiot eivät kaatuisi yhteen laukaukseen tai sydänkohtaukseen, lähtökohtaisesti loputonta vallantahtoa on loukattava tunnustamalla kakkosen todellinen tarve.[45]

Tämän johtopäätöksen jälkeen voi tuntua siltä, että kaikki kakkoset ovat samanlaisia: ihanteellisessa tapauksessa luotettavia tai tehokkaita, aina siellä missä heitä tarvitaan, poissa kun heitä ei tarvita ja lopuksi ystävällisiä toimistohenkilökuntaa sekä ykkösen vaimoa tai lapsia kohtaan. Valitettavasti kaikki kakkoset eivät ole koskaan olleet aivan samanlaisia.

Jotkut näistä tuiki tarpeellisista miehistä tai naisista ovat vetäytyviä ja juroja, jotkut taas arvoituksellisia tai salamyhkäisiä. Yhdet ovat töykeitä tai vähäpuheisia; toiset ystävällisiä mutta vältteleviä. Yhteistyöhaluiset voivat olla johtokunnan torjumia, kun taas yhteistyökyvyttömät voivat olla johtokunnan suosikkeja ja niin edelleen. Tätä moninaisuutta on hieman helpompi ymmärtää, kun jaetaan kakkoset kylmästi kahteen ryhmään.

Kakkosia onkin varmuudella aina kahta tyyppiä: niitä, jotka haluavat ykkösiksi – ja niitä, jotka tyytyvät jo olemaan kakkosia. Ykkösiksi haluavat kakkoset voi tunnistaa aina tietynlaisesta takakireydestä. Aivan erityisesti tämä koskee niitä kakkosia, joita ykkönen itse ei ole nimittänyt tehtäväänsä. Nämä kakkoset saattavat olla kerta kaikkiaan ihanteellisia johtajia: tehokkaita, aikaansaavia, yhteistyökykyisiä ja henkilöstön hyväksymiä.[46]

Itse asiassa nämä kakkoset tietävät olevansa vähintään yhtä hyviä kuin ykköset, jotka taas eivät tämän vuoksi voi koskaan aivan täysin luottaa heihin. Hyvän kakkosen osassa olennaisinta on kyky samaistua sankariinsa tai eläytyä aidosti tähän ikiaikaiseen näytelmään, jossa palataan yhä uudelleen pienen lapsen ja isän suhteeseen.

Asetelma toimii aina paremmin, jos ykkönen on itse valinnut kakkosen. Tällainen kakkonen onnistuu näyttämään aidosti ylpeältä ylennyksestään sekä yllättyneeltä tuosta, että ykkönen on valinnut juuri hänet niin monien hyvien joukoista. Ykkösen ei yleensä tarvitse katua valintaa ainakaan vielä vuosiin: hän on saanut rinnalleen hymyilevän mandariinin.

Ykkösen ollessa poissa paras kakkonen loistaakin varamiehenä viittaamalla aina jo siihen, mitä ykkönen tekisi, jos olisi paikalla. Ihanteellinen kakkonen puhuu aina siitä, miten "me" teimme päätökset tahi miten "me" tyrmäsimme hallituksen hullut esitykset. Kakkosen puheenparren ihaileva sävy hädin tuskin peittää sitä, että hän onkin paljolti projisoinut itse itsensä ykköseen ja pitää tämän saavutuksia osittain ominaan.

Samaistumisprosessin tuloksena aluksi erilaisilta näyttäneet kakkoset alkavat näyttää yhä enemmän toistensa kaltaisilta, ykkösen peilikuvilta tai kaksoisolennoilta. Hyvän kakkosen olemukseen kuuluu kyky valita sanansa siten, että ykkösen ei sanottavammin tarvitse näitä korjailla: ihanteellinen kakkonen puhuu aina esimiehensä äänellä ja on asioista yhtä mieltä.

Näistä kakkosista ei koskaan tule kunnollisia ykkösiä, eikä monien kakkosten olisi oikeastaan koskaan pitänyt pyrkiä ykkösiksi. Pitkähkö pesti kakkosena johtaa nimittäin kunnianhimon kuoleutumiseen, miltä voikin välttyä vain poikkeustapauksessa.[47]

Kunnianhimonsa huomaamatta kuolettaneet ikuiset kakkoset erottuvat helposti joukosta. Varsinkin organisaation ulkopuolella heidän mielenkiinnollaan on enää rajallinen sekä pikemmin supistuva kuin laajeneva määrä kohteita. He puhuvat mieluiten golfkerhoista, kauppakamaritutuistaan, paikallispolitiikasta ja viininmaistajaisista. Heidän kotinsa paljastavat, että he eivät enää aio muuttaa ainakaan ennen eläkepäiviä.

He ovat aina ajoissa toimistolla ja alati aktiivisesti puuhastelemassa jotain, mutta sivulauseet paljastavat heidän olevan kiinnostuneempia lastensa urasta kuin omasta urastaan. Heidän kasvoillaan on yleensä levollinen tahi tyyni ilme. Heidät tunnistaa paremmin tästä taistelun taukoamisesta jo kertovasta ilmeestä kuin siitä, mitä he puhuvat. Tottumuksen voimasta tai ympäröivän puhekoodin takia he saattavatkin puhua uusista haasteistaan, mutta heidän sanansa ovat ristiriidassa heidän olemuksensa kanssa.[48]

Ykkösen kannalta paras kakkonen on aina eunukki. Tämän todistivat jopa muinaisen keskitetyn Kiinan valtion luojat, jotka käyttivät mielellään mandariineina sukusiteistään irrotettuja sekä perheettömyyteen jo tuomittuja ihmispoloja. Näillä aikansa uskollisilla palvelijoilla ei ollut oman klaanin etuja edistettävänä tahi edes teoriassa mahdollisuutta oman dynastian luomiseen. Ehkäpä siksi keisari Caligula halusikin nimittää yhdeksi konsuliksi lempihevosensa. Tällä kaikella on kuitenkin oma hintansa.[49]

Ikuisista kakkosista sekä uskollisista palvelijoista tulee nimittäin lopulta jo eräänlaisia unissakävelijöitä organisaation käytäville. Samalla heistä tulee työelämän yksi ikoni tahi vertauskuva – joskaan ei missään erityisen myönteisessä mielessä. Kakkosen kohtalossa tai kuvassa nimittäin tiivistyy se, mitä kaikille työelämässä enemmin tai myöhemmin käy.

Viimeistään keski-iässä ihminen alkaa väistämättä vertailla alkuperäisiä haaveitaan ja tavoitteitaan sekä saavutuksiaan. Tästä vertailusta tulee useimmille painajaismainen Jaakobin paini, jossa ei painita Jumalan vaan demoneiden kanssa. Jopa johtamiskirjallisuuden kaanonissa eräät ovat uskaltautuneet kuvaamaan tätä kamppailua ottaen riskin kiellettyjen kirjojen listalle joutumisesta.[50]

Viisainta olisi pysyä kokonaan erossa pahan tiedon puun hedelmistä, mutta enemmin taikka myöhemmin melkein jokainen lankeaa ja haukkaa näistä. Sen jälkeen tavoitteiden tai saavutusten välinen kuilu ammottaa auki viillettyjen silmiensä edessä kammottavan leveänä railona samalla, kun ajaksi kutsuttu avaruuslaiva kiitää jo kovaa vauhtia kohti pimeyttä, jossa ei liiku muu kuin viikatemiehen varjo.[51]

Jotkut alkavat ajaa virvatulta takaa entistäkin maanisemmin. Toiset ajelehtivat traagisina hahmoina tuuliajolla tappion maisemissa. Kolmannet ottavat asian *Dilbertin periaatteen* hengessä huumorin kannalta.[52]

Tämän hengen korkeakirjallinen kiteytys on *Tyhmyyden ylistys*. Sen mukaan elämä onkin vain suurta huvinäytelmää, jossa jokainen omaksuu jonkin vieraan hahmon ja esittää siinä sitten osaansa, kunnes suuri ohjaaja siirtää hänet lopullisesti näyttämön taakse.

Siihen saakka maailmanmeno on vain varjoleikkiä, jossa ainoa järkevä ohje on lainattu jo antiikin kreikkalaisista pidoista: ”Maljan luokse, tai kotiin juokse!” Vain umpihumalassa tai sitten silmänsä itse ummistamalla voi uskottavasti näytellä osaansa maailmankomediassa, joka ei koskaan perusjuoneltaan muuksi muutu.[53]

Klassikon kehotuksista huolimatta komedialla on taipumus muuttua tragediaksi. Siinä näyttelijät vaipuvat valveuneen, jossa nämä ovat lähinnä fyysisesti läsnä työpaikalla; ulkomuistista kuin muuttolinnut he käyvätkin vielä kokouksissa tai selaavat siellä papereitansa, mutta he eivät tunne enää mitään: ei intohimoa, ei iloa, ei ylpeyttä eikä itsekunnioitusta.

”Anhedoniaa! Aleksitymiaa!”, terapeutit huudahtavatkin työstään ja diagnoosistaan innostuneina. Lutherin äänenpainoin he lohduttavat, että niistä voikin parantua meidän avullamme – mutta vain meidän avullamme. Itsepintaisesti paimenet yrittävät palata taas kerran maailmannäyttämölle, tosin terapeutin tai valmentajan narrin naamiossa.[54]

Moderni totemismi työelämässä

Työelämässä paimenet palaavat uusissa narrin naamioissa näyttämölle, koska jopa isäntävalta tarvitsee moraalisen paatoksen, ja alamaiset taas tarvitsevat unelmansa ja utopiansa. *Työ* taas – tuon käsitteen alkuperäisessä merkityksessä – on aina ollut itsensä kuluttamista eli raadantaa. Länsimaisen elämänjärjestyksen pyhimpiä periaatteita onkin antiikista alkaen ollut se, että todella etuoikeutetut *eivät* tee työtä.[1]

He ovat aina olleet "joutilasta luokkaa", varakkaita sekä todellista työtä vältteleviä itsensä toteuttajia. Ymmärrettävästi myös alemmat luokat ovat aina halunneet saada osakseen edes hippusen tuota joutilaan luokan elämää. Tätä kutsutaan kauniisti työelämän laaduksi.[2]

Työstä vapautumisen teema on aina ollut olennainen osa utooppista ajattelua. Myöskään myöhäismoderni ihminen ei missään tapauksessa halua todellista *työtä* – vaan hän kaipaa *työelämää*. Se taasen on erityinen sosiaalisen toiminnan kenttä, jossa voi ansaita välttämättömän elatuksen. Ennen muuta siellä voi kuitenkin vaikuttaa ja päteä, ilmaista itseään ja olla olevinaan luova, saavuttaa sosiaalisia kontakteja sekä statusta.[3]

Ihmiset kaipaavat työelämää, sillä siellä viihdytään vieläkin paremmin kuin kotona. Siellä seurustellaan kokouksissa, juodaan kahvia ja syödään viinereitä, neuvotellaan, käydään koulutuksissa ja lounailla, matkustellaan työnantajan laskuun maailmalla tai haaveillaan työn paremmasta tulevaisuudesta sekä manataan huonoja johtajia ja pahaa maailmaa.

Paradoksin ääriviivat piirtyvät seuraavasti: markkinataloudessa oikean *työn* on pakko olla kannattavaa sekä siksi käytännössä kuluttavaa raadantaa, enemmän tai vähemmän kilpailtua, säädeltyä, kontrolloitua ja hierarkkiseen kurinpitoon alistettua; markkinakoneiston osana ihmisen on viime kädessä pakko tehdä monia asioita, joita hän ei muutoin vapaaehtoisesti tekisi.

Tämän takia *työ* ei olekaan koskaan ollut erityisen arvostettua, vaikka monet *työelämän* muodot sitä ovatkin; ja vaikka nykyinen työelämä ei erityisen paljoa raadantaa sisällä, pääoman puutteessa elävän ihmisten enemmistön on ollutkin viisasta vaatia työelämää ilman todellista työtä – siis tuota työelämän laatua. Sen ytimessä ovat inhimilliset työolot: epähierarkkiset organisaatiot, demokraattinen johtajuus ja itsensä toteuttamisen.[4]

Seurauksena suuri osa nykyaikaisesta työstä on puuhastelua, työnteon simuloimista tahi näennäistyötä, joka onkin sopivampaa työelämän sisällöksi kuin todellinen työ. Ongelma tulee siitä, että puuhastelu ja itsensä toteuttaminen ei yleensä ole erityisen kannattavaa, ehkä eräitä luovia neroja lukuun ottamatta. Työelämästä uhkaa tulla kuhnurien kerho.[5]

Jos kaikki vain puuhastelevat, aikaansaannokset ja tulokset jäävät varsin vaatimattomiksi. Sitkeästi myöhäismoderni ihminen on kuitenkin vaatinut henkilökohtaisten mieltymystensä ja kykyrakenteensa mukaista työtä, josta voi saada subjektiivista tyydytystä, jossa voi toteuttaa itseään ja joka vastaa hänen omaa käsitystänsä esimerkiksi ihmisarvoisesta elämästä tahi ihmisten välisestä tasa-arvoisuudesta.[6]

Tunnettu motivaatioteoreetikko puhuikin aikoinansa eksistentiaalista ahdistusta kompensoivien fantasioiden tarpeesta – viitaten tosin ennen muuta erilaisiin sosialismin ilmenemismuotoihin. Näiden kompensoivien fantasioiden tarve kiteytyy jo siihen, että kapitalistisessa kilpailujärjestelmässä kaikki eivät lopulta voi olla voittajia.[7]

Siksi useimmat pyramidin pohjalle syystä tai toisesta jääneet joutuvat tyytymään kompensoiviin unelmiin ja utopioihin. Näistä yksi tärkeimpiä on täydellinen tasa-arvo: "Joissakin älymystöpiireissä pyrkimys tasa-arvoon tulosten suhteen on tullut uskonnollisen periaatteen kaltaiseksi: jokaisen olisi tultava kilpailussa maaliin samaan aikaan."[8]

Pyramidin huipulle päässeet puolestaan ovat aina uneksineet teoriasta, joka oikeuttaisi heidän valtansa tai vaurautensa. Samanaikaisesti he pyrkivät tukahduttamaan – osin tietoisesti ja osin tiedostamatta mutta kuitenkin järjestelmällisesti – kilpailevaa puhetta, joka ehkä osoittaisi heidän unelmiensa olevankin vain unta. Näin koko ihmiskunta elää unelmien maailmassa, jossa pyramidin pohjalta nousevat unet törmäävätkin pyramidin huipulta tuleviin uniin, ja itse todellisuus katoaa unelmien ikuiseen utupilveen.[9]

Unista ja unelmista on lyhyt matka uskontoon, joka Marxin tunnetun teesin mukaan oli oopiumia kansalle: Marxille uskonto oli vain materiaalisen maailman projektio ja sen traaginen seuraus, jonka vieraantuminen synnyttää, Lohtua saadakseen ihmiset etsivätkin yliluonnollista olentoa mielikuvituksen taivaasta, mutta löytävät sieltä vain oman ihannekuvansa – kadottaakseen sen sitten taas uudelleen.[10]

Samansuuntainen on ollut myös monien muiden ajattelijoiden käsitys: ihmiset ovat itse luoneet omat jumalansa sekä uskontonsa.[11] Esimerkiksi Immanuel Kant pyrkikin *Puhtaan järjen kritiikissä* osoittamaan, että Jumalan olemassaoloa ei voida todistaa. *Käytännöllisen järjen kritiikissä* hän pyrki puolestaan osoittamaan, että Jumala on silti välttämätön, ellei muuten niin käsitteellisenä kategoriana.[12]

Ihminen tarvitsee Jumalaa sekä käsitteellisenä kategoriana että armon taikka toivon lähteenä. Jos Jumala on kuollut, myös ihminen on kuollut – muuttunut jo muumioksi, joka tuijottaa vain tyhjyyteen. Siksi uskonnolla on aina jossakin muodossa ihmisen sielunelämässä oma provinssissa, jossa se hallitseekin melkein mielin määrin, erään uskonnonfilosofian klassikon tunnettu teesi kuuluu.[13]

Erään kirjallisuuden klassikon mukaan taas aikojen alusta asti järki tai tiede ovatkin olleet vain toisarvoisessa, palvelevassa tehtävässä kansojen elämässä. Näin on myös oleva maailman loppuun asti. Kansat syntyvät tai elävät aivan toisen, käskevän ja hallitsevan periaatteen mukaan.

Tuon periaatteen alkuperä on yhtä tuntematon kuin välttämätönkin, ja tätä voidaan kutsua varsin yksinkertaisesti Jumalan etsimiseksi. Jokaisen kansanliikkeen päämääränä kaikkialla tai kaikkina kausina on ollut yksinomaan Jumalan etsiminen, oman Jumalan – ehdottomasti oman – ja uskominen häneen ainoana ja totisena Jumalana.[14]

Jopa johtamiskirjallisuuden kaanonissa on otettu esille uskonnollisen ajan päättymistä ennustaneiden selvä epäonnistuminen. Lähes kaikki tuota ennustaneet ovat katsoneet tieteellisen maailmankatsomuksen vähitellen jo korvaavan uskonnollisen myös suurten kansankerrosten keskuudessa.[15]

Silti usko jonkinlaiseen Jumalaan on yhä edelleen koko ihmiskunnan tärkeimpiä yhteisiä nimittäjiä. Ennustajien epäonnistuminen perustuu uskonnon luonteen väärinymmärrykseen. Sen ytimessä eivät ole alkukertomusten fysiikan lakeja uhmaavat arvailut – eikä ylipäätänsä luonnonlakien tai lajien synnyn selittäminen. Sen ytimessä on kysymys elämän tarkoituksesta. Se – jos joku – on aina askarruttanut ihmisiä.[16]

Tarkemmin kyse on nimenomaan itsensä tiedostavan elämän tarkoituksesta, joka ei löydy luonnosta vaan asetetaan sinne; vaikka maailma olisi hiukkasfysiikan tarkoittamalla tavalla vailla mieltä, tämä voidaan kuitenkin konstruoida maailmaan. Uskontojen lahja ihmiskunnalle on maailmanselitys, joka antaa jokaisen olemassaololle tyydyttävän tarkoituksen ja siten voimaa selviytyä.[17]

Monet profeetat, patriarkat ja pyhimykset ovat nähneet omat koettelemuksensa tai tragediansa tämän tarkoituksen kautta ja saaneet siitä sysäyksen poikkeuksellisiin ponnistuksiin. Yksinkertaisesti usko taikka uskonto auttaa, kun tarvitaan poikkeuksellista sitkeyttä, voimaa tai venymiskykyä. Nämä puolestaan edellyttävät tunnetta metafyysisestä kohtalonyhteydestä ja Pohjantähteä, joka antaa suunnan yksilön maalliselle vaellukselle.[18]

Siksi myös modernin johtamiskirjallisuuden kaanon korostaa niin voimakkaasti tarkoituksen antamista keskeisenä osana johtamistyötä; siksi jokaisella organisaatiolla täytyy olla missio; jokaisessa organisaatiossa täytyy uskoa edes johonkin.[19] Ihminen vain yksinkertaisesti tarvitsee välttämättä selitystä, johdatusta ja lohdutusta. Tässä tiivistyy uskonnon tehtävä myös niille, jotka eivät yliluonnolliseen Jumalaan usko.[20]

Kirjavasta keskiajasta ja kaikesta muusta huolimatta uskonto onkin monin tavoin edistänyt ihmisten hyvinvointia ja auttanut kestämään raskaita elämänkohtaloita historiassa. Yhä edelleen ihmiset saavat lohtua siitä tunteesta, että he tavalla tahi toisella ovat oikealla tiellä, tekevät jotakin hyvää, ovat avuksi ihmiskunnalle ja parantavat maailmaa taikka palvelevat jotakin jaloa ihannetta.[21]

Siksi Jumalan kuoleman jälkeisessä maailmassa korvikemerkitysten kauppiaita tai tähtienselittäjiä on niin paljon: organisaatio, joka saa henkilöstönsä jollakin tasolla tuntemaan jotakin tällaista, on oikealla tiellä. Pelkästä velvollisuudesta ei ole koskaan syntynyt mitään suurta. Perustarpeisiin taas kannattaa vedota vain, jos ne ovat uhattuina.[22]

Tässä on Abraham Maslowin tunnetun motivaatioteorian menestyksen salaisuus: se ei ole tuon totuudessa, vaan tuon tavassa kiinnittyä ikiaikaisiin perusarvoihin. Harvat muistavat, että itsensä toteuttamisen korkeinta astetta luonnehtivat Maslowin mukaan "mystiset huippuaistimukset".[23]

Kaikissa organisaatioissa on jonkinlainen uskonto jossakin alkeellisessa muodossa. Kääntäen uskonnon ytimessä taas voidaan nähdä yhteisön ajatus sen idealisoidussa muodossa. Ihmiset haluavat kokea kuuluvansa yhteisöön, joka tekee jotakin hyödyllistä tahi arvokasta ja joka parantaa kanssaihmisten elinehtoja, edistää onnellisuutta ja rikastuttaa elämää – joka tekee enemmän kuin vain omistajien taskuihin menevää voittoa.[24]

Siinä missä määrin ikiaikaisia uskonnollisia sentimenttejä on käytetty maallisten uskontojen rakennusaineina, on esiintynyt suurtakin kirjavuutta eri aikoina ja aloilla. Jotkut organisaatiot ovat lähes fanaattisen uskonnollisia säännöllisine herätyskokouksineen, joissa joukolla veisataan asiaankuuluvat virret ja tunnustetaan uskoa seurakunnan edessä sekä saarnataan paholaista vastaan. Toiset puolestaan pitävät uskoa lähinnä henkilökohtaisena yksityisasiana, jolla on kuitenkin suotuisia sivuvaikutuksia.[25]

Välimuotoja lienee lukuisia, mutta kaikissa organisaatioissa vietetään ristiäisiä, hautajaisia taikka hartaustilaisuuksia; kaikissa organisaatioissa on aina oma pappisluokkansa tai omat sielunpaimenensa. Aivan suurimmissa organisaatioissa on myöskin piispainkokouksia ja pyhiä ehtoollisia, joiden yhteydessä nuo harvat ja valitut vihitään esoteeriseen tietoon. On lähinnä makuasia, millä nimillä näitä uskontoelämän muotoja arjessa kutsutaan.[26]

Rationaalisuuden myytille rakennetuissa nykyorganisaatioissa ei tosin mielellään puhuta uskonnoista – vaan esimerkiksi organisaatiokulttuurista. Johtamiskirjallisuuden klassisen näkemyksen mukaan organisaatiokulttuurin ytimessä ovat kuitenkin aina tietyt olettamukset ja arvot – siis uskomukset, joita ei voida todistaa oikeiksi.[27]

Tässä mielessä organisaatiokulttuuri on vain polyteistisen mikrouskonnon peitetarina. Tuosta organisaatiouskontojen luonteesta johtuu, että myös niiden onkin pakko käydä jatkuvaa taistelua kaikkinaisia harhaoppisuuden muotoja vastaan: uskoa ympäröivästä oppirakennelmasta voidaan jo teologien tapaan keskustella – itse uskosta ei.[28]

Kaikilla organisaatioilla on niiden toiminta-ajatukseen ja kulttuuriin liittyviä perusolettamuksia, joiden kyseenalaistaminen voi uhata jopa koko organisaation olemassaoloa. Siksi uskoa on koko ajan vakuutettava ja vahvistettava erilaisissa rituaaleissa sekä seremonioissa. Samasta syystä harhaoppiset on poistettava myöskin maallisten uskontojen piiristä – ei siksi että he ovat väärässä vaan siksi että he *saattavat olla* oikeassa.[29]

Uskonnot ovat aina edellyttäneet uskon ja oppirakennelman ohella jonkinlaista korkeampaa olentoa, johon usko kohdistuu ja kanavoituu siten, että pyhien yhteys saavutetaan. Organisaatioissa on tätä varten – ja erityisesti tätä varten – olemassa ylin johto. Parhaassa tapauksessa kaikkein ylimpänä on *karismaattinen* johtaja, jonka menestykseen on alkanut liittyä jumalaisia piirteitä.[30]

Maallinen karisma ei ole armolahja eikä synnynnäinen ominaisuus, vaan tämä kehittyy johtajalle, koska ihmiset tarvitsevat kohteen tarpeelleen osoittaa ihailua ja kunnioitusta tahi pyytää varjelusta pahaa vastaan. Monet karismaattisiksi kutsutuista johtajista ovat oivaltaneet tämän, ja edistäneet sen jälkeen itse oman myyttinsä syntymistä. Silloinkin kun tällaisia puolijumalaisia ominaisuuksia ei yksinkertaisesti ole, hyvällä onnella sekä viekkailla viestintäkonsulteilla voidaan saada pieniä ihmeitä aikaan.[31]

Mahdollisuuksia tähän parantaa huimasti se, että ihmisen psyykellä onkin projektioksi kutsuttu puolustusmekanismi: ahdistusta tuottava asia, ominaisuus tahi pyrkimys, jota ei itsessä haluta hyväksyä, heijastetaan johonkin ulkopuoliseen objektiin taikka koetaan siihen kuuluvana; toisaalta myös sellaiset haaveet tai toiveet, joita ei itse kyetä toteuttamaan, pyritään heijastamaan muihin ihmisiin tai objekteihin.

Objektiivisesti alaisiansa suuremmat valtaresurssit omaavasta johtajasta tulee johdettaviensa haaveiden tai toiveiden heijastamiskohteita, joihin liitetään helposti karismaattisia tai mystisiä ominaisuuksia riippumatta siitä, onko heillä näitä vai ei. Ihannoinnin palkkiona tulee psykoanalyytikoiden mukaan myös mahdollisuus saavuttaa uudelleen jo varhaislapsuudessa koetut turvallisuuden sekä merkittävyyden tunteet kaikkivoipien sekä täydellisten vanhempien hoivissa.

Tähän lapseksi taantumiseen liittyy myös karismaattisen johtajuuden suurin ongelma eli sen sisäsyntyinen epävakaisuus. Tämä ilmenee selvimmin erilaisissa autokraattisissa ryhmissä, joiden jäsenet samaistuvat sen vahvaan johtajaan, joka kontrolloi ryhmän aggressioita sekä ahdistuksia. Tällaisissa ryhmissä johtajaan liitetään usein alkukantaisia, yhtä aikaa kaikkivoipaisia ja sadistisia ominaisuuksia.[32]

Karismaattista johtajaa sekä rakastetaan että vihataan, ja ryhmän jäsenet taas tuntevat syyllisyyttä näiden ambivalenssiensa vuoksi. Olipa johtaja siis tosiasiassa millainen tahansa, ennen pitkää ryhmän jäsenet jo pettyvät johtajaansa, joka ei kykene vastaamaan heidän odotuksiinsa eikä kontrolloimaan heidän ristiriitaisia tunteitaan.

Odotuksiinsa pettyneet jäsenet luopuvat pian ihailusta, joka kääntyy vihamielisyydeksi sekä kapinahengeksi. Lapseksi taantuneilla ei tunnetusti ole keskitietä vaan he lohkovat kaikki kokemukset, havainnot sekä tunteet yksiselitteisesti hyviksi tai pahoiksi. Johtaja saakin havaita, miten nopeasti johdettavien mieli voi muuttua. Jo yhden takaiskun jälkeen ryhmän jäsenet voivat pitää johtajaansa syntipukkina organisaation kaikkiin ongelmiin, vaikka ne olisivat paljolti peräisin häntä edeltäneeltä ajalta.

Karisma ja kaikki muutkin henkilökohtaiset ominaisuudet ovat yksinkertaisesti epävakaita johtajuuden perustana. Johtajat ovatkin aina kaivanneet avukseen korkeampia voimia. Usko ei kuitenkaan esiinny kaikilla alueilla, kaikissa ryhmissä tai kaikkina aikoina yhtä voimakkaana edes uskovien keskuudessa; jo Martti Luther manasi aikoinaan leipäpappeja, jotka olisivat soveliaampia sikopaimeniksi kuin sielunhoitajiksi.[33]

Osa seurakuntalaisista taasen on tapakristittyjä, jotka käyvät kirkossa lähinnä sosiaalisista syistä. Näin on aina ollut – ja näin tulee aina olemaan: Vatikaanissa ei ole vaikeaa olla kelpo katolinen, ja eniten uskoa tarvitsevat pakanoitten parissa työtänsä tekevät lähetyssaarnaajat ja apostolit, jotka jo muinoin lähettiin niin kuin lampaat susien keskelle.[34]

He kohtaavat työssänsä ihmisiä, jotka nauravat heidän jumalilleen sekä pilkkaavat heidän pappejaan. Käännytystyössä heillä on kilpenä vain oma uskonsa. Yrityksissä näitä ovat erityisesti myyntimiehet ja tuotekehittelijät, joiden on vakuutettava käännytettävät siitä, että heidän elämässään on jotakin pahasti vialla tahi että he ovat ilman muutosta kulkemassa kohti omaa onnettomuuttaan. Siksi nimenomaan nämä ryhmät tarvitsevat eniten yritysvalmentajiksi kutsuttuja pappeja.[35]

Vielä enemmän pohjatonta uskoa sekä pappia tarvitsevat kuitenkin rahoitusalan ammattilaiset: jos organisaatiolla on yksinään taseessaan miljardeja dollareita vedonlyöntisopimuksen luonteen omaavia luottojohdannaisia, tarvitaan jo täysin horjumatonta uskoa omaan asiaan. Kyseessä on abstrakti matemaattinen peli, jonka kaikkia teknisiä hienouksia edes parhaiten perillä olevat eivät hallitse. Osa tuotteista onkin niin monimutkaisia, että vain ne luoneet tuntevat nämä täysin, jos hekään.[36]

Peliin kuuluu, ettei kukaan saa tunnustaa tätä ääneen. Kyse on siitä sosiaalisen vaikenemisen politiikasta, joka luonnehtii kaikkia erityisasiantuntemusta myyviä organisaatioita; suurin osa omissa siiloissaan elelevistä asiantuntijoista onkin täysin ulkona toisten siilojen asioista. Ulkopuolisiin päin kaikki samassa veneessä soutavat peittävät tämän jargonilla. Tärkeintä on kulttuurinen kartta, jota kaikki katsovat ja jonka kautta organisaatioiden jäsenet oman itseymmärryksensä muodostavat.

Tässä kartassa olennaisinta ei aina ole se, mitä on merkitty näkyviin vaan nimenomaan se, mitä on jätetty merkitsemättä näkyviin; olennaisinta ei ole se, mitä sanotaan vaan se, mitä jätetään sanomatta – epäkohteliaana, itsestäänselvänä, tylsämielisenä tai tabuna. Jäävuoresta näkyykin aina vain osa. Ne, jotka tuntevat myös pinnan alla piilevän maailman, muodostavat todellisen pyhien yhteyden, jossa olennaisinta on usko yhteiseen asiaan.[37]

Organisaatioissa yleensä ja yrityksissä erikseen uskonnollisuus ilmeneekin erityisenä rationaalisena kulttina, jota voidaan kutsua "moderniksi totemismiksi". Toteemi oli alun perin jokin kasvi, eläin tai luonnonilmiö, joita pidettiin pyhänä ja joita palvottiin. Palvonta saikin alkunsa siitä, että toteemi edusti asioita tahi arvoja, jotka olivat olennaisen tärkeitä yhteisölle itselleen. Sen vuoksi siitä tuli ryhmän symboli.[38]

Kunnioitus, jolla toteemia ryhmässä kohdeltiin, oli todellisuudessa kunnioitusta ryhmää itseään kohtaan sekä sitä sitovia asioita ja arvoja kohtaan. Palvonnan todellinen kohde ei siten ollut toteemi vaan yhteisö itse. Seremoniat ja rituaalit, jotka liittyivät tähän palvontaan, olivat itse asiassa heijastumia sosiaalisen yhteenkuuluvuuden ja sen vahvistamisen tarpeesta.

Totemismi ei aluksi tunnu sopivalta ehdokkaalta kuvaamaan nykyaikaisten organisaatioiden elämää: miten ihmeessä keskiluokkaisen elämän rationaalisimmasta ytimestä voisi löytyä jotakin, jota Émile Durkheim käsitteli kirjassaan *Uskontoelämän alkeismuodot*. Vastaus tulee jälleen kerran Max Weberiltä: vaikka totemismi onkin uskontoelämän alkeismuoto, tämä ei ole mikään ajattelun alkeismuoto.[39]

Totemismi syntyy siellä, missä yksilön ajattelu sulautuu kollektiiviseen tajuntaan niin täysin, että persoonallista jumalaa ei enää edes voi olla. *Moderni totemismi* saakin voimansa viime kädessä kilpailun eetoksesta, jossa ihmiset pyrkivät koko ajan ylemmäs ja ylemmäs organisaatiohierarkioissa – lähemmäksi suurinta toteemia eli rahaa ja valtaa.

Moderni totemismi on sekoitus protestanttista etiikkaa sekä toisaalta klassista byrokraattista hallintoa tai herruutta. Byrokratialta se onkin saanut perinnöksi idean asioiden tahi muotojen korostamisesta, virka-asemiin liittyvästä lojaalisuudesta sekä ennen muuta hierarkkisen organisaatiomallinsa; protestanttiselta etiikalta se on taasen perinyt ajatuksen työstä askeettisena kilvoitteluna ja elämäntarkoituksena sinänsä.

Modernissa totemismissa nämä yhdistyvät uudenlaiseksi sääty-yhteiskunnan pelastusprofetiaksi, jossa ahkeruus, ansaitseminen ja säätykerrosten kiipeäminen takaavat kärsimyksen tien kulkijoille yksilöllisyydeksi kutsutun vapautuksen. Silti kumpikaan näistä modernin totemismin tukipilareista ei yksinään riitä.

Vasta näiden yhdistyessä kokonaiseksi eläväksi kultiksi, joka viedään yksityisiin elämänkäytäntöihin saakka, päästään parhaimpiin tuloksiin. Ilman klaanin synnyttämää innostusta sekä lämpöä on vain kylmiä liikesuhteita, yleensä vain asioita ja otsa hiessä puurtamista, selviytymistä viikosta toiseen. Juuri tässä on modernin totemismin tilaus ja tilaisuus.[40]

Erikoistetun ihmisen taivasosa on sellainen, ettei sitä kukaan tahdo: Taylorin mallin mukainen pitkälle rationalisoitu työ tuhoaa viihtyvyyden ja yhteisöllisyyden tunteen. Elton Mayon tahi muiden vastaus tähän taas ei ole omistajille kovin kannattava: ihmissuhteiden koulukunnan vastaus ei kannusta kilpailuun kieltäessään yhteiskunnan kerroksisuuden ja kertoessaan kaikkien olevan samassa epävirallisen kommunikaation veneessä.

Modernissa totemismissa yhteisöllisyys hakeutuu sellaisiin muotoihin, joissa kukin voi säilyttää asemansa, omaisuutensa, etuoikeutensa ja kilpailuviettinsä – sekä samalla kokea yhteisöllisyyden tarjoaman lämmön tunteen, vaikkakin vain eräänlaisena sivutuotteena. Modernin toteemin pyhyys on viime kädessä sen kyvyssä yhdistää kilpailun etiikka veljeysetiikkaan.

Se tapahtuu palvontamenoissa, joissa työnjaolliset säätyluokat ovat kuin porrasaskelmia. Niitä pitkin noustaan lähemmäs klaanin nimikkoesinettä, toteemia. Se yhdistää koko klaania, mutta vain korkeammilla päälliköillä on jonkinlainen kosketusyhteys siihen. Mitä lähempänä toteemia askelmilla ollaan, sitä voimakkaampi on paine tunnustaa erilaisissa palvontarituaaleissa omaa sitoutuneisuutta; tämä on sen tunnustamista, että toteemi on tärkeä koko klaanin hyvinvoinnille.

Noviisit taas ovat profaaneja, kunnes he saavat erityisissä initiaatioseremonioissa pyhän kasteen, eikä ennen kastettaan ole lupa palvoa toteemia; palvonta näyttäytyy erityisenä henkenä, lojaalisuutena tahi velvollisuudentunteena, jota noviiseilta ei voida vielä vaatia. Profaaniksi ihminen muuttuu uudelleen, jos hän rikkoo klaanin tabuja taikka paljastaa toteemiin liittyviä salaisuuksia ulkopuolisille.

Organisaation ylin johto on eräänlainen toteemin tämänpuoleinen inkarnaatio: sen jäsenten satunnainen oleilu klaanin kokoontumispaikalla edustaa usein vain viimeisiä rippeitä heidän maallisesta olemuksestaan, iltaruskossa rapistuvia ihmisyyden naamioita. Silti heistä huolehditaan silti lähes yhtä hyvin kuin itse toteemista.[41]

Esimerkiksi ylimmän päällikön astronomiset ansiot ovat ainoastaan tunnustus hänen arvostansa koko klaanille. Moderni klaani todella tarvitsee päällikön – vaikka itse kultti ei ole päälliköstä. Palvonnan kohteena ei ole päällikkö, vaan toteemi – vastaavalla tavalla kuten suuret kirkkoisät olivat pyhiä mutta eivät kuitenkaan jumalallisia, saati Jumala.

Eräänlaisena jumalhahmona toteemi taasen on eräänlainen ihmisen objektivoitu kuva. Tämä teoreetikkojen hellimä ajatus menee suunnillensa seuraavasti: Tietoisuus Jumalasta on ihmisen tietoisuutta itsestään; Jumalan tuntemus on ihmisen itsetuntemusta. Jumalasta tunnette ihmisen ja päinvastoin; ihmisestä tunnette Jumalan. Nämä kaksi ovatkin itse asiassa yksi. Ihmiset ovat objektivoineet itsensä, mutta eivät ole huomanneet olevansa itse tämä objekti.[42]

Jos tässä päättelyssä Jumala korvataan toteemilla, tullaan varsin lähelle sitä, mistä modernissa totemismissa on kysymys: erityisestä *rationaalisesta kultista*, jossa yhteisön idealisoitu kuva ottaa Jumalan paikan. Tämä on kuitenkin useimmille jo liian teoreettinen kehitelmä, ja käytännössä ihmisille toteemi onkin toteemin maanpäällinen inkarnaatio – suuren organisaation suuri päällikkö, jolla on ehkä erityinen karismaattinen aura.[43]

Tämän rationaalisen kultin taustalta löytyy kuitenkin varsin voimakas uskonnollinen lataus. Max Weber tarkastelikin teoksessaan *Protestanttinen etiikka ja kapitalismin henki* sitä, miten tietyt uskonnolliset ajatusmuodot vaikuttivat tietyn talousmuodon syntyyn. Hän osoitti yhteyksiä protestanttisen etiikan ja modernin kapitalistisen talouseetoksen välillä.[44]

Erityisesti kalvinistisessa ajattelussa nöyrä kohtalousko ja ahkera työ takaavat taivaspaikan; maallistuneessa kalvinismissa hedelmät nautitaan jo maan päällä. Siinä menestyminen on suorastaan siunausta ja rikastuminen on vain merkki Jumalan armosta, ainakin amerikkalaisessa ajattelussa.[45]

Eräs "oman onnensa seppä" sanoo suoraan, että Jumala jopa haluaa meidän menestyvän. Perusteluina hän viittaa muun muassa ensimmäiseen psalmiin: "Autuas se mies, joka ei vaella jumalattomain neuvossa eikä astu syntisten teitä – – Hän on niin kuin istutettu puu vesiojain tykönä, joka antaa hedelmänsä ajallaan ja jonka lehti ei lakastu; ja kaikki, mitä hän tekee, menestyy."[46]

Myös Weberin mukaan kapitalismin hengen "laadullisessa leimassa ja leviämisessä" olennaisin osa onkin oikeanlainen asenne työssä: työtä on tehtävä aivan kuten se olisi ehdoton itsetarkoitus tahi kutsumus. Tällainen henki ei kuitenkaan synny luonnostaan vaan pelkästään pitkällisen kasvatusprosessin tuloksena.[47]

Juuri tietynlainen uskonnollinen kasvatus on kapitalismin kannalta paras mahdollinen työntekijöiden tausta. Apostoli Paavalin kirjeistä perin sopivasti valikoidut kohdat esivallasta tahi uskollisesta palvelijasta ovatkin epäilemättä aina olleet vallan ja varallisuuden haltijoiden mieleen:

"Palvelijat, olkaa kuuliaiset maallisille isännillenne, pelossa ja vavistuksessa, sydämenne yksinkertaisuudessa, niinkuin Kristukselle, ei silmänpalvelijoina, ihmisille mieliksi vaan Kristuksen palvelijoina, sydämestänne tehden, mitä Jumala tahtoo hyvällä mielellä palvellen, niinkuin palvelisitte Herraa ettekä ihmisiä, tietäen, että mitä hyvää kukin tekee, sen hän saa takaisin Herralta, olkoonpa orja tai vapaa."[48]

Toisaalta profeetta ennusti näin: "Kuulkaa tämä, te jotka poljette köyhiä ja tahdotte jo tehdä lopun maan nöyristä, sanoen: 'Milloin loppuu uusikuu, että saamme myydä viljaa, ja milloin sapatti, että saamme avata jyväaitan, pienentää eefa-mitan ja suurentaa painon ja pettää väärällä vaaalla, että saamme ostaa vaivaiset rahasta ja köyhän kenkäparista ja myydä akanoita jyvinä?' Herra on vannonut hänen kauttansa, joka on Jaakobin kunnia: Totisesti, minä en ikinä unhota yhtäkään heidän tekoansa."[49]

Sittemmin myös uskollisista palvelijoista puhunut apostoli Paavali teki selväksi suhteensa maalliseen mammonaan: "Mutta ne, jotka rikastua tahtovat, lankeavat kiusaukseen ja paulaan ja moniin mielettömiin ja vahingollisiin himoihin, jotka upottavat ihmiset turmioon tai kadotukseen. Sillä rahan himo on kaiken pahan juuri; sitä haluten monet ovat eksyneet pois uskosta ja lävistäneet itsensä monella tuskalla."[50]

Sittemmin kapitalismin henki irrottautuikin ymmärrettävistä syistä uskonnollisista lähtökohdistaan sekä kääntyi suorastaan kirkonvastaiseksi. Kun huoli maallisesta mammonasta oli alun perin vain ohut mantteli, josta voitiin luopua milloin vain, ajan oloon se sai jopa hellittämättömän yliotteen ihmisistä ja se muuttui teräksestä tehdyksi haarniskaksi.[51]

Aiemmin ihmisten enemmistö tyytyi ansaitsemaan sen verran kuin he perustarpeisiinsa ja joihinkin vähäisiin ylellisyyksiin tarvitsivat. Tämän jälkeen he asettivatkin vapaa-ajan pian ansioiden keräämisen edelle. Tästä agraariyhteiskunnasta periytyneestä asenteesta tuli suuri huoli ja uhka aikansa liikemiehille: kansa oli kerta kaikkiaan jo saatava kuluttamaan, käännytettävä kristillisistä hyveistä kulutusevankeliumin puoleen.[52]

Tuo käännytystyö oli valtava urakka jopa Yhdysvalloissa, missä uudisraivaajien kansan kalvinistinen työnetiikka olikin syvälle juurtuneen vanhan jenkkiläisen elämäntavan kulmakivenä. Se oli ohjannut ihmisiä säästäväisyyteen ja niukkuuden hyväksymiseen selviytymisen eetoksena.[53]

Tuon muurin murtaminen edellytti tyytymättömyyden ilmapiirin luomista; jatkuvan tyytymättömyyden järjestelmällisestä aikaansaamisesta tuli vaurauden luomisen avain. Liike-elämässä aiemmin vain sivuosaa näytelleet mainonta ja markkinointi nousivat päärooliin tässä prosessissa. Toinen käännytystyön onnistumisen kulmakivi olivat kulutusluotot.

Tämän käännytystyön jälkeen kovin voittoisan kulutuskapitalismin koneisto lepäsi Weberin aikoinaan ennakoimalla tavalla puhtaasti mekaanisella perustalla, eikä se tarvinnut enää uskonnon taustatukea. Yksilö yksinkertaisesti syntyy polkumyllyksi valmiiseen koneistoon, joka taas pyörii omalakisesti ehkä aina siihen saakka, kunnes viimeisenkin fossiilisen polttoaineen hippusen hehku joskus sammuu.[54]

Niinpä polkumyllyt pyörivät vaan, vaikka polkijat ovat uuvuksissa sekä valittavat – samaan aikaan, kun he kuitenkin sitoutuvat organisaation missioon melkeinpä kuin omaan elämäänsä. Sangen usein polkijat polkevat jopa ilman erityisiä rahapalkintoja – ja vain näyttelijöiksi nämä ovat aivan uskottavia omassa roolissaan.[55]

Suuri ansio tästä kuuluu modernille totemismille ja sen palvontamenoissa seremoniamestareina hääriville yritysvalmentajille ja motivaatiokonsulteille; he ovat kalkinneet haudat valkoisiksi sekä kuvanneet helvetin paratiisiksi – tai ainakin portiksi paratiisiin. Siellä on kuitenkin kyy.[56]

Kyykäärmeet liituraidoissa

Charles Ponzi oli paha mies. Nick Leeson oli paha mies. Bernie Madoff oli paha mies. Jeffrey Skilling oli paha mies. Jérome Kerviel oli paha mies. Aina kun televisioruuduista tulvii kuvia käsiraudoissa kulkevista yritysjohtajista ja osakekauppiaista, maallisen papiston onkin pantava parastaan selittäessään ongelmien johtuvan ahneista sekä korruptoituneista yksilöistä eikä järjestelmästä sinänsä.[1]

Järjestelmän ytimessä taasen ei ole yksilö vaan yhtiö, ja nimenomaan moderni osake- tai pörssiyhtiö, jonka tapaa erottaa omistajuus ja johtajuus toisistaan jotkut ovat pitäneet käänteentekevänä innovaationa taloushistoriassa. Kaikki eivät ole olleet yhtä varauksettoman innostuneita tästä innovaatiosta, jonka on katsottu myös johtavan väistämättä keinotteluun, korruptioon ja jatkuviin skandaaleihin.[2]

Esimerkiksi Adam Smith olikin *Kansojen varallisuudessa* sitä mieltä, että palkattujen johtajien ei koskaan voida uskoa käsittelevän yhtiö varoja kuin omiansa, joten seurauksena on väistämättä välinpitämättömyyttä tai tuhlausta. Smithin kirjoittaessa näin vuonna 1776 osakeyhtiöt olivat olleet kiellettyjä Englannissa jo yli 50 vuotta. Sittemmin Karl Marx kehotti ymmärtämään kapitalistista kulttuurievoluutiota edistyksenä ja katastrofina yhdessä ja samassa. Suuryhtiö oli olennainen osa tätä evoluutiota.[3]

Syynä tämän voittokulkuun liiketoimintamuotona on ollut sen kyky koota yhteen likimain rajattoman ihmismäärän pääomat. Voittokulku on kuitenkin edellyttänyt erästä erittäin tärkeää täsmennystä yhtiölainsäädäntöön. Tuota täsmennystä kutsutaan rajoitetun vastuun periaatteeksi: konkurssitapauksessa vastuu rajoittuu jo sijoitettuun summaan, eivätkä velkojat voi kohdistaa vaatimuksia henkilökohtaiseen omaisuuteen.[4]

Liikemiesten ankaran lobbauksen ansiosta osakeyhtiöt ja rajoitetun vastuun periaate otettiin pian käyttöön myös Englannissa, ajattelipa Adam Smith asiasta mitä tahansa. Seuraus oli selvä: myös keskiluokka saatiin sijoittamaan yhtiöiden osakkeisiin, ja yhtiöt laajenivat laajentumistaan. Samalla kuitenkin yksittäisten osakkeenomistajien mahdollisuudet vaikuttaa yhtiössä tehtäviin päätöksiin heikkenivät olennaisesti.

Suurimpien yhtiöiden johtajista tuli taasen teollisuusruhtinaita, jotka saivat hallita yhtiöitänsä kuten feodaalisia läänityksiä. Yleinen mielipide alkoi kuitenkin kääntyä suuryhtiöitä vastaan. Vaikka joidenkin silmissä esimerkiksi Standard Oil olikin jopa upea luomus, useimmat alkoivat jo pitää näitä erään korkeimman oikeuden tuomarin tavoin Frankensteinin hirviöinä, joita kohtaan tunnettiin lähes teofaanista pelkoa sekä syvää epäluottamusta.[5]

Polemiikki aiheesta on jatkunut elinvoimaisena aina näihin päiviin saakka. Nimet ovat vain vaihtuneet Standard Oilista Goldman Sachsiin ja muihin ministerikasvattamoihin. Polemiikista piittaamatta suuryhtiöt jatkavat elämäänsä itsenäisinä oikeushenkilöinä, joilla on luonnollisista henkilöistä poiketen kuitenkin vain yksi tavoite: tuottaa mahdollisimman paljon voittoa omistajilleen.

Luonnollisten henkilöiden kohdalla tällaista totaalista omaan etuun keskittymistä pidetään yleensä yhtenä psykopaattisen käyttäytymisen piirteenä. Yhteiskunnan vaikutusvaltaisimpien instituutioiden tapauksessa tätä pidetään silti täysin luonnollisena, ja eräissä maissa pankinjohtajat seuraavat toisiaan ministereinä ja muina vaikuttajina.[6]

Milton Friedmanin tunnetun teesin mukaan yhtiöt eivät ole ensinkään moraalisia tahi moraalittomia vaan amoraalisia – hyvän ja pahan tuolla puolen. "Amoraaliset" yhtiöt voivat yleisen mielipiteen lepyttämiseksi puhua yhteiskuntavastuusta, mutta näiden tavoitteena on vain tuottaa mahdollisimman paljon rahaa osakkeenomistajille.[7]

Vuonna 1916 itse Henry Ford joutui opettelemaan tämän periaatteen kantapään kautta. Samalla hän tuli puolittain vahingossa vakiinnuttaneeksi lainsäädäntöön Milton Friedmanin myöhemmin kanonisoiman moraalikäsityksen. Hän nimittäin halusi uskoa, että Ford Motor Company voisi olla muuta kuin hänen henkilökohtainen rahasamponsa. Hän päätti maksaa työntekijöilleen tavallista parempaa palkkaa sekä alentaa asiakkaidensa eduksi T-mallin hintaa – ja saada silti kohtuullisesti voittoa.

Kaikki olivat tyytyväisiä – paitsi Dodgen veljekset. He olivat auttaneet Fordia perustamaan yhtiönsä sijoittamalla siihen rahaa noin 10 vuotta aikaisemmin, ja heillä oli suuria suunnitelmia oman autotehtaan perustamisesta. Hanke jouduttiin jäädyttämään, kun Ford päätti olla maksamatta osinkoja alentaakseen hintoja.

Veljekset haastoivat Fordin oikeuteen. He katsoivat, ettei tällä ollut oikeutta käyttää heidän rahojaan asiakkaidensa eduksi hyvistä tarkoitusperistään huolimatta. Oikeus oli samaa mieltä – ja määräsi osingot maksettaviksi. Päätöksen mukaan yhtiön perustamisen ja tämän toiminnan ensisijainen tavoite onkin tuottaa voittoa omistajilleen, eikä yhtiöitä voida johtaa siten, että ne tuottavat vain sattumanvaraisesti hyötyä omistajilleen.[8]

Tuomioistuimen päätös asiassa *Dodge vs. Ford* on edelleen Yhdysvalloissa voimassa oleva oikeusperiaate: yritysjohtajilla on yhtiölaista tuleva velvollisuus asettaa yhtiön omistajien taloudelliset edut kaikkien muiden intressien edelle. Tämä yhtiön edun periaate tavallaan korjasi myöskin Adam Smithin jo vuonna 1776 havaitseman puutteen.

Periaate on jokseenkin sellaisenaan kirjattu useimpien läntisten oikeusvaltioiden yhtiölainsäädäntöön: johdon tehtävänä on varmistaa omistajien taloudellisten etujen toteutuminen. Erilaiset muut yhteiskunnalliset päämäärät voidaan ottaa huomioon vain tarkoituksessa edistää yhtiön taikka sen omistajien etua.[9]

Kyse onkin kaksinaismoraalista, jonka ytimessä oleva yksinomainen voitontavoittelun päämäärä muuttuu pakkomielteeksi. Samalla siihen alkaa sekä yksilö- että yhtiötasolla liittyä jo psykopaattisia piirteitä siinä mielessä kuten käsitettä käytetään psykologiassa: kun voitosta tulee tällainen pakkomielle, kiinnostus muiden ihmisten kohtaloihin ja tunteisiin sammuu lopulta melkein kokonaan.

Julkinen salaisuus on, että yrityshierarkioiden huipuilta löytyy hyvin paljon tällaisia yksilöitä, joskin osa yritysjohtajista toki onnistuu pitämään erillään henkilökohtaisen ja yhtiön moraalikoodin. Yhtiö instituutiona on kuitenkin *poikkeuksellisen* kiinnostunut vain omista eduistaan.[10]

Psykologisesta näkökulmasta yhtiöt ovat vastuuttomia siinä mielessä, että nämä asettavat aina omat etunsa muiden hyvinvoinnin edelle. Yhtiöt yrittävät manipuloida kaikkia sekä kaikkea omaksi edukseen, myös yleistä mielipidettä. Yhtiöt ovat ylimielisiä, koska ne väittävät aina olevansa alansa parhaita tai johtavia. Yhtiöt ylipäätään suhtautuvat muihin pinnallisesti ja alentuvasti. Yhtiöt eivät tunne mitään empatiaa uhrejansa kohtaan. Yhtiöt eivät yleensä vapaaehtoisesti ota vastuuta toimintansa seurauksista.

Psykologiassa nämä ovatkin kaikki psykopaattiin liitettyjä piirteitä. Yleisesti psykopaatilla tarkoitetaan yksilöä, joka on sairaalloisen kiinnostunut omista eduistaan ja mielihaluistaan eikä tunne mitään empatiaa muita kohtaan mutta joka on taitava peittämään perimmäiset tarkoituksensa tai manipuloimaan muita. Itse asiassa psykopaatit ovatkin pelottavan taitavia peittämään itsekeskeisen ja vaarallisen persoonallisuutensa.[11]

Myös yhtiöt esiintyvät julkisuudessa asiakkaita tai suurta yleisöä alati mielistelevällä tavalla suhdetoiminnan sekä yhteiskuntavastuun retoriikan peittäessä suoraan yhtiölainsäädäntöön sementoidun peruspersoonallisuuden. Retoriikan avulla yhtiöt voivat luoda itsestään kuvan myötätuntoisina tai välittävinä, vaikka ne eivät voi välittää mistään muusta kuin itsestään sekä omista eduistaan.[12]

Esimerkkinä voidaan mainita eräs energiayhtiö, joka tapasi julkaista vuosittain erityisen yhteiskuntavastuun raportin. Raporteissansa se lupaili muun muassa vähentää päästöjä tai tukea monenvälisiä sopimuksia ilmastonmuutoksen pysäyttämiseksi. Se sitoutui noudattamaan ihmisoikeuksia sekä suojelemaan jo luontoa tai edistämään ihmisten terveyttä tahi turvallisuutta. Se lupasi edistää myöskin vaihtoehtoisia energiamuotoja, luonnon monimuotoisuutta ja alkuperäiskansojen oikeuksia.

Yhtiö jopa pyysi julkisesti anteeksi aiheuttamaansa öljyvuotoa. Yhtiö vannoi noudattavansa läpinäkyvyyden periaatteita kaikessa toiminnassaan. Yhtiö arvioitiin useita kertoja yhdeksi parhaista työpaikoista Yhdysvalloissa. Tuo yhteiskuntavastuun esikuvana esiintynyt yhtiö oli Enron, joka romahti johdon ahneuden, ylimielisyyden ja markkinoita manipuloivan sekä myös selkeästi rikollisen toiminnan tuloksena.

Tässä tapauksessa – kuten kaikissa muissakin tapauksissa – ongelmat aiheutuivat ahneista ja korruptoituneista yksilöistä, ei järjestelmästä sinänsä, maksimaalisen markkinavapauden apostolit väittävät. Yhtiön romahduksen syyt palautuvat kuitenkin piirteeseen, joka on yhteinen kaikille yhtiöille:

pakkomielteiseen pyrkimykseen tavoitella taloudellista voittoa, valtaa sekä jatkuvaa osakekurssin nousua.[13]

Tämä piirre puolestaan palautuu jo yhtiöiden institutionaaliseen perustaan, jossa oman edun tavoittelu on keskeistä tai moraaliset kysymykset merkityksettömiä. Kun saavutettava taloudellinen hyöty on suurempi kuin kustannukset, lopulta ei ole mitään, mitä yhtiö ei olisi valmis tekemään.

Lainsäädäntö asettaa joitakin rajoitteita saalistusvaiston toteuttamiselle, mutta vapaiden maailmanmarkkinoiden hienous on juuri säännösten kiertämisen helppous. Tehtaat voidaan aina siirtää maihin, joissa lainsäädäntö on löysää sekä työvoima halpaa ja helposti riistettävää.

Tehtaiden sijaintipaikat ovat arveluttavuutensa takia usein tarkkaan varjeltuja liikesalaisuuksia. Taloustieteen termein kyse on vain kustannusten ulkoistamisesta tai paremman elämän tarjoamisesta köyhille, joiden elämä muuten olisi vielä kurjempaa.[14]

Psykopaattisten piirteidensä mukaisesti yhtiöt on ohjelmoitu käyttämään muita hyväksi matkalla yhä suurempiin voittoihin. Yhtiöiden laillinen velvoite on tuottaa mahdollisimman suurta voittoa omistajilleen. Tämä velvoite-etiikka pakottaakin siirtämään muille jokaisen kustannuksen, jonka suuri yleisö sallii siirrettävän. Jokainen kustannus, jonka yhtiöt voivat siirtää muiden maksettavaksi, on oikotie suurempiin voittoihin.

Markkinat eivät yksinkertaisesti näe ulkoisvaikutuksia, jolloin houkutus siirtää haitat muille kasvaa ylivoimaiseksi. Markkinauskon äärimuotojen mukaan ongelma eivät ole markkinat sinänsä vaan näiden *epätäydellisyys*. Markkinoiden epätäydellisyyteen suurin syypää taasen on valtio, joka ei ymmärrä markkinoiden Zeniä ja joka sääntelyvimmassaan pilaa hintamekanismin hienouden. Siksi vannoutuneille fundamentalisteille markkinoiden vapauttaminen merkitsee sotaa valtiota vastaan.[15]

Sen sivutuotteena lujittuu markkinoille ja yhtiöille edullinen ihmisihanne. Markkinoiden maksimoimisen näkökulmasta ihanne on villin irrationaalinen tahi kyltymätön kuluttajakansalainen, jota ohjaa oman edun ja mielihyvän tavoittelu ilman mitään moraalisia pidäkkeitä tahi sosiaalisia siteitä. Noin 150 vuotta syntymänsä jälkeen tämä psykopaattia muistuttava oikeushenkilö haluaa muuttaa myös luonnolliset henkilöt kuvikseen.[16]

Samalla suurista yhtiöistä on jo tullut aikaisempaa psykopaattiystävällisempiä ympäristöjä. Keinoja kaihtamaton voiton tavoittelu ja nopea kasvu, jatkuvat muutokset, säästötoimet sekä yrityskaupat ovat avanneet uusia mahdollisuuksia psykopaattisille persoonallisuuksille toimia työelämässä. Heidän ei edes tarvitse muuttaa asenteitaan tai käyttäytymistään, sillä yhtiöistä on tullut sairaalloisen voiton ja vallan tavoittelun foorumeita.[17]

Perinteiset byrokratiat tahi julkishallinto erityisesti ovat psykopaateille haasteellisempi ympäristö. Jo pelkästään periaatteiden sekä sääntöjen määrä tekee näistä hankalia. Vaikeutta lisää vielä se, että esimiehiä ja päälliköitä on paljon ja heidän tärkeimpänä tehtävänään on valvoa periaatteiden noudattamista. Psykopaatit eivät taas viihdy tällaisessa ympäristössä, sillä he eivät ole sääntöjen seuraajia tai tiimipelaajia.

Myös suuryhtiöissä on edelleen paljon byrokraattisia piirteitä, mutta niissä on myös jotakin muuta: jatkuvan muutoksen karnevalistinen kevätrieha tuokin nimittäin elämään satua ja taikaa, seikkailua ja jännitystä sekä mahdollisuuden nopeisiin pikavoittoihin. Saalistajina, pyrkyreinä ja huijareina psykopaatit hakeutuvat aina tapahtumien keskiöön. Suurissa yhtiöissä tapahtuu aina, ja hyvä asema näissä antaa valtaa, voimaa ja mahdollisuuden käyttää muita hyväksi.[18]

Psykopaatit pystyvätkin soluttautumaan niihin luultua helpommin. Paikan saamisen helppous johtuu siitä, että yhtiöiden käyttämät seulontatekniikat ovat yleisesti tiedossa, ja psykopaatti ottaa ne haltuunsa mestarillisilla manipulointitaidoillaan ja mittaamattomalla itsevarmuudellaan. Paradoksaalisesti haaste on sitä helpompi, mitä korkeammasta tehtävästä on kyse: johtotehtävissä tarvitaan strategista ajattelua, näkemyksellisyyttä, innovatiivisuutta, luovuutta ja – johtajuutta.

Mitä korkeammasta johtotehtävästä on kyse, sitä enemmän valinnassa vaikuttavat sellaiset seikat kuin ”intuitio” tahi ”kemia”. Nämä vaikuttavat ainakin jo alitajuisesti hyvissäkin haastatteluissa, ja juuri näissä asioissa psykopaatit loistavat: he ovat yksinkertaisesti vakuuttavia sekä paperilla että puhujankorokkeella.

He puhuvat kuin parhaat papit sekä onnistuvat olemaan sulavia, lahjakkaita, nokkelia, nöyriä, herkkiä ja itsevarmoja. Ansioluettelot he loihtivat yhtä itsevarmoin ottein, ja varsinkin nopeasti kasvavissa suuryhtiöissä heissä nähdään aina *ainesta* johtotehtäviin.[19]

Etenemistä auttaa se, että he hyötyvät liike-elämän jatkuvasta muutoksesta. Kierto on pahimmillaan jo niin kiivasta, että edellisen tehtävän tuloksia ei aina ehditä edes mitata, saati sanottavammin arvioida ennen uutta tehtävää. Lyhyellä aikavälillä tuloksen tapaisen sepitteen voi aina keksiä tai syyttää tuon puuttumisesta muita. Vielä helpompaa tämä on, mikäli myös arvioitsijat ja arviointimenetelmät muuttuvat jatkuvasti.

Psykopaatit menestyvätkin muutokseksi kutsutun kaaoksen oloissa: tehokasta teeskennellen siirtyvät tehtävästä toiseen uusien haasteiden pariin. Suurissa yhtiöissä on myös toinen teeskentelijöitä houkutteleva ominaisuus. Tämä on salailu, joka on olennainen osa kaikkien yhtiöiden elämää: liikesalaisuuksia salaillaan, ikäviä päätöksiä salaillaan tahi johdon kyvyttömyyttä salaillaan. Salailu se taasen on suuren näyttelijän hyvä ystävä, sillä sen verho auttaa manipuloimaan ja piiloutumaan.[20]

Mitä enemmän yhtiössä on muutoksia sekä salailua, sitä paremman suojan se antaa palveluksessaan oleville psykopaateille. Jatkuvasti muuttuvasta organisaatiosta onkin tullut pikemmin sääntö kuin poikkeus. Koska muutokset taas merkitsevät monille potkuja tai muita ikävyyksiä, niitä salaillaan. Mikä parasta, jatkuvien muutosten aikoina ei enää kaivata perinteisiä "organisaatiomiehiä". Sen sijaan tarvitaan saneeraajia sekä muutosagentteja, jotka saavat aikaiseksi mahdollisimman paljon ja pian.

Kevytrakenteiset, nopearytmiset, kaoottiset tai erittäin kilpailuhenkiset muutosorganisaatiot ovat psykopaattien todeksi muuttunut päiväuni. Tiukat tulostavoitteet, joustavat pelisäännöt ja reilut palkkiot ovat psykopaatin hunajapurkki. Psykopaatin tunneköyhyyden kääntöpuoli on nimittäin jatkuva uusien ärsykkeiden tahi kiihokkeiden krooninen tarve. Psykopaatille elämä on jatkuvaa peliä, jossa päämääränä on vain voitto ja jossa sääli on sairautta.

Psykopaateille määritelmällinen piirre onkin tunteiden puuttuminen: he eivät tunne myötätuntoa, eikä heillä ole omatuntoa. He eivät ymmärrä edes alkeellisia inhimillisiä tunteita. Heille on myös yhdentekevää, miten heidän itsekäs käyttäytymisensä vaikuttaa muiden tunteisiin tahi elämänolosuhteisiin. Heidän maailmassaan kaikkien oletetaan olevan yhtä ahneita, itsekkäitä ja tunteettomia kuin he itse ovat.[21]

Tämän vuoksi he eivät kykene käsittämään toisten tunne-elämää, ja he olettavat tämän joka tapauksessa yhtä ontoksi tai tyhjäksi kuin omansa. Tyhjiöt pyrkivät kuitenkin aina täyttymään, sotilaat ovat perinteisesti sanoneet. Näin on paljolti myös psykologiassa: ihmiset eivät yksinkertaisesti kestä tyhjyyttä, joka on täytettävä jollakin tai jotenkin. Psykopaateille peli on keino täyttää tyhjiöt.[22]

Finanssimarkkinoiden vapauttamisen alkuaikoina johdannaismarkkinoiden – tuon pelien pelin – makuun vasta päässeet Wall Streetin meklarit tapasivatkin "asiakkaiden räjäyttelyn" välillä huvittaa itseänsä valehtelijan pokeriksi kutsutulla pelillä. Parhaat meklarit olivatkin parhaita myös tässä keskellä työpäivää pelatussa pelissä, jossa piti arvata dollarin setelin sarjanumeroista osa, joka oli sama kaikilla pelaajilla. Pelin panoksena saattoi olla miljoona dollaria ja periaatteena "ei kyyneleitä".[23]

Valehtelijan pokerissa tai itse meklarin työssä ei ollut suurtakaan eroa: kumpikin vaati hyviä hoksottimia sekä täysin häikäilemätöntä luonnetta. Taloon vasta tulleille meklarikokelaille tehtiin jo perehdytyskursseilla selväksi, että tämä maailma on viidakko, jossa vain harvat selviävät hengissä – eikä kukaan ilman viidakko-opasta.

Myytti meklarista villi-ihmisenä oli todellakin myytti maailmassa, jossa suurin osa ihmisistä oli Harvardista valmistuneita hikipinkoja. Silti tuo ei ollut täysin vailla pohjaa, sillä miljoonia talolle ja itselleen tienanneet meklarit saivat paljon puhuvan arvonimen: Big Swinging Dick![24]

Pankkiiriliikkeiden lasipalatseissa nämä tyypit piilotettiin jo tuolloin tietyille osastoille, joilla todella vallitsivat viidakon lait. Näillä osastoilla voiton tahi kunnian tavoittelua eivät rajoittaneet käytännössä mitkään säännöt. Näillä osastoilla jopa kaikkein verenhimoisimmat miehet vaikuttivat kummallisella tavalla säikyiltä, sillä viidakon laki on syö tahi tule syödyksi; kun hillitön oman edun tavoittelu on normi, eteenpäin ei voi päästä polkematta toisia jalkoihinsa, ei edes Harvardin papereilla.

Koskaan ei voi tietää, millainen mies on juuri nyt noussut tikkailla puolaa alemmalle tasolle. Tämän taas sai kokea myös hän, joka palkkasi

Salomon Brothersille "meklareiden meklarina" sittemmin tunnetun miehen. Jo muutaman kuukauden kuluttua tämä syrjäytti palkkaajansa, mitä tapahtui tuolloin jatkuvasti: jos haastaja oli edes hieman aggressiivisempi, energisempi, suositumpi tahi tuottoisampi, hän otti pian paikan auringossa. Tällaisessa kulttuurissa eivät tavalliset miehet tai naiset menesty.[25]

Meklareiden meklari ei todellakaan ollut mikään tavallinen mies: hänellä oli poikkeuksellisen nopeat hoksottimet sekä mittaamaton määrä kunnianhimoa. Aiemmissa tehtävissään hän oli jatkuvasti valittanut, että hänelle ei maksettu sitä, mikä hänen arvonsa yritykselle oli. Nyt hän saikin tilaisuutensa näyttää; hän sai luoda kokonaan uudet markkinat, asuntolainaobligaatioiden ja -johdannaisten markkinat.

Työssään hän oli täysin periksi antamaton – eikä kaihtanut mitään keinoja myynnin edistämiseksi. Etiikka ei häirinnyt hänen työtään, eikä hän epäröinyt salata miljoonatappioitansa esimiehiltään. Hän oli hillitön, hävytön taikka räävösuinen. Omia alaisiaan hän komenteli kuin kenraali huutamalla suoraa huutoa pöydällään seisten. Paradoksaalisesti hän halusi olla pidetty ja uskoi olevansa pidetty – mutta sai silti potkut hänkin.[26]

Meklareiden meklarin ura ei tietenkään päättynyt yksiin potkuihin. Sittemmin suunnilleen kaikki tämä on toistunut muun muassa konkurssiin partaalle ajautuneessa Halifax Bank of Scotlandissa viimeisimmän finanssikriisin alla.[27] Kuten oppikirjoissa kerrotaan, kansainväliset finanssimarkkinat ovat hyvin lähellä täydellistä kilpailua, jonka oloissa voiton ja tappion välillä voi olla vain sekunteja tai niiden kymmenyksiä.

Siksi siinä maailmassa hallitsevat väistämättä miehet, joilla on aivan äärimmäinen voitontahto sekä suunnilleen millimetrin mittainen sytytyslanka. Siinä maailmassa hallitsevat sellaiset miehet kuten Salomon Brothersilla jo aikoinaan palvellut "ihmispiraija", jonka kieli oli hänen hienostuneen sielunsa peili: "Saatanan ranskalaiset ovat perse auki."[28] Vähemmän täydellisen kilpailun oloissa psykopaattien tunnistaminen voi olla hyvin vaikeaa.

Psykopaatti on usein todellinen tuhattaituri. Hän osaa ensinnäkin lukea toisia ihmisiä ja erottaa, mistä toinen pitää ja mistä ei; hän tunnistaa toisen tarpeet, vaikuttimet ja heikot kohdat. Varsinkin heikot kohdat ovat niitä nappeja, joita psykopaatti on aina valmis painelemaan. Tavoitteensa hän kätkee kuitenkin tarvittaessa sujuvalla supliikilla. Taiten hän tutkiikin toisten sisintä sekä puhuu vakuuttavasti. Nämä kyvyt taas auttavat muokkaamaan persoonaa pelisuunnitelman kulloinkin vaatimalla tavalla.[29]

Psykopaatit ovatkin kuin ”sosiaalisia kameleontteja”, jotka tuntevat elämän pokeripeleissä toisen pelikortit ja jotka huijaavat surutta hurmaamalla toisen tämän omilla tarpeilla. He tunnistavat toisten salatut tarpeet ja puhuvat aina taitavasti peitellen siitä, mistä toiset haluavat kuulla.

He kertovat tarinoitaan niin vakuuttavasti, viihdyttävästi sekä kekseliäästi, että toiset astuvat kuin vaistomaisesti heidän tyydyttämättömien tarpeidensa kuoppaan. Teatraaliset eleet taikka viihdyttävät tarinat vain lisäävät luottamusta, koska nämä ristiriitaisuuksistaan huolimatta poistavat uhrien omia huolia ja ahdistuksen aiheita.[30]

Psykopaatin pelistrategia onkin vakavasti uhattuna vain tilanteessa, jossa hän yrittää manipuloida liian monia ihmisiä yhtä aikaa. Jopa riskejä rakastavalle psykopaatille on liian uskaliasta esittää monia eri uhreille räätälöityjä rooleja samanaikaisesti. Silloin omiin juoniin sotkeutumisen riski on liian ilmeinen, ja joku voi aina ryhtyä pillinviheltäjäksi.

Siksi psykopaatti keskittyy mielellään vain yhteen uhriin kerrallaan ja pyrkien voittamaan juuri tämän luottamuksen ihmisen pohjattoman arvostuksen tai tärkeyden tunteen kokemisen halun kautta. Tällä perusmenetelmällä psykopaatti etenee organisaatiossa nopeasti kohti valtaa ja voimaa, joka on hänelle kuin huumetta.

Psykopaatin menestyksen ensiaskel on läheisten suhteiden rakentaminen keskeisiin avainhenkilöihin sekä varsinkin ylimpään johtoon. Koska näiden lähipiiri on aina suppea, osin suljettu ja alati kiireinen, esille ja puheille pääsemiseksi on käytettävä koko mielikuvituksen keinovalikoimaa. Puheille päästyään psykopaatti yksinkertaisesti painelee nappejaan, ja saa näin itselleen myös suojelusenkelin.

Huolellisesti laadittu palapeli on läpi organisaation punottu ”psykopaattinen fiktio”, joka antaa sen suunnittelijalle juuri sitä, mitä hän haluaa: mahdollisuuden pelata, hakea jännitystä elämään ja hallita muita. Nykyaikainen suuryhtiö on psykopaatille kerta kaikkiaan palkitseva pelikenttä. Vielä palkitsevampi pelikenttä on, jos se sijaitsee finanssisektorilla.[31]

Kaikki psykopaatit eivät ole liukaskielisiä ja sulavaliikkeisiä salonkileijonia, eivät finanssisektorilla eivätkä muillakaan sektoreilla. Osalta psykopaateista puuttuvat puhelahjat tai sosiaaliset taidot, vaikka he muutoin täyttävät psykopaatin perustuntomerkit eli häikäilemättömän omien etujen ajamisen ja tunteettoman toisten hyväksikäyttämisen.

Nämä psykopaatit uhkailevat, pelottelevat ja pakottavat muita saadakseen haluamansa. Usein tällainen hurmahenki esiintyy ilkeästi, juonittelevasti ja vihamielisesti, koska hänellä ei ole viettelijän viehätysvoimaa ja sädekehää, jolla saisi toiset valtaansa. Sen sijaan hän pyrkii tyrannisoimaan toisia apinalauman alfauroksen tapaan.[32]

Tämä tyyppi saa kirkkaimman ilmauksensa hurtissa upseerihuumorissa, jossa uudet natsat ovat aina entisten alaisten silmäkuopista kaivettuja. Silti tämä tyyppi on sangen yleinen myös nykyaikaisissa suuryrityksissä ja ilmiselvästi isäntävallan paluun myötä jälleen yleistymässä.

Esimerkiksi käy mies, joka on kuolemansa jälkeen kasvanut toteemiksi, noussut kuolleista jumalien joukkoon. Hän on totta kai Steve Jobs, joka ei todellakaan ollut mallikelpoinen, muiden jäljiteltäväksi siistiin pakettiin viikattu johtaja taikka ihminen. Eri elämäkertojen mukaan hän olikin pahimmillaan aivan kuin paholaisen riivaama ja ajoi alaisensa jonnekin sekä epätoivon että raivon partaalle.[33]

Hän opetteli opiskeluaikoinaan tuijottamaan ihmisiä silmiänsä räpyttämättä ja kehitti täydellisyyteen saakka kommunikaation pitkät äänettömät jaksot, joita seurasi konekiväärimäisellä intensiteetillä puheenpapatus. Jo tämä omalaatuinen sekoitus kylmäkiskoisuutta ja äärimmäistä intensiteettiä yhdessä olkapäille valuvien hiusten kanssa teki hänestä hullun shamaanin kaltaisen hahmon. Tässä hahmossa oli jotakin karismaattista – ja jotakin hyvin niljakasta.

Jo eräässä ensimmäisistä työpaikoistaan Steve Jobs siirrettiin yövuoroon, koska hänet havaittiin niin hankalaksi. Hän tuli töihin muiden lähdettyä ja työskenteli maanisella vimmalla. Jopa yövuoroon eristettynä hän onnistui hankkimaan mainetta röyhkeällä käytöksellään. Työtovereilleen hän ilmoitti pääsevänsä loistamaan vain, koska nämä ovat pelkkiä paskoja.[34]

Ylimielisyydestään huolimatta, tai ehkä juuri sen takia, hän onnistui hurmaamaan yrityksen aikoinaan perustaneen karismaattisen visionäärin, jonka kanssa hän keskusteli oppineesti vapaan tahdon ongelmasta. Hänen oma kantansa oli, että tahdonvoimalla voi muuttaa todellisuutta.

Hänen elämänfilosofianansa oli luoda aivan oma maailma puhtaalla tahdonvoimalla. Tällainen luomistyö edellyttää aina todellisuuden vääristelyä, mikä oli kuitenkin enemmän kuin vain valehtelua; se oli todellisuuden luomista – todellisuuden, josta yksinkertaisesti vain jo pudotettiin pois se osa, joka ei taipunut hänen tahtoonsa. Jumalat pudotettiin paskapäiden joukkoon joskus arvaamatta ja yhdellä piiskansivalluksella.[35]

Luovalla johtajalla luovassa toiminnassaan ei ollut aikaa taikka varaa kompromisseihin, eikä hyviin käytöstapoihin. Hänen karkeutensa ei ollut vain kyvyttömyyttä kätkeä omaa mielipidettään keskinkertaisuuden edessä. Se oli täysin tietoista valmiutta ja jopa perverssiä intoa masentaa ihmisiä ja nöyryyttää heitä oman paremmuuden osoittamisella.

Tämän jalona tarkoituksena oli teoriassa toimia laadun mittatikkuna ympäristöissä, joissa kaikki eivät vielä olleet tottuneita erinomaisten suoritusten vaatimukseen. Huuto ja raivo herättävät näyttämisenhalun ja yhteishengen, jos näiden motiivina on aito intohimo itsensä ja muiden ylittämiseen. Tuossa todellisuudessa, jonka Jobs oli itse luonut, tämä oli yksinkertaisesti tapa tehdä yhtiöstä parempi.[36]

Steve Jobsin jo kuoltua monet kommentaattorit korostivat ihailuaan pahemmin peittelemättä hänen suoraviivaisuuttaan ja siekailemattomuuttaan sekä häikäilemättömyyttään. Työntekijät pelkäsivät mennä hänen kanssaan samaan hissiin, sillä huonolla tuulella ollessaan hän voi antaa potkut hetken mielijohteesta käytännössä kenelle tahansa.[37]

Ylipäätänsä hänellä oli selkeitä psykopaatin piirteitä, jotka varsinkin yritysjohtajien kohdalla annetaan anteeksi, koska niitä pidetään merkkinä intohimoisesta aikaansaamisen eetoksesta, pyrkimyksestä vaatia itseltään ja alaisiltaan parasta mahdollista suoritusta – ja enemmän. Perverssillä tavalla näiden liike-elämän psykopaattien motto onkin peräisin jo anarkisteilta: Ole realisti, vaadi mahdotonta!

"Minulla ei ole yhtään hyvää sanaa sanottavana isästäni, joka oli pelkkä pystyyn kuollut paska – – Ihmisenä isäni oli kusipää, ihmishirviö, joka olisi pitänyt sterilisoida hyvissä ajoin." Näin kuvailee erästä erittäinkin hyvin menestynyttä yritysjohtajaa yksi hänen pojistaan.[38]

Toisenkin pojan sovittelevampien sanankäänteiden mukaan hänen isässään oli melko "voimakkaana läsnä skitsofreniaa, paranoiaa ja maanisdepressiivisyyttä." Miehestä postuumisti kirjoitettu poikkeuksellisen avoin elämäkerta onkin kuin sairaskertomus sukuyhtiön johtoon nuorena nousseen miehen vaipumisesta yhä vain syvemmälle työhön – ja alkoholismiin ja psyykkisiin ongelmiin.[39]

Hänestä tuli vähitellen itsekeskeinen alkoholisti tai narsisti, jolla ei ollut lainkaan empatiaa muita ihmisiä kohtaan. Esimerkiksi öisin hän pakotti usein juovuspäissään jonkun lapsistansa kuuntelemaan useita tunteja jatkuneita maanisia monologejaan. Toisaalta hän halveksi kaikkia ja kaikkea: "Koska hän oli yleensä humalassa, hän halveksi sukulaisiaan humalassa – – Sukulaisiaankin enemmän isäni inhosi naapureita."[40]

Silti tämä täydellisestä kyvyttömyydestä empatiaan kärsinyt ja esimiehenä vain muutamalle lähimmälle alaisellensa puhunut mies loi sukuyhtiöstänsä kansainvälisen suuryrityksen, ja hänen merkitystään jopa koko toimialan kehityksen kannalta on vaikeata kiistää. Hän oli omana aikanaan maansa älykkäimpiä yritysjohtajia, joka oli varsin monipuolisesti sivistynyt, charmikas, jopa herkkä ja tunteellinen.

Samalla hän oli myös äärimmäisen itsekeskeinen, itsepäinen, julma ja jätkämäinen. Hän istui yli neljä kuukautta vankilassa rattijuopumuksen takia sekä joutui elämänsä aikana useita kertoja jopa putkaan äkkipikaisen luonteensa tahi runsaan alkoholinkäyttönsä takia. Vihamiehiä hän onnistui hankkimaan sitäkin enemmän.[41]

Hän ei ole mitenkään ainoa laatuaan. Esimerkiksi Soichiro Hondaa on kuvattu keksijäneroksi, jolla oli valtava itsetunto ja äärimmäisen ailahteleva temperamentti: hänen kerrotaan heittäneen geishan ulos toisen kerroksen avoimesta ikkunasta – mutta laskeutuneen myös likakaivoon liiketuttavansa tekohampaita hakemaan.[42]

Myös tunnettu johtamisguru on aikoinaan pohdiskellut erään pääjohtajan omaelämäkerran aiheuttamaa kohua. Kirjansa nimeksi pääjohtaja oli antanut "Kusipään tunnustukset".[43] Hän olikin aikoinaan liikkeenjohdon

”panttivankeja ei oteta” -koulukunnan priimusmaistereita, jonka alaisena ei varmasti ollut erityisen mieluisaa työskennellä – mutta eipä ole ollut monen muunkaan maineikkaan uudistajan alaisena.

”Rohkea riskinottaja, sinnikäs yrittäjä, järkkymätön tulevaisuuden näkijän saakin niskaansa lähes kaikkien vihat. Virallisen vallan ja viisauden haltijat koettavat – omalta kannaltaan jo syystäkin – lannistaa hänet. Tästä seuraa käytännössä, että menestykseen voi yltää vain tavattoman itsekeskeinen, kohtuuttoman itsevarma, mielettömiin tempauksiin taipuvainen, paksunahkainen ja hiukan vainohullu ihminen.”[44]

Näin tiivistää muuan johtamisguru syyn siihen, miksi yritysmaailman huipulla on ollut pelottavan paljon psykopaatteja, keskimääräistä enemmän käärmeitä liituraidoissa. He eivät ole mitenkään ventovieraita muidenkaan organisaatioiden ylemmillä portailla: valta korruptoi aina, ja alkuperäiset ihanteet – jos niitä on ollut – saavat mennä. Peli muuttuu peliksi sen itsensä vuoksi, ja juuri silloin psykopaatit pääsevät loistamaan.[45]

Kentaurin kasvattamat johtajat

Steve Jobsista on siis – kuten sanottu – tullut kuolemansa jälkeen tullut hierarkkisen johtamistavan paluun ikoni. Suuryhtiöitä pidetään yhä selvemmin totalitaarisina rakenteina, joissa johtajat hallitsevat omistajien armosta mielensä mukaan ja joissa alempiarvoisilla on valtaa ja vapauksia vain sen verran kuin ylempiarvoiset suvaitsevat antaa. Kerran jo kuolleeksi julistettu kasarmikulttuuri ja komentajat palaavat entistä alastomampina takaisin.

Kun tulosta tehdään tosissaan, yrityksen arvot kirjoitetaankin äkkiä taksin takapenkillä, johdon toimesta – eikä näitä ole paljon. Yritysvalmentajiksi kutsuttuja positiivisen ajattelun oppimestareita tarvitaan tässä totalitaarisessa rakenteessa ennen muuta ihmiskasvoisuudella sokeroidun pintasilauksen antamiseen.

Käsitteellisen sokerikuorrutuksen tärkein raaka-aine on mahtipontisilla uudissanoilla maustettu yleishumanismi. Siinä luetteloidaan ensin käytännössä kaikki tunnetut työelämän ongelmat – ja tarjotaan sitten näiden ratkaisuksi innovatiivisuutta, luovuutta ja reipasta yhteishenkeä.[1]

Samalla yritysvalmentajat tai henkilöstökonsultit toimivat tavallaan hyvinä poliiseina sairaassa systeemissä. Systeemi taas on sairas siinä mielessä, että tuo vaatii työpaikan asettamista koko elämän keskipisteeksi sekä kuittaa masentumiset, uupumiset taikka loppuunpalamiset ikäviksi sivujuonteiksi muuten loistavassa ja kannustavassa yrityskulttuurissa.

Totalitaarisen rakenteen paha poliisi on luonnollisesti tuon toteemia lähinnä oleva suurin johtaja, jolla yksinomaan on kykyä tulkita esoteerista markkinainformaatiota, sanaa; eikä hän vain tulkitse sanaa, vaan hän on jo lihaksi tullut sana, jota kuolevaiset eivät voi koskaan täysin käsittää. Johtajalla onkin aina oltava Januksen kasvot, jo Niccolo Machiavelli – tuo kaikkien konsulttien kruunaamaton kuningas – oivalsi aikoinansa.

Machiavelli muistuttaa juuri Medicien hallitsijasuvulle kirjoitetussa opaskirjasessaan *Ruhtinas* siitä, että maailmassa taistellaan kahdella tavalla: lakeihin taikka raakaan voimaan turvautuen. Näistä ensimmäinen tapa on ominainen ihmisille sekä jälkimmäinen eläimille. Koska ensimmäinen tapa ei kuitenkaan aina ole riittävä, myös ihmisen täytyy turvautua jälkimmäiseen. Ruhtinaiden pitää osata käyttää molempia.[2]

Machiavellin mukaan jo muinaiset runoilijat opettivat, että Akhilleus sekä monet muut entisaikojen ruhtinaat uskottiin kentauri Kheironin kasvatettaviksi sekä ruokittaviksi. Koska oppimestari oli puoliksi eläin ja puoliksi ihminen, myös oppilaasta oli tuleva puoliksi eläin ja puoliksi ihminen. Eläimistä ruhtinaan tulee valita esikuvikseen sekä kettu että leijona, joista toinen osaa välttää ansat ja toinen pelottaa sudet pois.

Tällaiset ominaisuudet on kuitenkin osattava verhota hyvin; ruhtinaan tulee osata olla suuri näyttelijä ja teeskentelijä. Ruhtinaan on osattava näytellä armeliasta, uskollista, lempeää, vilpitöntä tai hurskasta. Hänen tulee kuitenkin aina olla siinä määrin itsensä herra, että hän osaa ja voi menetellä myös juuri päinvastoin.

Silti ruhtinaan tulee tarkkaan varoa, ettei hänen suustansa koskaan lipsahda lausahdusta, joka ei ole jo edellä mainittujen hyveiden kyllästämä. Ruhtinaan on aina kuulostettava tai näytettävä siltä kuin hän olisi itse armeliaisuus, uskollisuus, lempeys, vilpittömyys ja vanhurskaus.

Ihmiset arvostelevat asioita enemmän silmiensä kuin kokemustensa kautta. Jokainen näkee, miltä ruhtinas näyttää, mutta vain harvat tuntevat hänen todelliset kasvonsa, eivätkä edes nämä uskalla uhmata enemmistön mielipidettä. Muiden ihmisten tai jopa tuomioistuinten yläpuolella olevan ruhtinaan tekoja mitataan päivien päätteeksi vain tulosten mukaan; hänen on vain toimittava voitollisesti ja säilytettävä asemansa.

Voitonpäivänä kaikki hänen käyttämänsä keinot saavat kiitoksen ja kunnioituksen, sillä rahvas kiinnittää huomionsa aina lähinnä lopputulokseen ja ulkokuoreen, eikä maailmassa ole mitään muuta kuin pelkkää rahvasta. Niin kauan kuin ruhtinas pysyykin rahvaan suosiossa, hänen ei pahemmin tarvitse pelätä salaliittolaisia tai muita. Jos taas ruhtinas saa päälleen rahvaan vihan, hänen on syytä pelätä kaikkia ja kaikkialla.[3]

Machiavelli ei kuulu johtamiskirjallisuuden kaanoniin, mutta silti häntä luetaan. *Ruhtinasta* luetaan kuitenkin kuin pornolehtiä: yksin, hämärissä olosuhteissa ja sekavassa mielentilassa – mutta silti sitä luetaan ja luetaan paljon. Niin luetaan myös sotilaiden tai mafiapäälliköiden mietteitä johtamisesta; jotkut heistä ovatkin viihtyneet jopa viikkokausia parhaiden myyvien johtamiskirjojen listoilla.[4]

Postmodernin moniarvoisuuden nimissä julkaistaan melkoisen paljon siten myös sellaista johtamiskirjallisuutta, joka ei ole täysin sortunut sentimentaaliseen New Age -filosofointiin. Yltiöpositiivisella yleishumanismilla kuorrutettujen johtamisoppaiden rinnalla näiden suoraviivaisten tuotosten sanoma on tiiviisti se, että puhukoon kaunosieluiset idealistit mitä tahansa, niin todellisuudessa johtaminen on kusetusta ja koirapsykologiaa.

Tällaisen hengentuotteen on kirjoittanut esimerkiksi eräs Yhdysvaltojen laivaston erikoisjoukkojen entinen ryhmänjohtaja. Nämä erikoisjoukot ovat antiterrorismiin sekä sotilaallisiin erikoisoperaatioihin koulutettu eliittiosasto. Myöhemmin kirjoittaja on toki johtanut myös kahta yritystä, joista toinen on tarjonnut turvallisuuspalveluja suuryrityksille sekä toinen taas on erikoistunut "motivoinnin" ja "ryhmätyön" opettamiseen.

Ryhmänjohtajan opetukset poikkeavat Harvardin yliopiston humanististen älykköprofessoreiden tutuista teeseistä: johtaminen on koirapsykologisiin lainalaisuuksiin perustuva lähitaistelulaji – eikä mikään terapeuttisten tiimipalavereiden päättymätön sarja. Todistusaineiston teeseille hän löytää omista urotöistään, joilla hän laveasti kehuskelee.[5]

Mafiajohtajan kirjoittanut nimimerkki V ei sattuneista syistään voi pitää itsestään ja omista urotöistään yhtä suurta ääntä kuin erikoisjoukkojen entinen ryhmänjohtaja. Nimimerkki on nimittäin ollut laajasti alamaailmassa tunnettu *capo*, joka on asunut eri puolilla maailmaa ja jonka kulloistakin tarkkaa asuinpaikkaa eivät monet tiedä. Hän ei kannata suoraa toimintaa vaan juonittelua ja manipulointia.[6]

On parasta antaa toisten hoitaa likaiset työt, odottaa opportunistisesti tilaisuuttaan ja tuon tultua kerätä koko potti muutamalla ovelalla taktisella siirrolla. Kirjoittaja rinnastaa mafian ja liikemaailman toisiinsa: molemmissa vallitsee ankara hierarkia, yleinen selkään puukottamisen mentaliteetti ja ilmapiiri, jossa rehellisyys on tyhmyyttä ja sääli sairautta. Nimimerkin kirjallinen esikuva on manipuloinnin oppimestari Machiavelli.

Machiavellin sanoma taas on suunnilleen sama kuin taloustieteen:

vain tulokset ratkaisevat ja muu voidaan peittää retoriikalla.[7] Suuryhtiöiden johtajat taasen ovat tämän päivän kentaurien kasvattamia ruhtinaita, jotka mieltävät jo olevansa kaikkien lakien yläpuolella – puoliksi eläimiä, puoliksi ihmisiä – ja vain tulostensa kautta arvioitavissa; onkin sinänsä sama, miten tulosta tehdään, kunhan sitä tehdään.[8]

Suuryhtiöt sekä näiden nykyruhtinaat ovatkin jo pitkään halunneet nousta vanhan sekä rahvaanomaisen tavaratuotannon yläpuolelle. He ovat halunneet keskittyä yhtiön syvempään sisäiseen olemukseen: siihen, miten yksilöllisyys, yhteisöllisyys sekä muut arvot saavat ilmauksensa yhtiöön liitettyjen mielikuvien kautta. Näissä pyrkimyksissään nämä myöhempien aikojen mielten kenraalit ovat alkaneet nähdä työnsä täysin irrallisena alhaisesta, likaisesta ja siivottomasta tehdastuotannosta.[9]

Löydettyään vihdoin sielunsa tavaroiden taikamaailman sijasta mielikuvien ja finanssimarkkinoiden magiikasta yhtiöt ja niiden ruhtinashuoneet ovat päättäneet irrottautua kömpelöksi käyneestä ruumiistaan tavalla, joka muuttaa maailmanlaajuisesti sekä peruuttamattomasti työelämän toimintamallit. Yhtiöt ympäri maailmaa sysäävät tuotantovastuun alihankkijoille, joita yksinkertaisesti vain käsketään toimittamaan tavarat mahdollisimman halvalla – siis *todella* halvalla.[10]

Tämä tunnetaan niin sanottuna Niken mallina, josta on tullut esikuva myös kaikille muille tavaratuotannosta irrottautumaan pyrkiville yhtiöille. Jotta jo lähes virtuaalisiksi muuttuneet yhtiöt voivat keskittyä mystiseen mielikuvien hallinnoinnin ydinprosessiin, jonkun on jossakin tehtävä likaiset työt tai tuotteet, joille yhtiöt voivat sitten antaa sisällön, symbolin ja merkityksen. Likaisista töistä yhtiöt puhuvat yhtä avoimesti kuin ihmiset alkoholisoituneista sukulaisistaan.[11]

Likainen työ on uusi paaria, jonka olemassaolo ja sijainti on vaiettu ammattisalaisuus. Likaiset työt onkin jo lähetetty Filippiinien, Indonesian, Kiinan, Meksikon tai Vietnamin kaltaisten maiden halpatuotantovyöhykkeille, joissa tuotanto on eristetty vyöhykkeen sisään ikään kuin tämä olisi myrkyllistä jätettä. Aidatun alueen sisällä aseistetut vartijat seisovat suoriin riveihin järjestettyjen työpajojen porteilla; myös logistiikka toimii jo kuin armeijan asevarikolla, eikä ihmisiä näy autioilla kaduilla juuri missään.[12]

Koneisto on huolella suunniteltu rutistamaan maksimaalinen määrä tuotantoa, ja minimaalisella pääomalla. Toisissansa kiinni kyyhöttävät ikkunattomat työpajat ovat halvinta muovia tahi alumiinia, ja auringonpaisteessa kiiltävät kellokorttitelineet rekisteröivät tarkasti hyvin nuorten sekä hiljaisten naisten ympäripyöreiden päivien teholliset työtunnit.

Rautanyrkkimenetelmiin perustuva johtamistapa ei tunnusta mitään työlainsäädäntöä, ja ansiotaso perustuu David Ricardon rautaiseen palkkalakiin. Vyöhykkeitä hallitsee pelon, epävarmuuden tahi väliaikaisuuden ilmapiiri, jossa hallitukset pelkäävät menettävänsä ulkomaiset sijoittajansa, tehtaat pelkäävät menettävänsä tilaajansa taikka työläiset pelkäävät menettävänsä työpaikkansa. Tämä ilmapiiri peitetään vyöhykettä ympäröivillä muureilla, joiden sisäpuolella ei virallisesti tapahdu mitään erityistä.

Talousteorian mukaan nämä halpatuotantovyöhykkeet houkuttelevat köyhiin maihin ulkomaisia sijoittajia, joiden pääomat jäävät maahan, jos tuotanto kannattaa tai kaikki sujuu hyvin. Sen jälkeen palkat sekä työolot vähitellen paranevat ja liukuhihnat muuttuvat osaksi kestävää kehitystä – kerrannaisvaikutuksiksi, teknologiahankkeiksi ja lopulta korkeamman tason kotimaiseksi teollisuudeksi.[13]

Jos kotimaista teollisuutta ei jostain syystä synny, sijoitukset tarjoavat joka tapauksessa edes kullan kalliita työpaikkoja. Sijoittajien houkuttelemiseksi hallitukset tarjoavat aluksi verohelpotuksia, leväperäisen lainsäädännön tahi palvelualttiin armeijan murskaamaan mielenosoitukset, muut levottomuudet ja rosvojoukkiot.

Käytännössä köyhien maiden hallitusten yritykset houkutella monikansallisia suuryhtiöitä kuitenkin vain vahvistavat tuota taloudellisen turismin noidankehää. Jostakin löytyykin aina joku toinen maa, joka tekee yhtiöille vielä paremman tarjouksen. Näin yhtiöt pääsevät huudattamaan hallituksia ja vaatimaan jatkoaikaa erityiseduille.

Jos esimerkiksi verolomaksi kutsuttuun viiden vuoden verovapauteen ei myönnetä jatkoa, toiminta voidaan aina siirtää toiseen maahan taikka aloittaa tämä yksinkertaisesti uudella nimellä. Sama kaikista kustannuksista ja velvoitteista vapautumisen etiikka näkyykin yhtiöiden toiminnassa myös vauraissa länsimaissa, joskin lievemmissä muodoissa.[14]

Johtamiskirjallisuudessa eräs konsulttinakin kunnostautunut tiivistää tämän etiikan siten, että älykkäät organisaatiot ovat mieluummin alihankkijaverkoston virtuaalisia solmukohtia kuin pysyviä työpaikkoja tarjoavia taloja. Yhtymäkohdat halpatuotantovyöhykkeiden toimintamalliin ovat osin yhä ilmeisemmät: nykyaikaisen henkilöstövoimavarajohtamisen opit jo suorastaan vaativat ”vihreää työvoimaa”.[15]

Useimmat suuryhtiöt haluavat itselleen joustavan, nuorista osa- tai määräaikaisista työntekijöistä tai freelancereistaan koostuvan työvoimavarannon. Varsinkin alati paisuvien palvelualojen johtavat yhtiöt kohtelevat työntekijöitään melkeinpä lapsina: eräänlaisina ikuisina opiskelijoita, jotka etsivät kivaa kesätyötä, tarvitsevat pikkuisen taskurahaa tai haluavat uusia kokemuksia ennen hakeutumista palkitsevampiin tehtäviin.[16]

Palvelualojen henkilöstön silminnähtävä nuoruus ei ole sattuma tai vahinko vaan suuryhtiöiden joskus avointen taikka joskus peiteltyjen johtamistoimenpiteiden tulosta. Esimerkiksi perheettömyys onkin useimmiten rekrytointitilanteessa hakijalle ansio tahi etu, kun taas työvuorolistojen laadinnassa aletaan usein syrjiä jo liian pitkään palveluksessa olleita.

Tämä pysyvän väliaikaisuuden ilmapiiri sopiikin suuryhtiöille hyvin. Ne voivat pitää palkat pieninä, eikä niiden tarvitse juurikaan tarjota etenemismahdollisuuksia: jos työpaikat ovat kaikkien mielestä vain väliaikaisia, työolojen kehittämiselläkään ei ole erityisempää kiirettä. Samalla vaatimattomien palkkojen perustelu vaihtuvuudella taikka väliaikaisuudella kääntyy jo kätevästi itsensä toteuttavaksi ennusteeksi.[17]

Palvelualat tai näiden yritykset eivät kuitenkaan ole ainoita nuorten työntekijöiden hyödyntäjiä: vihreä tahi joustava työvoima on kilpailuvaltti kaikilla aloilla. Niin valtio kuin viihdeteollisuus ovat oppineet tarjoamaan harjoittelupaikkoja, joissa voi kokemusta hankkiakseen tehdä samoja töitä kuin vakituiset mutta vain murto-osan palkalla. Harjoittelun jälkeen onkin helppo siirtyä työvoiman vuokrausta harjoittavan yhtiön listoille.[18]

Tämä omistajilleen kultakaivokseksi osoittautunut liiketoiminta on kasvanut hurjaa vauhtia sekä Yhdysvalloissa että etenkin Euroopassa, jossa siitä on tullut eräänlainen työmarkkinoiden takaportti. Yhtiöt voivat laillisesti kiertää tiukkoja työlakeja, jotka velvoittavat myöntämään työntekijöille hyvät työsuhde-edut taikka joiden mukaan työsuhteiden irtisanominen ilman painavia syitä on vaikeaa.

Tilapäistyö ei ole enää erityisen tilapäistä, eivätkä työvoiman vuokrausyritykset tarjoa vain sairauslomien sijaisia sihteereille. Nykyisin nämä vuokraavatkin niin insinöörejä, ekonomeja kuin päälliköitä. Niistä on tullut "täyden palvelun" taloja, jotka tarjoavat kokonaisvaltaisia palveluratkaisuja. Yhtiöt vuokraavat nykyisin näiltä palveluntarjoajilta jopa kokonaisia osastoja taikka toimintoja, jotka ne ovat ensin ulkoistaneet.[19]

Erään johtamisgurun sanoin omistaminen on yksinkertaisesti tyhmää. Kun yhtiöt ulkoistavat kokonaisia osastojaan henkilöstöpalveluja tarjoavan yrityksen hoitoon, ne voivatkin keskittää aikansa, energiansa sekä resurssinsa ydinbisnekseensä, johon ei kuulu työvoiman hallinnointi sekä josta vastaa yhä harvalukuisempi vakituisten työntekijöiden joukko.

Johdon vastaus kaikkiin työntekijöiden sortamista koskeviin väitteisiin oli vielä joitakin vuosia sitten aina sama. Se oli satumaiset rikkaudet, jotka odottivat lujasti opiskelevaa, ahertavaa sekä eteenpäin pyrkivää siinä digitaalisessa Mekkassa, jossa 15-vuotiaat vääntävät koodia ohjelmistoyhtiöille ja kuittaavat 20-vuotiaina muutaman miljoonan tilin. Myytin syntymisestä saadaan kiittää ennen kaikkea erästä ohjelmistomonopolia sekä sittemmin saagasta maanpäälle pudonnutta puhelinyhtiötä.

Tätä hurmosta kesti pienen hetken. Sittemmin intialaiset insinöörit ovat alkaneet tehdä suunnilleen samoja töitä murto-osan palkalla, ja juuri ohjelmistomonopoli Microsoft on jälleen viitoittanut tietä tulevaisuuteen uudessa ympäristössä. Se onkin tiivistänyt rivejänsä yhtiöön ensimmäiseksi ehtineiden tai kyvykkäimmiksi osoittautuneiden ympärille työntäen samalla muita yhä loitommalle tästä pyhästä sisäpiiristä.[20]

Se on alkanut yhä enemmän käyttää itsenäisiä alihankkijoita, tilapäisiä työntekijöitä ja kokonaisvaltaisia henkilöstöratkaisuja; se on alkanut käyttää näitä niin runsaasti, että siitä on todella tulossa kovaa vauhtia Niken mallin mukainen ulkoistettujen osastojen, alihankintarihmastojen sekä kokonaisuutta täydentävien freelancereiden mosaiikki.

Monopolin kahteen kastiin jaettu henkilöstö on uuden aikakauden työmarkkinoiden mikrokosmos. Tämän ytimessä onkin edelleen huipputeknologian digitaalinen unelma: kokopäiväiset korkeasti koulutetut työntekijät, joilla on hyvät työsuhde-edut ja avokätiset optiojärjestelyt. He tekevät töitä yksityisyrittäjän innolla suuryhtiön kolossaalisella kampuksella tai he ovat melkeinpä hulluuteen saakka lojaaleja yhtiölleen, tämän alati kohoavalle osakekurssille sekä käsittämättömälle kassavarallisuudelle.

Tätä ydintä kuitenkin kiertävät satelliittien tavoin tuhannet tilapäiset työntekijät. He työskentelevät insinööreinä, suunnittelijoina tai ohjelmoijina ydinjoukon rinnalla. He hoitavat usein jo aivan samoja tehtäviä, eikä heitä erota ydinjoukosta kuin rintanapin väri; heille uusi mikrokosmos ei silti ole aivan hulluuteen asti innostava.

Rintanapin väreihin liittyi monopolin seuraava suuri askel henkilöstöratkaisujen kehittelemisen tiellään. Se hävisi ensin erään oikeusjuttunsa, jossa vetoomustuomioistuin asettui veroviraston kannalle: oranssia rintanappia käyttäneet eivät olleet itsenäisiä alihankkijoita vaan tavanomaisia työntekijöitä tavanomaisine oikeuksineen. Oikeuden päätöksen takia yhtiön olikin lopetettava "itsenäisten alihankkijoiden" palkkaaminen suoraan.

Monopoli ei reagoinut tähän takaiskuunsa lisäämällä freelancereitaan palkkalistoilleen, vaan työntämällä näitä yhä loitommalle ydinjoukosta. Se edelleen etsii, haastattelee sekä valikoi suuren joukon tilapäistyöntekijöitä. Nämä ohjataan kuitenkin pariin kolmeen suureen työvoiman vuokrausyhtiöön, joiden kanssa se on sopinut asiaa koskevista erityisjärjestelyistä.

Tilapäistyöntekijät palkataan virallisesti vain vuokrausyhtiön palvelukseen, eivätkä he saa varmuuden vuoksi osallistua mihinkään monopolin vakinaiselle henkilökunnalle järjestettyihin vapaa-ajan tilaisuuksiin tai vastaaviin. Jo pysyvästi tilapäisten työntekijöidensä käytön lisäksi yhtiö käynnisti tämän jälkeen myöskin joukon muita toimenpiteitä, joiden avulla se pyrki irtautumaan jättiläisyhtiön johtamisen ikävistä puolista.

Yhtiö muun muassa viipaloi Redmontin kampuksensa ja jakoi nämä viipaleet kohtuullista korvausta vastaan ulkopuolisille palveluntoimittajille. Vähitellen kampus oli kuitenkin täynnä alihankkijoita taikka työvoiman vuokrausyhtiöitä, jolloin ulkoistettujen palvelujen hallitseminen jo itsessään oli melkoinen haaste. Yhtiön nerokas ratkaisu tähän ongelmaan oli ulkoistaa myös ulkoistettujen palveluiden hallinta toiselle yhtiölle.[21]

Vapaiden maailmanmarkkinoiden oloissa edes suurten yhtiöiden ei ole auttanut muuta kuin laihduttaa itsensä voitontekokoneiksi sekä jättää kaikki muut päämäärät. Tarvittaessa on hylättävä koko tuottamisen ideologia, koska vapautettujen pääomavirtojen maailmassa menestyvät ainoastaan ne, jotka saavat pääoman tuottamaan paremmin kuin muut.

Koska pääoman reaalikoron täytyy olla vertailukelpoinen jo kaikkiin muihin vaihtoehtoisiin sijoituskohteisiin kaikkialla maailmassa, se oikeuttaa yksilöiden ammoin saaman suojan kumoamisen. Tämä tarkoittaa työn loppumista taikka ainakin työn vaihtosuhteen tendenssinomaista heikkenemistä; työtä on lähinnä niille, jotka lopettavat ja piiskaavat toisten työtä kuin Jumalan ruoskat. Työelämän laadusta kukaan ei puhu mitään.[22]

Taloustieteilijöille hyvä henkilöstöpolitiikka onkin aina ollut pelkkä tyhjä hokema. Taloustieteen teknokraattinen unelma ilman ihmispoloista on näkemys alaspäin suodattuvasta teknologisesta edistyksestä. Näkemyksen mukaan uusi teknologia parantaakin tuottavuutta ja alentaa tuotantokustannuksia, mikä puolestaan laskee hyödykkeiden hintoja ja elvyttää ostovoimaa sekä luo tuotannon laajentumisen kautta lopulta lisää työpaikkoja.

Näkemys palautuu 1800-luvun ranskalaiseen taloustieteilijään Jean Baptiste Sayhin, jonka mukaan hyödyke on hädin tuskin luotu, kun se avaa markkinat myös muille tuotteille. Niin sanottu Sayn laki onkin hallinnut taloustieteellistä ajattelua niin suvereenisti, että sitä voidaan kutsua teknologisen modernisoitumisen evankeliumiksi.[23]

Sen mukaan teknologisen kehityksen lieveilmiöt, kuten työvoiman kysynnän väheneminen joillakin aloilla, korvautuvat työvoiman kysynnän lisääntymisellä toisilla aloilla, erityisesti tietotekniikassa sekä liike-elämän palveluissa. Taloustieteestä ilosanoma on jo varhain levinnyt myös johtamiskirjallisuuteen: "Laajalle levinnyt käsitys, että uusi tekniikka korvaisi ihmistyön roboteilla, on täysin väärä."[24]

Teoriassa työttömyysongelma ratkeaa kuin itsestään, kun palkkojen aleneminen houkuttelee palkkaamaan lisää työvoimaa, joka säilyttää elintasonsa yhä halvempien hintojen ansiosta. Käytännössä finanssimarkkinat määräävät yritykset voitontekokoneiksi, joilla ei ole halua tai varaa maksaa kunnollisia palkkoja. Tämän seurauksena tulonjakotaistelussa häviävien osuus kasvaa jatkuvasti ja ne, jotka eivät ole vielä hävinneet, ovat pysyneet oravanpyörässä lähinnä velkarahoituksen turvin.[25]

Heti huipputekniikan tai liike-elämän palveluiden kentän ulkopuolella onkin jatkuvasti kasvava joukko epätoivoisia ihmisiä, jotka eivät enää usko elpymiseen ilman kunnollista työtä. Kunnollista työtä taas on tarjolla aina harvemmille, koska työpaikkoja syntyy ennen muuta matalapalkkaisille palvelualoille. Talouden tähtienselittäjien mukaan kyse on vain väliaikaisesta rakennemuutoksesta matkalla kohti jo kolmatta teollista vallankumousta, jonka jälkeen tulee taas uusi yltäkylläisyyden aika.[26]

Koko maailmaa läpäisee tunne todella valtavasta muutosprosessista, joka on mittasuhteiltaan niin suuri, että tuskin kukaan voi täysin käsittää sen koko vaikutusta. Työelämä sellaisena kuin se on tunnettu, on perustavasti tahi peruuttamattomasti muuttumassa. Muutoksen pyörteissä monikansalliset yhtiöt ovat päättäneet kiirehtiä työvoiman korvaamista koneilla ja halpatyövoimalla muutoksen haasteisiin vastaamiseksi.

Finanssikriisin jälkeen työpaikkojen systemaattisesta vähentämisestä on tullut poliittisesti entistä hyväksyttävämpää, koska on pelastettava kaikki, mikä on pelastettavissa. Näissä oloissa yhä useammat joutuvat kysymään, onko heillä enää mitään käyttöä tai roolia tuossa maailmantaloudessa, joka on pian syntymässä finanssikapitalismin savuaville raunioille. Jotkut ovat jo sukupolvi sitten ennakoineet, että työvoiman katoaminen tuotannosta on "kapitalistisen yhteiskunnan ratkaisematon asia".[27]

Visio on kuin suoraan Karl Marxin *Pääoman* ensimmäisestä osasta, jossa hän näki automaattisen koneiden järjestelmän korvaavan ihmisen talouden prosesseissa. Marxin messiaanisessa visiossa kapitalismi kaivaa näin pian oman hautansa, koska koneilla korvattu työttömien armeija ei kykene ostamaan kapitalistin tarjoamia tuotteita.

Myös puhdasoppinen taloustiede toteaa työttömien armeijan olemassaolon, mutta näkee tuon vain välttämättömänä välivaiheena: työvoimareservi otetaan käyttöön uusilla aloilla, jotka puolestaan investoivat jälleen työtä säästävään uuteen teknologiaan. Tämä alentaa taas kerran yksikkökustannuksia ja kasvattaa kysyntää luoden taloudellisen kasvun sekä vaurauden ikuisesti ylöspäin suuntautuvan kerrannaisvaikutusten kierteeseen.[28]

Tässä teknologisen edistyksen evankeliumissa ainoa uutta ja mielekästä tai kunnollista työtä tarjoava sektori on tutkijoiden, talousammattilaisten, insinöörien, lakimiesten ja lääkäreiden muodostama tietoeliitti. Se ei kuitenkaan kykene sulauttamaan joukkoihinsa kuin pienen murto-osan työelämästä syrjään työnnettävien suuresta enemmistöstä.

Markkinauskolle tämä Yoneji Masudan ja muiden luoma *Computopia* on kuitenkin ollut täysin välttämätön.[29] Näitä utopioita eivät ole pitäneet hengissä talousoppineiden kuivakkaat kirjoitukset vaan erilaisten esseistien jo eloisat kuvaukset teknoparatiisista, jonka lupaus raadannan loppumisesta on houkutellut toivioretkeläisten sukupolven toisensa jälkeen kurkistamaan tähän taivasten valtakuntaan maan päällä.[30]

Kotikutoinen kioskikirjallisuus onkin vuosikymmeniä ylistänyt tätä teknologista onnelaa. Siellä kovan työn tai konetekniikan ihmevoiman sekä vankkumattoman uskon pyhä kolmiyhteys vapauttaa vihdoin myös suuret joukot ikiaikaisen raadannan ikeestä; siellä kaikki taiteilijoiden tavoin vain toteuttavat itseänsä; siellä käy jo toteen Antonio Gramscin ajatus siitä, että kaikki ovat filosofeja, ainakin omalla tavallaan.[31]

Näissä teknisissä utopioissa kristinuskosta periytyvä pelastusajatus sekä amerikkalainen hyötymoraali sekoittuvat voimalliseksi kulttuuriseksi synteesiksi. Visiossa modernin työnetiikan omaksuneiden, asialleen omistautuneiden työntekijöiden valjastama tiede tahi tekniikka ohjaavat ihmiskunnan vaurauden ja vapauden, yltäkylläisyyden ja joutenolon tuhatvuotiseen valtakuntaan, jossa inhimillinen kipu ja kärsimys lakkaavat.[32]

Vaikka tuo kuva on monin tavoin tahrautunut modernin teknologian tuottamiin pettymyksiin, se elää kuitenkin edelleen yllättävän voimakkaana, etenkin kaikkein koulutetuimman nuorison keskuudessa. Tuosta kapitalismi saa kiittää syvään kumartaen johtamiskirjallisuutta ja sen sanomaa uskollisesti levittäviä yritysvalmentajia tai talouslehtiä, jotka eivät todellakaan elä vain vedestä ja leivästä.[33]

Näin korvaamattoman arvokkaaseen lähetystyöhön elinkeinoelämä onkin uhrannut rahaa mitään summia kyselemättä kuin uskonsotiin muinoin. Käännytystyöhön uhratut rahasummat ovat valtavia. Kyse on kuitenkin isosta asiasta; kyse on kaikkein isoimmasta asiasta; kyse on uskosta sekä sen tärkeimmistä perusteista. Mitä lähemmäs teknologisen edistyksen evankeliumin haavekuvaa on konkreettisesti päästy, sitä ilmestyskirjamaisemmalta kuva on kuitenkin alkanut näyttää.[34]

Maailmanmarkkinat jauhavat omistajille voittoja voiton päälle piittaamatta paljon mitään siitä kasvavasta toimettomuudesta sekä hädänalaisuudesta, johon ne miljoonat muut syrjäyttävät. Nämä miljoonat taas eivät kykene käsittämään, miten palvottu teknologinen vapahtaja on muuttunut palkkoja polkevaksi, työpaikkoja tuhoavaksi sekä toimeentuloa uhkaavaksi mekaaniseksi hirviöksi, maailmantalouden Minotaurukseksi.[35]

Se ei näitä miljoonia tarvitse. Vain vasalliluokka ja Jumalan ruoskat riittävät sille, kun tekoälyllä varustetut tietokoneet ja kehitysmaiden köyhät tahkoavat lisää tuottoa omistajille, jotka taas sijoittavat suurimmat rahansa finanssikeinotteluun kaikissa sen eri ilmenemismuodoissa.[36]

Miljoonakaupunkien kolossaalisten ghettojen tarpeettomuuden tai tyhjyyden ilmapiirissä on kokonaisen uuden kulttuurisen aikakauden alkio. Lähinnä unissakävelijöistä jo koostuva petetty keskiluokka ei ole valitettavasti vielä valmis näkemään tahi tunnustamaan tätä.[37]

Työelämän apostolien teot

Liberalismin petos on tämä: ortodoksinen talousliberalismi on pettänyt yksilönvapauden ihanteen sitä yhä paremmin palvelevan purismin ja populismin sekasikiön hyväksi. Tästä ihanteesta syntynyt oppi on kääntynyt pääoma- tahi yhtiövapauden ilosanomaksi, joka etääntyy koko ajan alkuperäisestä opista sekä sen oppi-isien opetuksista. Kolina vain kuuluu, kun Adam Smith ja Anders Chydenius kääntyilevät arkuissaan.[1]

Liberalismin määrittely ei ole koskaan ollut ongelmatonta. Talousliberalismi ajaa mahdollisimman vapaata versiota markkinataloudesta sekä haluaisi rajoittaa valtion taloudellisen sääntelyn minimiinsä. Arvoliberalismi taas korostaa suvaitsevaisuutta sekä sallivaa yhteiskuntaa, jossa yksilö voisi toteuttaa omia mielihalujaan ja omaa tapaansa olla onnellinen. Klassisessa liberalismissa nämä kulkivat rinnan kuin vanha aviopari, välillä riidellen.

Talousliberalismi onkin vähitellen alkanut vaatia avioeroa vapauksia suojelevaa valtiovaltaa kannattavasta arvoliberalismista, joka ei vain näe, että kollektivismi tämän kaikissa muodoissa on sosialismia; hyvinvointivaltion hellä äidinsyli on yksinkertaisesti jotakin etovaa. Parhaiden avioeroperinteiden mukaisesti talousliberalismi ei näe itsessään vikaa, vaikka siitä onkin puolestaan tullut seniili, alati räksyttävä sekä piikikäs vanha ukko – sanalla sanottuna konservatiivi.[2]

Liberaali vannoo parhaaseen yhteiskuntaan päästävän, kun yksilöiden annetaan toimia vapaasti tai ilman auktoriteettien talutusnuoraa. Konservatiivi taasen korostaa ihmisen raadollisuutta, taipumusta ahneuteen, itsekkyyteen ja jopa väkivaltaan: liiallinen vapaus on yksilölle vain haitaksi, sillä luonteensa takia tämä tarvitsee auktoriteettien, instituutioiden ja perinteiden kaitselmusta elääkseen elämänsä säädyllisesti.

Nämä kaksi aatetta ovat käytännössä aina tavalla tai toisella liittyneet tai sekoittuneet toinen toisiinsa. Erään legendaarisen lauseenparren mukaan konservatiivi onkin vain todellisuuden mukiloima liberaali; konservatismi taasen on aina ollut aina liberalismin jalkavaimo.

Silti amerikkalaisperäisten kulttuurisotien ilmapiirissä sekavat suhteet ja jalkavaimot on parasta kiistää, vaikka nykyisin on melkein mahdotonta sanoa, kuka on kenenkin kanssa ja suhteessa mihinkin. Joskus näyttää jopa siltä, että nykyliberaalit ovat innokkaimpia puuttumaan kansalaisten asioihin, kun taas konservatiivit ikään kuin ajautuvat puolustamaan perinteiden ohella myöskin yksilöiden vapauksia. Varmaa on vain se, että jo lähes kaikki väittävät olevansa liberaaleja – mutta sopivasti liberaaleja.

Jopa talousliberaali oikeisto on omaksunut eriskummallisesti eräänlaisen New Age -filosofian sokeroimaan taloustieteellisiä sakramenttejaan. Varsinkin Vanhan testamentin pitkävihainen Herra Sebaot, tahi uskonto ylipäänsä, on korvattu positiivisella ajattelulla, jossa yksilö voikin jo silkan itsesuggestion voimalla nousta olosuhteiden ja oman elämänsä herraksi.

Oikeastaan uskovaiset ovat ankeuttajia, koska he puhuvat paatoksella synnistä, katumuksesta ja herran pelosta. Energinen, eteenpäinpyrkivä tai postmoderni porvari menee mieluummin yritysvalmentajien vetämiin hengennostatustilaisuuksiin kuin jumalanpalveluksiin; viriilien, iloisten ja energiaa pursuilevien ikinuorten ympärillä leijuu tämän ajan hurmoksellisen pakkooptimismin ilmapiiri.[3]

Näille hurmahengille ongelmat ovat innostavia haasteita ja negatiiviset tunteet kerta kaikkiaan kiellettyjä. Näin talousliberaali oikeisto tulee pettäneeksi yksilön, omilla aivoillaan ajattelevan ja teoistaan vastuuta kantavan kansalaisen, jota liberalismi alun perin nousi puolustamaan. Sen sijaan se korostaa suoraan yksilön velvollisuutta uhrata vapaa-aikansa, perhe-elämänsä taikka perinteiset elämäntapansa kilpailukyvyn tai taloudellisten realiteettien ja muiden ahneuden eufemismien puolesta ja niiden nimissä.

Yksilön on uskottava markkinoihin kuin Jumalaan, vaikka markkinat eivät enää uskokaan yksilöön vaan potkivat hänet pois työpaikastaan tuottavuuden noston nimissä. Yritysvalmentajien ylläpitämiä "positiivisen ajattelun palvontamenoja" tahi modernin totemismin kulttia tarvitaan nimenomaan tämän markkinoiden nimiin vannovan uuden fundamentalismin räikeimpien piirteiden humanisoimiseksi.[4]

Kuninkaalle on kuitenkin aina annettava, mitä kuningas tahtookin. Tämän opettaa jopa Vanha testamentti: "Nebukadnessarin toisena hallitusvuotena näki Nebukadnessar unia, ja hänen mielensä oli levoton eikä hän enää saanut unta. Silloin kuningas käski kutsua tietäjät ja noidat, velhot ja kaldealaiset ilmoittamaan kuninkaalle hänen unensa; ja he tulivat ja astuivat kuninkaan eteen.

Ja kuningas sanoi heille: Ellette ilmoita minulle unta ja sen selitystä, niin teidät hakataan kappaleiksi ja teidän talonne tehdään soraläjiksi. Mutta jos te ilmoitatte minulle unen ja sen selityksen, niin te saatte minulta lahjoja ja antimia ja suuren kunnian. Sen tähden ilmoittakaa minulle uni ja sen selitys.

Kaldealaiset vastasivat, että asia, jota kuningas vaatii, on vaikea, eikä ole ketään, joka voisi sen kuninkaalle selittää, paitsi jumalat, joiden asuinsija ei ole ihmisten tykönä. Tästä kuningas suuttui ja julmistui kovin ja käski tappaa kaikki Baabelin viisaat."[5]

Joku epäilemättä miettii, miten tämä tarina liittyy liberalismin petokseen, energisiin ja eteenpäinpyrkiviin porvareihin tai työelämään yleensä. Selitys on tämä: kaldealaisilla tähtienselittäjillä ja muilla noidilla on nykyaikaiset vastineensa. Heitä ovat liikkeenjohdon gurut tahi vähän vaatimattomammin yritysvalmentajat, nuo oman aikamme noitatohtorit.[6]

Työelämää ja johtamista käsittelevä kirjallisuus seuraa tunnetusti tiedemaailman muotien ohella yritysjohtajien tai akateemisten kulkukauppiaiden päähänpistoja ja oikkuja. Johtamisteoriateollisuus muodostaa viihdemaailman malliin organisoituneen kulttuuriteollisuuden haaran, jonka tuotteille näyttäisi olevan lähes loputtomasti kysyntää. Käytännössä lähes kaikki johtamiskirjallisuuden tuotantoon osallistuvat tekevät sillä rahaa.

Kaukana takana ovatkin ne ajat, jolloin kirjanoppineet tyytyivät vain kehittelemään ideoita. Nykyisin he myös myyvät sekä markkinoivat ideoita. He unelmoivat huomattavia lisätuloja tuovista luennointi- tai konsultointipalkkioista. He eivät enää kirjoita pienin kirjaimin aivan liian paksuja kirjoja liian vaikeasti avautuvista teoreettisista ideoista; tänään heidän tyylilajinsa on sujuvasanainen, kaskuilla ja anekdooteilla höystetty asiaproosa.

Kirjojen kustantajat puolestaan käynnistävät mukavasti svengaavia mainoskampanjoita, joiden yhteydessä myöskin liike-elämän johtohahmot laulavat omat ylistyslaulunsa. Logiikka toimii myös toisin päin: tunnetut konsulttitoimistot rohkaisevat konsulttejansa kirjoittamaan myyntilistoille nousevia teoksia. Yrityksille taas onkin oivallista piilomarkkinointia päästä kuuluisan gurun, konsulttitoimiston tahi professorin esiintymiskiertueelle esimerkkiyritysten joukkoon. Yhteistyö toimii, ja kaikki ovat tyytyväisiä.[7]

Hyvä esimerkki tästä suuntauksesta on yrityspastorin perikuva, joka toimi aluksi vaatimattoman Brighamin yliopiston professorina. Kohta hän toimi myös itse omistamansa johtamiskoulutuskeskuksen johtajana. Parhaimmillaan kahden ihmisen voimilla käynnistetty koulutusliiketoiminta tuotti sadan miljoonan dollarin liikevaihdon ja työllisti lähes 700 ihmistä. Sen asiakkaina oli yli puolet amerikkalaisista suuryhtiöistä.

Koko tämän jättimäisen koulutustoiminnan kivijalkana oli yksi ainoa kirja, jota myytiin miljoonia kappaleita. Kirjan perussanoma oli yksinkertainen ja jokseenkin järkevä: menestyäkseen ihmisen on otettava vastuuta itsestään sekä oltava valmis kovallakin kädellä kasvattamaan omaa luonnettaan – eikä esimerkiksi aina vain valittaa esimiehestään. Tähän saakka kaikki kuulostaa suhteellisen järkevältä.[8]

On kuitenkin vaikeata ymmärtää, miten tuhannet kovaksikeitetyt yritysjohtajat voivat vakavissaan kuunnella miestä, joka puhuu ”emotionaalisista pankkitileistä” tai ”ehdottoman rakkauden talletuksista” tai jonka laskuopissa ”1 + 1 voi olla 8, 16 tai jopa 1600”; mies väittää edelleen tunnistaneensa "koko ihmiskunnan universaalin arvojärjestelmän perusteet" ja jatkaakin, että "emme ole inhimillisiä olentoja, joilla on henkisiä kokemuksia vaan henkisiä olentoja, joilla on inhimillisiä kokemuksia."[9]

Mormonina yrityspastorin perikuva on aivan tosissaan. Yhtä vakavissaan onkin eräs kouluavustajasta multimiljonääriksi noussut tee se itse mies, jonka kirjojen perusviesti on osapuilleen se, että jokainen voi saavuttaa mitä ikinä haluaa, kunhan tekee omat tavoitteensa itselleen täysin selviksi, asettaa nämä tärkeysjärjestykseen, aivopesee itse itsensä ajattelemaan vain näitä tavoitteita sekä omaksuu täysin tinkimättömän asenteen.[10]

Kaikki tämä vaatii kuitenkin kovaa psykologista pohjatyötä ja palaamista inhimillisen elämän peruskysymysten äärelle. Näihin peruskysymyksiin palaavat myös erään suuren konsulttitoimiston kasvatit. He päättivät todistaa toimistonsa älyllisen pääoman julkaisemalla teoksen muutoksen johtamisesta. Tästä teoksesta on aivan turha luulla löytävänsä konkreettista käytännön asiaa.

Teoksen mukaan aito muutos edellyttää nimittäin uutta henkisyyttä, joka tunnustaa yksilöllisen elämän, myötätunnon sekä intohimon korvaamattoman arvon. Tällaiset yritykset ansaitsevat jo aseman rakastettuina tai kunnioitettuinakin instituutioina, joissa yksinäisyyden sekä kieltäytymisen muurit murretaan "bio-re-engineeringin" avulla. Teoksen avulla voi tehdä vain matkan jonnekin huumehöyryisen Woodstockin maisemiin.[11]

Suurin osa tämän tyyppisestä "johtamiskirjallisuudesta" voidaankin niputtaa jo yhden termin alle: New Age. Liikkeen kannattajat ovat erimielisiä teknistä kysymyksistä kiistellen loputtomasti muun muassa siitä, onko laulaminen, kädestä pitäminen vaiko meditoiminen paras keino päästä käsiksi elämään ja oikeaan eksistenssiin työssä ja muutenkin elämässä.

Yhdestä asiasta he ovat jo lähes liikuttavan yksimielisiä: rationaaliseen ajatteluun pohjautuva "newtonilainen" maailmankuva on virheellinen. He ovat suorastaan haltioituneita kaikista holistisista lähestymistavoista: heitä kiinnostavat kvanttifysiikka, kaaosteoria, itämainen filosofia tahi mikä tahansa oppijärjestelmä, jonka mukaan kaikki maailmassa liittyy kaikkeen muuhun ja joka kääntää kaiken ylösalaisin.[12]

Myöskin gurujen gurun mukaan samaan sähköiseen mattoon verkottuneessa maailmankylässä hektistä menoa organisaatioissa voidaan jo kuvata paremmin kvanttifysiikan sekä kaaosteorian käsitteillä kuin newtonilaisen fysiikan lainalaisuuksilla.[13] Gurujen guru on mies, joka on yksin rakentanut johtamiseen liittyvää sosiaalista todellisuutta enemmän kuin kukaan muu. Monille termin johtamisguru synonyymi on juuri hän.[14]

Uransa alussa hän julkaisi kollegansa kanssa miljoonamyyntiin yltäneen teoksensa "Erinomaisuutta etsimässä". Menestystä auttoi seikka, jota hän itsekin on pitänyt keskeisenä: kirja nojautui akateemisen teoretisoinnin sijasta arkiajatteluun tai käytännöllisiin esimerkkeihin. "Seuraavilla sivuilla en tarjoa mitään muuta kuin yksinkertaisia tosiasioita, selviä väitteitä ja tervettä järkeä", guru paukauttaa ujostelematta toisessa teoksessaan.[15]

Toinen menestystä auttanut seikka on myös ilmeinen: kirja demokratisoi voimakkaasti johtajuuden; se muuttikin käsityksen johtajuudesta korkeimpien seniorijohtajien monopolina asiaksi, jonka hallitseminen oli myös alemmille päälliköille tärkeää ja jota kaikki voivat oppia: "Sinä tiedät nyt enemmän johtajista ja johtajuudesta kuin kaikki Amerikan kauppakorkeakoulut yhteensä", gurujen guru vannoo kirjansa lopussa.[16]

Menestykseen tarvittiin myös erityistä ilmiötä. Tähän liittyy poikkeuksellinen kyky vaistota oikea ajoitus sekä artikuloida ajanhenkeä, taito jakaa käytännölliseltä kuulostavia ohjeita huikeiden visioiden ja provokaatioiden lomassa sekä käsittämättömän kehittynyt markkinoinnillinen pelisilmä. Kirjansa julkaisemisen jälkeen gurujen guru eteni henkeäsalpaavalla vauhdilla: yhdessäkään ohjelmassa ei jätetty esiintymättä, yhtään artikkelia ei jätetty kirjoittamatta, yhtään konferenssia ei jätetty pitämättä.

Lavasteet olivat pian pystyssä, ja show oli valmis alkamaan: gurujen guru muutti alkuperäisen projektinsa ristiretkeksi, ja tavanomaisen luennoimisen shamanistisen intensiiviseksi evankelioimiseksi totaalisen muutoksen puolesta. Koko päivän seminaari oli *tapahtuma*, jonka ytimenä oli gurujen gurun taukoamaton puhe. Tuo puhe taasen oli taukoamatonta taiteellista maalailua, yliampumista ja provosointia.

Hän on esittänyt "tärkeimmän englanninkielellä koskaan kirjoitetun lauseen". Parhaisiin pikkutakkeihin pukeutuneita kuulijoitaan hän on suorastaan vaatinut "tekemään virheitä ja pitämään hauskaa". Käytännölliset välikysymykset vain provosoivat hänet uusiin äärimmäisyyksiin tyyliin "nykyisin toimistossa tarvitsee viettää aikaa vain kuusi minuuttia kerran kolmessa kuukaudessa, ja kaikki muu on turhaa byrokratiaa". Yleisö taputtaa haltioissaan ja maksaa mielikuvituksellisia esiintymispalkkioita.[17]

Silti gurujen gurun kuuluisuus ei ole vain siunaukseksi hänen edustamalleen ammattikunnalle. Monien ei tarvitse kuin lukea yksi hänen kolumninsa, niin heidän alkuperäiset ennakkoluulonsa johtamisoppien epäälyllisyyden suhteen saavat vain vahvistuksen: miten akateemisen tutkijakoulutuksen saanut aikuinen mies saattaa vesittää kaiken tuon vakavan sanottavan, mitä hänellä mahdollisesti on, vouhottamalla voimakävelyn virkistävästä vaikutuksesta ja vaimonsa kiinnostuksesta Zen Buddhismiin.[18]

Gurujen guru ei tietenkään kriitikoistaan piittaa, koska kysyntää hänen opeillensa riittää ja riittää. Niinpä hän puhuu ja puhuu ja puhuu. Hän onkin puhunut itsensä ristiin useammin kuin keskiverto poliitikko. Ristiriitaisuuksista huolimatta hänen tuotantoaan sittenkin läpäisee tietty johdonmukaisuus: kaikkea, mitä hän on kirjoittanut, voidaan lukea tieteellisen liikkeenjohdon ja byrokratian laajennettuna kritiikkinä.

Hän on rationalistista johtamisperinnettä ruoskiva luovan kaaoksen alttaripappi, jonka viestin voima perustuu "hulluuden teknologioihin" sekä "hulluun aikaan". Tälle alttaripapille ei riitäkään tasapainoilu analyysin tai intuition, rationalistisen tai humanistisen mallin välillä, vaan johtajien on "tultava hulluiksi", heitettävä portfoliot roskiin, unohdettava uraportaat ja hierarkiat sekä kokeiltava mitä ikinä mieleen juolahtaa.[19]

Gurujen guru ainakin tekee kantansa selväksi. Lyhyesti laputettuna hän on johtamiskirjallisuuden suurin anarkisti tai antirationalisti. Hän ei tietenkään ole ollut ensimmäinen eikä viimeinen johtamisen rationalistisen mallin taikka yrityshierarkian tukahduttavuuden arvostelija. Hän kuitenkin on uskaltanut viedä tuon anarkistisen antirationalisminsa sellaisiin äärimmäisyyksiin, joista hänen maltillisemmat edeltäjänsä vain uneksivat. Henkisiä perillisiä hänellä on jo paljon.

Esimerkiksi erään uudemman gurun mukaan johtaminen on kypsä toimiala, joka onkin tullut historialliselle päätepisteelleen ja joka sen takia vaatii vallankumousta. Vallankumous ei voi toteutua ilman vanhojen johtamisen painolastiksi perittyjen uskomusten radikaalia kyseenalaistamista. Tämä taas edellyttää "poliittisen aktivismin" sallimista sekä yksinvaltiuden kumoamisesta, johon rohkeus kumpuaa vain jumaluskon kaltaisesta elämän tarkoituksen määrittelemistä.[20]

Gurujen gurun tai hänen henkisten perillistensä kohdalla olennainen kysymys ei enää ole se, onko heidän näkemyksensä ristiriidaton taikka tosi vaan se, onko heidän säälimätön anarkistissävytteinen antirationalisminsa enää ylipäätään järkevää: miten ihmeessä gurujen gurun sekä hänen henkisten perillistensä anarkistinen antirationalismi palvelee lähinnä omistaja-arvon maksimointiin pyrkivää liike-elämää?[21]

Vastausta on etsittävä anarkismin alkulähteiltä, erityisesti Stirnerin pahamaineisesta filosofiasta. Tämä näkee elämän eräänlaisena kaikkien sotana kaikkia vastaan, ja kilpailu on ainoa tapa jakaa resursseja tehokkaasti.

Kilpailu kaikkia vastaan on luonnollista ja ilmenee kaikilla elämänalueilla: egoistinen ihminen tarkastelee kaikkia asioita vain hänen oman sydämensä mielihyvän mukaan tai asettaa omat intressinsä kaiken muun yläpuolelle; luonnontilassa ego ei mieti mitään muuta kuin itseään.[22]

Suurimpina esteinä yksilön egoismin toteuttamisen tiellä ovat kulttuuriset auktoriteetit – erityisesti valtio – sekä niiden luomat haamukäsitteet kuten totuus, oikeus, velvollisuus tai ihmiskunta. Tuhansien ja tuhansien toistojen kautta näistä kerran keksityistä käsitteistä on tullut yhtä kovia kuin kivistä.[23]

Niistä on tullut absoluutteja, joille yksilöt alistavat oman egonsa ja sen parhaan. Lopulta egosta tulikin näiden käsitteiden edessä prostituoitu, jota joku muu hallitsee, aivan kuten hullua hallitsevat hänen harhakuvansa. Stirner vaatii yksilöä vapauttamaan egonsa näiden harhojen sekä haamujen vallasta; yksilön valintoja tulisi ohjata vain hänen egonsa paras, miten ikinä tämä määritelläänkin.

Kaikki päämäärät pitää nähdä avoimina kysymyksinä, joiden lopullinen arviointi riippuu vain näiden päämäärien hyödyllisyydestä yksilölle, sillä nämä omistaa vain yksilö eikä kukaan muu. Egoistinen yksilö ei koskaan näekään vaivaa asioista näiden itsensä takia, vaan hänen oman itsensä takia. Asioiden pitää palvella yksilöä, ja muutoin mitkään asiat eivät pohjimmiltaan merkitse hänelle mitään. Pyhiä ovat vain ne asiat, joita yksilö ja hänen egonsa pitävät pyhinä.

Yksilö voi liittoutua muidenkin kanssa, mutta vain jos se on hänen egonsa parhaaksi. Egoistien liittoutuma perustuu egoismiin, eikä sen sydämessä ole hyvinvoinnin haamukäsite. Siksi valtio ja minä olemme aina vihollisia, Stirner julistaa, ja jatkaa: minä en uhraa sille mitään, minä vain hyödynnän sitä; hyödyntääkseni sitä täysin minä muutan sen ensin omaksi omaisuudekseni ja luomuksekseni ja lopulta minä tuhoan sen korvatakseni sen egoistien liittoutumalla.[24]

On pakko sukeltaa todella syviin ja tummiin vesiin tiedostamattoman alueelle, jotta voisi ymmärtää, mitä Stirner ajaa takaa filosofiansa tiivistelmällä: mitkään asiat eivät merkitse minulle mitään. Egoisti ei keskity asioihin. Egoisti haluaa keskittyä vain itseensä – ja vain siihen.

Ainoa paikka, missä Stirnerin äärimmäisyyksiin viety filosofia voisi toteutua, ovat *täydelliset* markkinat. Näillä tämä on mahdollista, koska ne ovat olemukseltaan atomeiksi saakka hajonnut "reaalitodellisuuden" räjäytyskuva. Vain siellä Narkissos voi vihdoin nousta haudastansa.[25] Egoismin puhtaimman muodon voi löytää markkinoilta, koska siellä ego voi luvallisesti keskittyä vain itseensä ja omiin etuihinsa.[26]

Markkinoiden tai anarkismin arjessa perverssiltä näyttävä sukulaissuhde selittyy vain tämän metafysiikan tasolla. Markkinoilla mitkään asiat eivät merkitse mitään; markkinoilla ego voi keskittyä vain itseensä, ja koska ego haluaa keskittyä vain itseensä, tämä vihaa valtiota taikka kaikkia muita hierarkioita; nämä nimittäin asettavat sille vaatimuksia, jotka eivät ole siitä itsestään lähtöisin.

Tämä on tuo paikka, mihin gurujen guru ja hänen henkiset perillisensä haluavat muut ohjata ja totuttaa; tämä on paikka, missä markkinoiden väkivaltainen tuuli puhaltaakin pian byrokratian jokaiseen nurkkaan sekä koloon, gurujen guru profetoi. Tämä väkivaltainen tuuli pitää meistä kuitenkin parhaiten huolta, koska markkinat olemme me, gurujen guru sekä muut kapitalismin kirkkoisät lohduttavat.[27]

Tämä tuuli omaa jumalaiset Januksen kasvot; se on samaan aikaan yhtä armollinen tahi rakastava kuin Uuden testamentin Abba mutta myös yhtä kiivasluontoinen sekä pitkävihainen kuin Vanhan testamentin Herra Sebaot; se on kuin Machiavellin ruhtinaan kasvattanut kentauri, puoliksi ihminen – ja puoliksi eläin; se on kuin kulttuurin haamukäsitteet vihdoin kaatanut ego.

Tällaisessa ympäristössä voi elää vain siihen aivan erityisesti *kasvatettu* ihminen. Vain tätä kautta tulee ymmärrettäväksi persoonallisuuden taikka oikean asenteen jatkuva alleviivaaminen johtamiskirjallisuudessa. Taiteen, tieteen sekä median maailmassa erikoiset ja jopa vaikeat ihmiset ovat taas tavanomaisia, eikä kukaan suuremmin valita, jos työt valmistuvat ajallaan ja vastaavat asiakkaiden vaatimuksia.

Yritysmaailmassa ylöspäin vievä polku onkin reunustettu jatkuvilla neuvoilla oman persoonallisuuden jalostamisesta. Yritysvalmentajat tekevät selväksi, kuinka tärkeätä on olla iloinen ja miellyttävä sekä tietysti samalla työteliäs. Pintatasolla persoonallisuuden korostamista perustellaan paljolti sillä, että työtä tehdään tiimeissä, joissa henkilön käytös sekä olemus ovat vähintään yhtä tärkeitä kuin hänen kokemuksensa ja tietämyksensä.[28]

Silti yrityksissä haetaan vain yhdenlaista persoonallisuutta, joka on aina väsymättömän iloinen, innokas tai tottelevainen. Älykkyys ei sovi tähän asetelmaan – ei edes johtoportailla. Älykkäät pystyvät ajattelemaan itsenäisesti omilla aivoillaan ja he rakastavat abstrakteja asioita; he kykenevät tarkastelemaan kiihkottomasti tosiasioita ja he vihaavat tyhjää roskapuhetta. Eriävien näkökulmien esittäminen onkin heille helppoa, samoin moniulotteisuuden hahmottaminen.[29]

Esimerkiksi Albert Einstein kertoo omaelämäkerrassaan, miten hän ei ole koskaan kadottanut tiettyä etäisyyden taikka yksinäisyyden tarvetta – tunnetta, joka on vain vahvistunut ikävuosien myötä. Vanhetessaan ihminen tulee hänen mukaansa vielä terävämmin tietoiseksi – ja ilman mitään katumusta – täydellisen yhteisymmärryksen sekä harmonian toteutumisen heikoista edellytyksistä.

Tämän tietoisuutensa myötä ihminen epäilemättä menettää jotakin viattomuudestaan tai huolettomuudestaan. Toisaalta hänestä tulee riippumaton kanssaihmisten mielipiteistä, tavoista tahi makuarvostelmista – eikä hän lopulta enää edes yritä rakentaa sisäistä tasapainoaan näin epävarmalle ja alati häilyvälle perustalle.[30]

Tällaisille ihmisille helvetti ei ole mitään halstareita tai tulisia pätsejä – vaan toiset ihmiset; heille helvetti on tuhansia vuosia kestävä työpaikkahengen kehittämisseminaari. Näin ikäviä ihmisiä, noidan oppipoikia tahi paholaisen asianajajia, ei pyhän tiimiyhteyden nimiin vannovissa yrityksissä tai näitä nykyisin innolla apinoivassa julkishallinnossa todellakaan tarvita; niissä ei tarvita neroja vaan mahdollisimman halpoja työhevosia.[31]

Onneksi nämä nerojen ominaisuudet ovat Frederick Taylorin sekä Henry Fordin ansiosta useimmissa työtehtävissä täysin tarpeettomia sekä suoranainen haitta varsinkin, jos haluaa edetä uskollisia palvelijoita etsivissä sekä palkitsevissa hierarkioissa. Uskollinen palvelija pitää kunnon tiimipelaajan tavoin todelliset kasvonsa aina yhteistyön naamioiden takana, vaikka työskentelisi miten murhaavassa ympäristössä tahansa.[32]

Eikä tässä ole vielä kaikki. Rimaa ollaankin yhä edelleen nostamassa. Iloisuus, innokkuus tai työteliäisyys eivät enää riitä – vaan menestykseen vaaditaan lisäksi intohimoisuutta. Yritysmaailman neuvonikkareiden mukaan tehokkuus ei enää ole valinnaista vaan jo pelkkä pelikentälle pääsystä maksettava hinta. Pelikentällä menestyminen vaatii jo pyrkimistä tehokkuuden tuolle puolen – sellaiseen kukoistukseen, joka syntyy vain *intohimosta.*[33]

Tämän kukoistuksen kauppamiesten intohimoisen asenteen takapihalta löytyvät akateemiset hikipajat. Näissä tehdään jatkuvasti uuvuttavan aikapulan sekä kiireen keskellä kymmenen tai kahdentoista tunnin työpäiviä – ellei konttorilla niin kotona kannettavilla tietokoneilla ja älypuhelimilla, myös viikonloppuisin ja lomilla.

Näissä on oltava aina valmiina tekemään rajattomia tuntimääriä tai tulemaan töihin viikonloppuisin; näissä on oltava aina valmiina matkustamaan ympäri maapalloa ilman mitään harrastuksia tahi muita työn ulkopuolisia kiinnostuksen kohteita; näissä on elettävä mielen sisäisessä munkinkammiossa, jossa kaikki ajatukset suuntautuvat vain yhteen asiaan ja jossa liukuhihna kulkee aina mukana.[34]

Näissä akateemisissa hikipajoissa työpaikka ei silti koskaan ole turvattu. Kun yhä useammat koulutetut, kokeneet tai taitavat ihmiset joutuvat aina uudelleen huomaamaan, ettei heitä erityisemmin arvosteta tai edes tarvita, tämä tunne uhkaa ulottua syvälle yhteiskuntaa koossa pitävän sopimuksen ytimeen.[35]

Siksi on täysin välttämätöntä tukahduttaa kaikki kapinallinen sekä kumouksellinen keskustelu taloudesta tai yhtiöiden toimintatavoista. Valkokaulusväelle suunnatuissa opaskirjoissa, valmennusistunnoissa tahi verkostoitumistapahtumissa voi kohdata avoimesti vihamielisen asenteen kaikkiin yrityksiin ymmärtää omaa elämäntilannetta yhteiskunnallisesta näkökulmasta; sosiologinen näkökulma on aina yhteiskuntakritiikkiä eli sosialismia.[36]

Pastoraalisin tai jo suorastaan sotilaallisin ottein ihmiset ohjataankin näissä yhteyksissä sivuun kaikista sosiaalisista kysymyksistä ja samalla sellaisesta kapinahengestä, jonka nämä kysymykset voivat herättää. Jo arasteleva viittaus siihen, että jossakin olisi ulkoinen maailma, jossa markkinavoimat määräävät tai pääjohtajat päättävät sisäpiireissään, torjutaan välittömästi ja voimakkaasti: ei ole olemassa mitään muuta kuin yksilöitä, "ei ole olemassa mitään yhteiskuntaa", kuten rautarouva teki tiettäväksi.[37]

Siksi vain yksilö voi muuttua – ja siksi yksilön pitää aina katsoa sisäänpäin – ei koskaan ulospäin: ahdistuksen aiheuttaa aina oma pää eikä maailmanmeno; maailma on juuri sellainen kuin jokainen sen itse tahtoo olevan, sillä markkinoilla ihminen on yksin vastuussa kohtalostansa, aivan kuin Jumalan edessä hän on yksin vastuussa synneistään.

"Monen ahdistuksen kautta meidän pitää menemän sisälle Jumalan valtakuntaan", jo muinaiset apostolien teot opettivat.[38] Näin puhuvat myös tämän ajan apostolit tai profeetat, nuo Baabelin viisaiden henkiset perilliset, joiden on kerrottava kuninkaalle, mitä tämä tahtoo taikka he ovat tuhoon tuomittuja. Ongelmana onkin edelleen se, miten erottaa oikeat apostolit ja profeetat vääristä, kun näitä on niin paljon.[39]

Purppurapergamentit antavat tähän selvän ohjeen: "Kavahtakaa vääriä profeettoja, jotka tulevat teidän luoksenne lammasten vaatteissa, mutta sisältä ovat raatelevaisia susia. Heidän hedelmistään te tunnette heidät."[40]

Vapauden valtakunta verkossa?

Erään tunnetun ajattelijan sanoin on täysin uskomatonta, miten monet moraalin ja politiikan järjestelmät on perätysten löydetty, unohdettu ja löydetty taas ja unohdettu taas vain ilmestyäkseen hieman myöhemmin uudelleen näkyviin aina hurmaten tai yllättäen ikään kuin nuo olisivat aivan uusia – todistaen enemmän ihmismielen kyvyistä sekä rajoista kuin näistä järjestelmistä. Kaikki uusi löytyy palaamalla alkulähteille.[1]

Vain sieltä voi löytää jopa tällaisia helmiä: "Liberalismin perusperiaatteissa ei ole mitään sellaista, mikä tekisi sen pysähtyneeksi uskonkappaleeksi. Siinä ei ole mitään tiukkoja sääntöjä, joista ei kerta kaikkiaan voisi tinkiä – – Tuskin mikään on vahingoittanut liberalismin asiaa niin paljon kuin joidenkin liberalistien järkkymätön pitäytyminen joihinkin jäykkiin nyrkkisääntöihin, ennen muuta *laissez faire* -periaatteeseen."[2]

Lähteiden loppuhuipennus on tässä: "Jos aikomuksenamme on rakentaa parempi maailma, meillä on oltava rohkeutta aloittaa uudelleen alusta – vaikka se merkitsisi epämiellyttäviäkin ratkaisuja." Paradoksaalisesti myöskin noudattamalla tuota neuvoa nurin perin voi kääntää kokonaan uuden lehden. Ajatteluperinteen alussa oli nimittäin *Kansojen varallisuus*, joka on yhtä vähän ja huonosti luettu kuin *Pääoma*.[3]

Moni, joka joutuisi näitä tarkemmin lukemaan, yllättyisikin näiden yhtäläisyyksistä. Esimerkiksi oman aikansa suuryrityksistä Adam Smithillä ei ollut juuri mitään hyvää sanottavana. Hän vastusti jyrkästi myös keinottelua koroilla ja osakkeilla ja piti tuotannollista toimintaa talouden pohjana.

Hän kiinnitti myös huomiota työntekijöiden tahi omistajien etujen ristiriitaisuuteen taikka näiden neuvotteluvoiman epätasaisuuteen. Hän ei kannattanut yövartijavaltiota, vaan edellytti valtion tarjoavan monia suuryhtiöiden kannalta kannattamattomia mutta kokonaisuuden kannalta silti tarpeellisia palveluita.[4]

Smithin maine modernin liberalismin profeettana perustuu paradoksaalisesti *kritiikkiin*, jonka hän kohdisti erityisesti aikansa Englannissa vallinneeseen talousjärjestelmään. *Kansojen varallisuudessa* hän arvostelikin erityisen ankarasti erilaisia monopolioikeuksia, tariffeja taikka tulleja, joilla valtiovalta säänteli yksityistä taloudellista toimintaa.

Smithin kritiikin kohteena ei kuitenkaan ollut valtio tai sen harjoittama sääntely sinänsä vaan se, että suurkauppiaat kykenivät taivuttamaan valtion säätämään lakeja tai tulleja, jotka palvelivat näiden omia erityisintressejä. Kritiikin kärki kohdistui siten valtioon, joka toimi suurkauppiaiden etujen ajamisen välikappaleena.[5]

Moraalituntojen teoriassa hän puolestaan kirjoitti muun ohella siitä, miten rikas se ”ylpeilee rikkauksistaan, koska hän tuntee, että ne luonnostaan kiinnittävät koko maailman huomion häneen – – Köyhä sitä vastoin häpeää köyhyyttään. Hän tuntee, että se häivyttää hänet ihmiskunnan näkyvistä kokonaan tai että jos ihmiset yleensä lainkaan huomaavat hänet, heillä ei kuitenkaan ole juuri hitustakaan myötätuntoa hänen kurjuuttaan ja ahdinkoaan kohtaan."[6]

Kun köyhän miehen poika, jota taivas on vihassaan koetellut varustamalla hänet kunnianhimolla, ryhtyy tarkkailemaan ympäristöään, hänen isänsä mökki tuntuu kovin mitättömältä ja hän ajattelee vielä jonakin päivänä asuvansa palatsissa; hän ajattelee, että hänet on luotu joutilaaksi eikä palvelemaan muita käsillään; hän ajattelee, että saavutettuaan kaiken tämän, hän asuu palatsissaan lopulta levollisena.

Adam Smith jatkaa, että tämä kaukaisen onnen ajatus lumoaa köyhän pojan – kuten muutkin – ja sen saavuttaakseen hän omistautuu ainaiseksi vaurauden sekä suuruuden tavoitteluun. Päättäväisesti hän opiskelee ensin ammattitaidon jossakin vaikeassa työssä. Sen jälkeen hän ponnistelee uutterasti yötä päivää hankkiakseen kilpailijoitaan paremman ammattitaidon tahi tullakseen tunnetuksi.[7]

Väsymättä hän myy taitojaan hankkiakseen itselleen lisää töitä sekä tehtäviä. Tässä tarkoituksessa hän tavoittelee kaikkien suosiota; hän tekee palveluksia niille, joita hän vihaa, tai liehakoi niitäkin, joita hän ylenkatsoo. Koko elämänsä hän tavoittelee keinotekoista levollisuutta, jota hän ei koskaan saavuta. Sen saavuttamiseksi hän uhraa sen todellisen rauhan, joka olisi koko ajan ollut hänen ulottuvillaan.

Jos hän päiviensä päätteeksi edes pienen levon saavuttaa, hän huomaa, ettei tuo ollut missään suhteessa hänen mielettömiin ponnistuksiinsa sekä siihen rauhaan, jonka hän hylkäsi. Vasta elämänsä ehtoopuolella hän huomaa kaiken tavoittelemansa olevan vain kangastusta, hyödyttömiä helyjä. Silloin hän kiroaa koko kunnianhimon; vasta silloin vauraus sekä valta näyttävät todelliset kasvonsa suunnattoman työläinä koneistoina.

Nämä koneistot kieltämättä tuottavat joitakin joutavia mukavuuksia, mutta näiden hienovarainen jousisto vaatiikin herkeämätöntä huolenpitoa. Silti se on koko ajan hajoamaisillaan palasiksi ja murskaamaisillaan allensa onnettoman haltijansa. Varsin pitkälle elämän jo ehtoopuolelle saakka tämä synkkämielinen filosofia peittyy palatsien tahi kartanoiden ulkoiseen kauneuteen ja myös siihen mielikuvituksen järjestykseen, jossa koneisto sekä sen tuottama liike sulautuvat yhteen harmoniseksi kokonaisuudeksi.[8]

Adam Smithin mukaan on silti hyvä, että luontoäiti petkuttaa meitä näin, sillä vain tämä petos käynnistää ihmisen uutteruuden sekä pitää sen jatkuvassa liikkeessä. Smithille tai muille liberalismin klassikoille elämä oli aina illuusioilla kyllästettyä, epätäydellistä sekä monien kivulloisten kompromissien sävyttämää. Epätäydellisyyden keskelläkin silti vain vapaus etsiä omaa parasta synnytti ponnistelua, joka taas tuotti yleistä hyvää.[9]

Klassikot jo tunnustivat, että nuo vapauden olosuhteet eivät toteutuneet todellisuudessa kovinkaan hyvin: mitä enemmän joillakin on tilaisuus elää toisten työllä taikka mitä vähemmän nämä saavat itse nauttia vaivannäkönsä hedelmistä, sitä enemmän uutteruus lamautuu.

Vain liberalismin alkulähteet palauttavat mieleen, että isänmaa on siellä, missä ihmisen on hyvä olla. Ihmiset hakeutuvat sinne, missä heidän on hyvä olla; missä heillä onkin vapautta, he kääntyvät yhtä varmasti kuin kompassineula kääntyy pohjoiseen.[10]

Siksi ihmiset hakeutuvat nykyisin verkkomaailmaan tai Mondragóniin. Osuustoiminta ole muuta kuin utopian paikalle asetettu menneisyys, talouden tosiuskovat valistavat voitonvarmoina: se on tehoton ja tuomittu tappioon luovan tuhon väistämättömänä uhrina. He kiirehtivät kuitenkin asioiden edelle: tämä on tuomittu tappioon vain täydellisillä markkinoilla, joilla ei ole epätäydellisyyden perimmäistä lähdettä – elävää ihmistä.[11]

Finanssivetoisessa turbokapitalismissa työtahdin jatkuva kiristäminen sekä työn rationalisointi ovat nimittäin vieneet hyvin tehdyn työn tuoman tyydytyksen ihmisiltä. Ennen muuta ne ovat vieneet mahdollisuuden saada juuri mitään tunnustusta omalle arvollensa. Kun kaikki ovat kapitalismille vain kuollutta painoa, lähestytään jo holokaustin kuvastoa tavalla, josta vallankumoukset ovat aina alkaneet.[12]

Tulevaisuus piirtyy esiin vain poikkeustapausten kautta, sillä myös kulttuurievoluutio kulkee kokeilujen tai valintojen kautta: kaikki todelliset innovaatiot ovat aluksi olleet anomalioita eli hyödyllisiksi osoittautuneita virheitä tai poikkeuksia. Koska anomaliat uhmaavat tavanomaisuuden arkista logiikkaa, nuo vaietaankin kohteliaasti kuoliaiksi. Anomaliat aiheuttavat levottomuutta sekä turvattomuutta, koska ne asettavat tutun ja turvallisen kyseenalaiseksi – perustavalla tavalla kyseenalaiseksi.[13]

Johtamisseminaareissaan johtajat kyseenalaistavat kaikkea. Arjessa he eivät kyseenalaista mitään, mikä heidän valtaansa uhkaa – siis oikeastaan mitään. Siksi kyseenalaistettavaa riittää, ja juuri jo tämä tarjoaa tilaisuuden anomalioille. Mitä epätavallisempia ajatuksia joku esittää, sitä vaikeampaa hänen on saada johto ottamaan niitä vakavasti; mitä alemmalla portaalla hän on, sitäkin vaikeampi hänen on saada ääntään kuuluviin.

Lopputulos on luovuuden apartheid, joka kiistää jo kaikki vaaralliset ajatukset tai joka haaskaa suurimman osan inhimillistä potentiaalia palkkaamalla etulinjaansa vain akateemisia sihteereitä. Vaaralliset ajatukset *ovat* vaarallisia ajatuksia. Näiden esittäminen on yritetty ulkoistaa konsulteille, mutta se ei estä organisaation aivokuolemaa.[14]

Aivokuoleman aiheuttaja onkin aina johto eikä alempien portaiden synnynnäinen kyvyttömyys. Itsenäisen ajattelun alkujuuri on kritiikki – ja kun se kielletään, kaikki on jo menetetty; jäljelle jää vain seremoniallinen strategiatyö, muovilta maistuvat lauseet konsulttikalvoilla ja akateemisten sihteereiden konekirjoituskilpailut.[15]

Joidenkin filosofien tarkoittamassa ideaalisessa puhetilanteessa kaikkia ajatuksia ja ideoita kohdellaan tasa-arvoisesti. Kaikilla on yhtäläinen ilmaisunvapaus eikä kenelläkään olekaan arvoaseman suomia etuoikeuksia; kaikki voivat vaihtaa ajatuksia vapaasti ilman portinvartijoita, ja paras argumentti voittaa. Auktoriteetin voi ansaita vain yhdellä tavalla: esittämällä ajatuksia, joita toiset pitävät uskottavina.[16]

Ideaalinen puhetilanne sisältää omat ongelmansa ja se on nimensä mukaisesti vain ideaali, jota ei sellaisenaan ole missään; jotain sen suuntaista on kuitenkin kulttuurisena alkiona olemassa – verkkomaailmassa.

Yritysmaailma on omaksunut sieltä vain tuon teknologisen pinnan ilman tuon kulttuurista sisältöä. Uusi teknologia otetaan käyttöön vain siinä määrin kuin se ei uhkaa ylintä johtoa. Luottamukselliset keskustelut käydään edelleen yksityisesti, ja viestitulvasta valitaan julkisesti vastattaviksi vain ne vähemmän kiusalliset kysymykset.

Verkkomaailman etiikka taas on ytimeltään aina radikaalia hakkerietiikkaa: kaikki tieto tulee olla täysin avoimesti kaikkien saatavilla ja tämä tulee jakaa kaikille. Tämän etiikan – jonka äärimuodot löytyvät vain syvältä salatun verkon lonkeroista – takia avoin verkkomaailma on johdolle kulttuurisessa mielessä yksinkertaisesti kielteinen massailmiö.[17]

Viestinnästä tuleekin johdon mielestä anarkiaa, jos kukaan ei toimi puheenjohtajana. Yhden kanssa keskusteleminen voi olla kehittävää, muutaman kanssa keskusteleminen saattaa olla vielä jotenkin siedettävää, mutta kaikkien kanssa keskusteleminen on jo jotain kammottavaa; siitä ei seuraa kuin kansannousu – ja pyramidihuijauksen paljastuminen!

Verkkomaailma ja sen kulttuuriset mallit eivät millään perustavalla tavalla ole heijastuneet yritysmaailmaan, joka takertuu edelleen hierarkian hyveellisyyden ajatukseen. Siinä johtaja on jumalaisten markkinavoimien tahdon tulkkina työssään täysin erehtymätön – ainakin potkuihinsa saakka. Markkinat epäilemättä tarvitsevat marionettinsa, mutta hierarkian hinta on todella kova, jos sitä ei ulkoisteta muiden maksettavaksi.[18]

Hierarkia, tuo yhden miehen mikrotyrannia, on vain totalitaarisen komentotalouden toinen ilmenemismuoto.[19] Siihen liittyvät juuri ne samat ongelmat kuin siihen saatanalliseen projektioon, johon tyrannit ovat oman pimeän puolensa ulkoistaneet. Leninin menetelmät ovat lähellä joka ikisen johtajan sydäntä: luottamus on hyvä asia – mutta valvonta paljon parempi. Verkkomaailmassa johtoa kiinnostaakin eniten sen valvontamahdollisuudet eikä sen valtava luovuuspotentiaali.[20]

Uuden luominen kuuluu ilmiselvästi ihmisten primitiivisiin perusvietteihin; se on kuin sukupuolivietti, nuorena ehkä tätä heikompi mutta myöhemmin tätä vahvempi. Ihminen ei voi olla luomatta, eikä luominen koske vain taidetta vaan koko elämää: puutarhanhoitoa, sisustusta, ruuanlaittoa, kaikkea. Koko kulttuuri perustuu luomiseen, ja vain luova ihminen on terve ihminen. Samalla luova ihminen *on* aina vaarallinen ihminen, sillä hän luo uutta, ja kaikki uusi on uhka vanhalle.[21]

Tämä vaarallisten ihmisten uhka ei ehkä koskaan ole ollut suurempi kuin tämän vuosisadan alussa, jolloin luovuuden pauloihin heittäytyminen on jo helpompaa kuin koskaan aikaisemmin. Taloudelliset edellytykset tähän ovat paremmat, ja uusi teknologia taas on tasoittanut luovuuden tiellä ennen olleita esteitä. Vain muutamalla ohjelmalla taikka verkkomaailmasta ilmaiseksi löytyvillä resursseilla lähes kuka tahansa voikin luoda jotain, joka vielä joitakin aikoja sitten oli vain hyvin harvojen ulottuvilla.

Verkkomaailmassa luovuus on päässyt vapautumaan ennenkokemattomalla tavalla, ja sen huima kehitys selittyy juuri tällä. Silti seminaareissa evolutiivisen kilpailun ideaa ylistävä yritysmaailma ei ole osoittanut juuri minkäänlaista kiinnostusta tämän valtavan voiman hyödyntämiseen sisäisissä prosesseissa. Syynä on yksinkertaisesti pelko näiden voimien vapaaksi päästämisen vaikutuksista tuossa totalitaarisessa komentotaloudessa, jonka toisenlainen ilmenemismuoto työelämä vain ja ainoastaan on.[22]

Luovuus edellyttää vapautta; se edellyttää negatiivisen vapauskäsityksen mielessä liiallisten rajoitteiden poistamista; se edellyttää myös positiivisen vapauskäsityksen mielessä edes kohtuullista oikeutta päättää omista tekemisistään – siis valtaa. Luovuuden näkökulmasta vallan pitää ihanteellisesti siirtyä sinne, missä sitä tarvitaan eniten; jos vallanpitäjien osaamisen arvo vähenee, valta siirtyy jonnekin muualle.[23]

Tämä ajatus siirtyvästä vallasta on kuitenkin sopimatonta hierarkialle, joka perustuu monoteistiselle käsitykselle yhdestä ja vain jakamattomasta jumalaisesta vallasta; vain väsymys pakotti Mooseksen jakamaan Jumalalta saamansa vallan alemmille – pidättäen kuitenkin itsellään oikeuden päättää edelleen kaikkein tärkeimmistä asioista. Tähän raamatulliseen malliin kaikki hierarkiat perustuvat yhä edelleen.[24]

Yhä edelleen johto teeskentelee usein omaavansa tietoa, jonka se on saanut palavana pensaana ilmestyneeltä Jumalalta. Ateistit ovatkin aikojen alusta asti epäilleet myös Mooseksen keksineen moisen tarinan saadakseen pidettyä maanpakoon ajetun ja alati niskuroivan kansan kurissa. Myytti ja malli ovat kuitenkin kuolemattomia, ja edelleen on jo vaikeuksia edes kuvitella organisaatiota, jossa valta voi siirtyä tilanteen mukaan.[25]

Silti nimenomaan siirtyvyys on vallan olemus, jolle asemaan perustuva auktoriteetti on varsin kehno korvike. Valta on olemukseltaan eräänlaista energiaa, kuin elohopean lailla virtaavaa ainetta, joka ei koskaan pysy paikoillaan. Se etsiytyy aina sinne, missä siitä on eniten hyötyä tai poistuu sieltä, missä se on jo tarpeetonta; vallantahdon ytimessä on uuden luomisen vimma, joka tarvitsee välineitä.

Jos valtaa ei voi saada suoraan Jumalalta, se on saatava kansalta, jota valta palvelee ja jolle se jotakin tuo tai luo. Todellista valtaa ei voi koskaan perustaa pelkästään asemaansa. Vallan voi toki varastaa, mutta silti *johtajaksi* ei koskaan tulla *de jure* vaan *de facto*.[26]

Verkkomaailmassa valta pääseekin paljon paremmin toteuttamaan olemuksensa kuin byrokratiassa. Oraalla olevan kehityksen näkemistä vaikeuttaa byrokratioiden pyrkimys kaapata myös verkkomaailma haltuunsa. Sen voi nähdä esimerkiksi avoimen lähdekoodin kehitystyössä. Tietyllä tavalla myös tämä työ pohjautuu pyramidiin. Se ei silti ole hierarkia käsitteen ikiaikaista alkuperää olevassa merkityksessä.

Kehitystyön huipulla on uuden idean luonut innovoija, jonka ympärillä on kokeneempien kehittäjien sisäpiiri. Tämä piiri koostuu tiettyjen alijärjestelmien ydinkehittäjistä, jotka ovat delegoineet osan omasta työstään erityisten vastuualueiden omistajille. Tähän saakka tämä spontaanisti syntynyt pyramidi näyttää miltä tahansa hierarkialta.

Sen sisäpiiriä ei kuitenkaan ole määritelty missään eikä muodollista organisaatiokaaviota edes ole. Myöskään huipulla olevaa innovoijaa ei voi verrata toimitusjohtajaan, sillä hänen asemansa on täysin riippuvainen sisäpiiriläisten sekä muiden kehittäjien kannatuksesta. Lähes kaikki kehitystyössä tarvittavat koodirivit ovatkin vapaaehtoisten kirjoittamia; jos työ ei miellytä, kenenkään ei ole pakko kirjoittaa mitään.[27]

Asemavaltaa ja pakkovaltaa ei yksinkertaisesti ole. Niinpä kukaan ei voi myöskään määrätä, mitä milloinkin pitää tehdä, vaan kehittäjät voivat omistautua kiinnostavimpina pitämilleen kehityskohteille. Kehittäjät voivat vapaasti tehdä kaikkia muutoksia, joita kehittämistyö vaatii. Jos työ ei tule hyväksytyksi, kehittäjä voi käynnistää oman kehitysyhteisön hänen tärkeänä pitämänsä kohteen ympärille.

Kenenkään ei ole pakko hyväksyä yhteisössä ylempänä olevien päätöksiä, ja kääntäen ylempien taas on uskottavasti perusteltava päätöksensä muille tai nämä voivat vetää työpanoksensa pois yhteisöltä. Tässä mielessä kehittämisyhteisön pyramidi ei ole hierarkia – vaan järjestelmä, jossa juuri siirtyvä valta ja aito lisäarvo liittyvät läheisesti toisiinsa.[28]

Hierarkiassa johdolta katoaa lisäarvo lopulta kokonaan. Jäljelle jää vain puhdas asemavalta tai paikka byrokratian toteemina. Asemavalta taas yrittää saada ihmisistä enemmän *irti* sen sijaan, että ihmiset saadaan *mukaan*. Mitä enemmän ihmisistä yritetään saada irti, sitäkin varmemmin heistä ei saada irti yhtään sen enempää kuin he jo haluavat antaa. Vasallit voivat tehdä valtavasti töitä, mutta he eivät tee sitä omasta halustaan.[29]

Populististen johtamisoppaiden peräänkuuluttama intohimo voikin syntyä vain omasta halusta – ei koskaan käskystä. Perinteiset johtajat eivät voi uskoa, että prosessin toiminta ei millään tavalla riipu sen johtamisesta, ainakaan olennaisesti. Parhaimmillaan prosessi vain kerää yhteen kollektiivisen viisauden ja valjastaa tämän tehokkaalla tavalla kaikkien hyödyksi; strategiat, ohjekirjat, työajat tai fyysiset sijainnit menettävät merkityksensä lähes kokonaan.

Silti valmista jälkeä syntyy – ja juuri sen takia, että ihmiset on otettu *mukaan* – eikä heistä ole otettu *irti*. Siksi he tekevät paljon työtä vapaaehtoisesti ja jopa ilmaiseksi. Ekonomistit eivät kykene selittämään tätä muulla kuin irrationaalisuudella tai eksyttäjien vaikutuksella. Siksi juuri tällaiseen työhön osallistuvien sielunmaisemaan tutustuminen auttaa ymmärtämään ihmisten mukaan saamisen muutamia perusedellytyksiä.[30]

Sielunmaisema on monenkirjava ja yksilöllinen. Mukaan tulemiselle onkin monenlaisia syitä. Joitakin kiinnostaa se onnistumisen elämys, jonka ongelman ratkaisu vain muutamalla nerokkaalla rivillä voi tuottaa. Toisia elähdyttää taas mahdollisuus luoda laadukkaita ilmaispalveluita kaupallisten palveluiden vastenmielisyyden vastapainoksi; kyse on verkkomaailmaa luonnehtivan hakkerietiikan hienostuneemmasta muodosta.

Kolmannet etsivät uusia virikkeitä ammatilliseen kehittymiseen – ja lähes kaikkia kiinnostavat ammatillinen kunnia sekä maine. He janoavatkin vertaisryhmien kunnioitusta, kuten kirjailijat tai professorit. Sitä taas saa se, joka on kantanut kortensa kekoon – ja tehnyt sen vieläpä näkyvästi. Pelkkä kunnioitus ei kuitenkaan riitä: mukaan tulemisen motiivit ovat moninaiset, ja myös potentiaalisten palkkioiden on oltava moninaisia.

Osallistuminen on myös tehtävä mahdollisimman helpoksi, jos ihmiset halutaan saada mukaan. Verkkomaailmassa luovuuden lähde on periaatteessa avoinna kaikille, ja osallistuminen on helppoa ja yksinkertaista; erityisiä esivalintoja siinä suhteessa, kuka on kykenevä osallistumaan, ei ole. Asemavaltaan nojaavia auktoriteetteja verkkomaailma vierastaa aina.

Mukaan pääsee periaatteessa aina, kun on tarpeeksi hyvä tekemään sitä, mitä yhteisö arvostaa. Kaikkea työtä leimaa läpinäkyvyys sekä vuorovaikutteisuus, eikä hallintopäätöksiä ja portinvartijoita ole. Monelle parasta tässä maailmassa on jo se, että pärstäkerroin ei vaikuta, ainakaan siinä määrin kuin lasipalatsien loisteliaassa hovielämässä.[31]

Kaikella tällä on toki myös oma kääntöpuolensa, joka on kuitenkin suhteutettava yksilöllisen luovuuden voiman vapauttamisesta saataviin selviin etuihin. Todellisen työn tekijöiden aidon mukaan ottamisen periaatteelle rakentuvia organisaatioita on monia muitakin kuin verkkomaailman vapaaehtoiset kehittämistoiminnot.[32]

Myös monet byrokraattiset organisaatiot ovat yrittäneet ottaa oppia näistä ajatuksista, joskin jättiläiset ovat vain yksinkertaisesti huonoja tanssimaan, vaikka konsultit kovin antaumuksellisesti näitä opettavat. Ne sanovat, että näissä ajatuksissa ei ole oikeastaan mitään uutta verrattuna vanhoihin osallistavan johtamisen tai työelämän laatuliikkeen demokraattisen dialogin ajatuksiin.[33]

Johtamiskirjallisuuden kaanonin mukaan kannatettavista tavoitteista huolimatta osallistava johtaminen onkin osoittautunut monella tavalla ongelmalliseksi. Tämän toteuttamisen on todettu voivan viedä huomattavan paljon aikaa, vastuusuhteiden saattavan muodostua epäselviksi, konfliktien mahdollisuuden lisääntyvän ja parhaan mahdollisen ratkaisun saavuttamisen vaikeutuvan.

Edelleen se ei sovellu kaikkiin tilanteisiin eikä kaikille työntekijöille: osa työntekijöistä tarvitsee selkeästi määritellyt työtehtävät sekä turvallisen työympäristön; jotkut jopa haluavat ohjausta ja kontrollia – eivät osallistumista. Pahinta on kuitenkin tuo tehokkuuden menetys, joka jatkuvasta keskustelemisesta ja osallistumisesta aiheutuu.[34]

Tehottomuus on sosialismin perisynti, johon kaikki kollektivismin muodot jo väistämättä lankeavat. Osallistumisesta aiheutuukin tehokkuustappioita silloin, kun nämä määritellään taloustieteen tai Taylorin tarkoittamalla tavalla. Asetelma muuttuu, jos laskelmiin sisällytetään myös hinta sille, että työntekijöitä käsketään tekemään töitä, joita he eivät erityisemmin halua tehdä.[35]

Se aiheutuu siitä kontrollijärjestelmästä, joka on kaikkien byrokratioiden pyhä selkäranka ja joka sisältää ainakin suunnittelun, seurannan, sisäisen tarkastuksen, työnjohdon sekä jatkuvan raportoinnin. Näitä tarvitaan nimenomaan pitämään työntekijät työssä silloinkin, kun työ ei maistu. Näiden kustannuksia laskelmat eivät ota huomioon. Samoin ne sivuuttavat työn, jonka turhautuneet työntekijät päättävät olla tekemättä.[36]

Käskyttäminen tuokin lyhyen aikavälin tehokkuusetuja, jotka eivät välttämättä kata sen pitkän aikavälin kustannuksia. Tähän perustuen profeetat ovat pitkään väittäneet markkinoiden väkivaltaisen tuulen puhaltavan pian kaikkien byrokratioiden kaikkiin koloihin sekä sokkeloihin. He ovat tässä myös oikeassa.[37]

Markkinoiden väkivaltainen tuuli todella puhaltaa, mutta se ei puhalla byrokratioiden sisään vaan byrokratiat kumoon. Siksi on käännettävä täysin tyhjä lehti. Toisin sanoen uudet organisaatiot on aloitettava alusta ja rakennettava tyhjästä – eikä byrokratian päälle tai sen sisään, jossa ne ovat tuomittuja kuolemaan jo syntyessään.

Verkkomaailma tarjoaa tähän verrattoman tilaisuuden tai esikuvan. Verkkomaailmassa pelikenttä on vähemmän kuin missään muualla kallistettu omistajien eduksi: siellä ei vain sallita vaan suorastaan vaaditaan omaa älyllistä osallistumista; siellä ihmisiä ohjaa enemmän luomisen lumo eikä ahnehtimisen aura; siellä tarvitaan kirjaimellisesti enemmän omaa päätä kuin pääomaa.[38]

Periaatteessa verkkomaailma onkin virtuaalinen maailmankylä, joka tarjoaa melkein mittaamattomasti uusia mahdollisuuksia. Verkkomaailma merkitseekin paluuta liberalismin alkulähteille; siellä yksilö on jälleen vapaa etsimään omaa parastaan – ainakin periaatteessa.

Verkkomaailmassa monella nykypäivän koululaisella on lähes professorin pätevyydet verrattuna eilispäivän johtajaan, jolta on usein surkastuneet sekä tekniset taidot että liiketoimintaosaaminen. Jäljelle hänelle on jäänyt vain asemavalta tai ritualistinen tehtävä modernin toteemin maanpäällisenä inkarnaationa. Siksi hän haluaakin uhrata modernille toteemille myös verkkomaailman ja muuttaa sen omaksi kuvakseen.[39]

Verkkomaailma voi olla jopa entistä verisemmän kilpailun maailma – ainakin jos suuryhtiöt saavat sen haltuunsa. Kansainvälisen finanssikapitalismin ja kehittyvän informaatioteknologian yhteisvaikutuksesta vähitellen virtuaaliseksi muuttuvassa taloudessa voittaja vie kaiken, voittaja saa kaiken. Huutakaa niille Alibaba, Amazon, eBay taikka Facebook, ja jo niille nousee hullunkiilto silmiin – siis finanssimarkkinoille.[40]

Virtuaalisilla markkinoilla hyödykkeet ovat digitoitua informaatiota muodossa taikka toisessa. Näille informaatiohyödykkeille on ominaista, että alkuperäiskappaleen keksiminen taikka kehittäminen vaatii valtavasti aikaa, rahaa tai vaivaa. Kun hyvä alkuperäiskappale on kerran tehty, sitä voidaan monistaa melko mitättömin rajakustannuksin mielettömiä määriä – etenkin, kun tämä on yleensä vielä ulkoistettu halpatuotantovyöhykkeille.[41]

Näin ollen alkuperäiskappaleen kehittäjä tahi kaikkein paras palvelu pystyy helposti syrjäyttämään muut markkinoilta ja hankkimaan melkein monopoliaseman. Google tai Microsoft ovat tunnetuimmat esimerkit tästä logiikasta, mutta se pätee yhtä hyvin moniin muihinkin tuotteisiin taikka palveluihin: miksi kuunnella kotikylän kitaristia, kun suunnilleen samalla rahalla voi ostaa tunnetun maailmantähden hengentuotteen.[42]

Yhä vain virtuaalisemmassa taloudessa tämä lainalaisuus saneleekin yhä suuremmassa määrin myös kaikkien muidenkin sektoreiden toimintaa.

Koska lainalaisuus tunnetaan, tätä myös hyödynnetään: finanssimarkkinat piiskaavat informaatiohyödykkeitä tarjoavia toimijoita valtaamaan tarpeen mukaan velkarahalla mutta mahdollisimman nopeasti johtavan markkina-aseman. Ideana on tietysti rahastaa tämä myöhemmin asiakkailta.[43]

Tässä finanssikapitalismin tuottamassa ja piiskaamassa informaatiotaloudessa myös kilpailu kiristyy tietyllä tavalla ainakin lyhyeksi ajaksi lähes äärimmilleen. Siksi ei ole täysin perusteetonta puhua "turbokapitalismista" tai hyperkilpailusta, jota käydään tosiasiassa tuotemarkkinoiden yläpuolella, aineettomalla tasolla ja paljolti pääoman sijoittajien kesken.[44]

Turbokapitalismissa ne, jotka eivät kilpaile aivan täysillä, menettävät kaiken, ja poistuvat taistelukentältä tyhjin taskuin. Kyse on kuitenkin kilpajuoksusta kohti monopolia. Turbokapitalismin ensimmäinen ongelma liittyy siihen, että kehitys vähän kärjistettynä pysähtyy helposti siihen, kun voittaja onkin jo ratkennut; evolutiivisen kilpailun idea, jolla talousviisaus on tottunut ylpeilemään, uhkaa paljastua ontoksi.[45]

Toinen ongelma on se, että ennen ratkaisua voitosta taistellaan kirjaimellisesti jo henkeen ja vereen; voimavaroja haaskataan kuin kylmän sodan varustelukilpailussa. Kolmas ongelma on kaikkein pahin: verinen kilpailu heijastuu työelämään tämän huonontumisena sekä pääomatulojen kasvuna, mitä perustellaan kannustinvaikutuksilla – jotka taas ovat lähinnä ahneuden ja saalistuksen eufemismi.[46]

Tuo virtuaalisen talouden verinen logiikka on verkkomaailman suurin uhka: voittaja vie kaiken ja voittaja saa kaiken. Siksi pääoma tietysti yrittää työntyä myös sinne: yksityistämään, ulkoistamaan, kilpailuttamaan ja ottamaan omaksi. Siellä, missä jättiyhtiöt johtajineen ovat, siellä on tarjolla vain tyhjiin ositettua työtä tai vastuuta ilman valtaa; siellä kaleeriorjan kahleiden tilalle ovat tarjolla ikuisen alaikäisyyden jalkaraudat.[47]

Verkkomaailma siinä merkityksessä, missä siitä on edellä puhuttu, on vielä olemassa, joskin alati uhattuna, sillä suuryhtiöt haluavat muuttaa aivan kaikki omiksi kuvikseen. Niinpä kilpailemisen, muiden mätkimisen taikka jatkuvan arvostelemisen etiikkaa tuputetaan jo täysin avoimesti kaikkialla, kuten televisioviihteessä, ja kyse onkin eräänlaisesta eloonjäämiskamppailun simuloimisesta.

Toisin sanoen ihmisiin iskostetaan alitajuisesti ajatusta kaikkien sodasta kaikkia vastaan. Juhlapuheiden jakamistalous on yksi tämän joukkojen piilo-orjuuttamisen eufemismeista: pyramidin pohjalle ei jää edes minimipalkkaa, kun kärki saa jo kaiken. Juuri siksi finanssivetoisessa informaatiotaloudessa vasemmistoa tarvitaankin edes vastapainoksi – ja vieläpä enemmän kuin vanhassa teollisuusyhteiskunnassa.[48]

Ilman jotakin vastapainoa suuryhtiöiden sosiaalidarvinistinen ihmiskuva sulautuu pian lähtemättömäksi osaksi läntisen ihmisen itseymmärrystä tavalla, joka on tekevä pienten ihmisten elämästä helvettiä jo maan päällä. Toinen pimeyden ruhtinaan apupoika on koko verkkoa valvova NSA, joka toimii hyvässä yhteistyössä suuryhtiöiden kanssa.

Verkkomaailma on yhtäältä metafora – ja toisaalta jotakin todellista. Siinä onkin sen kaikkine salattuine lonkeroineen vieläkin vallankumouksellista potentiaalia, vanhaa vasemmistolaista juurta.

Se voi säilyä ja kehittyä vain, jos siinä yhdistyvät radikaali hakkerietiikka, vasemmistomystiikka sekä Mondragónin henki. Kysymys kuuluu: kuka *omistaa* tulevaisuuden – ja voiko kapitalismin vielä *pelastaa*?[49]

Taivaankannen läpi kasvanut ihminen

Verkkomaailmassa ja Mondragónissa muhii vallankumous. Aikanaan tämäkin vallankumous syö lapsensa samasta syystä, josta se alun perin myös alkoi: ihminen ei muutu miksikään. Juuri kun hän onkin jotenkuten oppinut ymmärtämään elämää, haudankaivajat heiluttelevat jo lapioitansa – ja uusi sukupolvi joutuu aloittamaan kaiken alusta.[1]

Vapauden valtakunta on mahdollinen vain teologien tarkoittamassa mielen katedraalissa: ihmiset voivat paeta pahaa maailmaa vain ajatuksiinsa. Maslowin motivaatiomalli voi myöskin toteutua vain mielen katedraaleissa, ja niistä kaikki sisäiset sankarit ja muut mielen jättiläiset nousevat. Kaikki uskonnot ovat aina ammentaneet voimansa tästä totuudesta.[2]

Marxille uskonto oli jotakin, joka antoi aidon ilmaisun ihmiskunnan moraalisille pyrkimyksille, joskin tärveltyneessä muodossa. Se tarjosi lohtua sorretuille ja lupauksen tuonpuoleisesta niille, joiden toiveet eivät voineet sosiaalisten suhteiden kieroutuneisuuden vuoksi toteutua tämänpuoleisessa. Kun ihminen katsoi taivaaseen, hän näki siellä vain omien ominaisuuksiensa ja toiveidensa idealisoidun peilikuvan.[3]

Uskonto on kuin illusorinen aurinko, joka kiertää ihmistä niin kauan, kun ihminen ei kierrä itse itseään; uskonto on ahdistuneen luontokappaleen huokaus, sydämettömän maailman sydän sekä hengettömien olosuhteiden henki. Uskonto onkin oopiumia kansalle, mutta se ei suinkaan ole huume vaan särkylääke. Siksi sen arvostelu on turhaa: teologian kritiikin on muututtava politiikan kritiikiksi, taivaan kritiikin maan kritiikiksi.[4]

Uskonto on tavallaan vapautumisen vihollinen, mutta samalla jotain, jonka kautta vapautumisen on silti aivan välttämättä kuljettava. Siten myös markkinauskosta vapautuminen edellyttää sen tunnustamista, että kapitalismi on itse muuttunut samanlaiseksi ahdistuksen lievittäjäksi tahi armon lähteeksi kuin kristillinen usko.[5]

Tämä on ollut ilmeistä aina jo siitä alkaen, kun viktoriaanisen ajan byrokraatti Sir John Bowring julisti, että vapaakauppa on yhtä kuin Jeesus

Kristus ja päinvastoin; se on ollut ilmeistä aina tähän saakka, kun kristilliset fundamentalistit Yhdysvalloissa julistavat kapitalismin ja demokratian sekä Jeesuksen Kristuksen kuuluvan yhtä saumattomasti yhteen kuin mystisen Torinon käärinliinan kuviot.[6]

Kapitalismi ei siten enää ole Weberin tarkoittamalla tavalla uskonnon päälle perustettu ajatusrakennelma vaan itsessään aivan olennaisesti uskonnollinen ilmiö. Se onkin omaksunut ikivanhat uskonnolliset käsitteet omaan käyttöönsä: jokaisella yrityksellä täytyy olla visio, siis uskonnollinen harhanäky; jokaisella yrityksellä täytyy olla missio, siis lähetystehtävä; jokaisella johtajalla pitää olla karisma, siis hengellinen armolahja.[7]

Aito uskonnonvapaus, vapaus ”tästä arkielämän uskonnosta”, kuten Marx sitä kutsui, odottaa vielä toteuttajaansa. Tämän vuosituhannen alussa markkinoita huudetaan ja jopa rukoillaan apuun aivan yhtä kiivaasti kuin Job rukoili Jumalaa. Mihinkään muuhun ei enää ole todellista uskoa kuin markkinoihin; mikään muu ei enää voi meitä pelastaa.[8]

Tämä pelastaja on kuitenkin yhtä kuuro kuin Jobin kirjan Jumala, sillä kapitalismin uskonnollista rakennetta luonnehtii ainakin kolme keskeistä piirrettä. Ensiksi, kapitalismi on kulttiuskonto, ja sellaisena se on ehkä kaikkein ankarin koskaan olemassa ollut: siinä kaikki saa merkityksensä vain välittömässä suhteessa kulttiin eikä sillä ole erityistä teologiaa tuon käsitteen vaativassa mielessä.

Toiseksi, kapitalismi on kulttina jatkuva sekä läpitunkeva: koska se on kultti ilman uskoa tahi uskonto ilman armoa, siinä on pelkästään juhlapäiviä suureellisten palvelusmenojen suorittamisen pakon kammottavassa mielessä. Kolmanneksi, kapitalismi ei kulttina käske anteeksiantoon vaan velallisuuteen: Jumala ei ole kuollut vaan kätkeytynyt velallisen kohtaloon, joka syöksee itse elämän maaniseen liikkeeseen.[9]

Tässä kultissa korkeampien voimien puoleen saa kääntyä vasta, kun velallisuus sekä syyllisyys ovat saavuttaneet lakipisteensä. Sitä voi toteuttaa vain yli-ihminen, jonka ideassa ajatus apokalyptisesta hyppäyksestä kääntymykseen, sovitukseen tahi pelastukseen muuttuu julistukseksi jatkuvasta kasvusta. Yli-ihminen on yksinkertaisesti ilman kääntymystä perille saapunut ihminen, joka on lopulta kasvanut taivaankannen läpi.

Vapaat markkinat tekevät vihdoinkin todelliseksi yli-ihmisen, joka kasvaa taivaankannen läpi ja joka löytää selityksen, johdatuksen ja lohdutuksen omista valinnoistaan – ja vain niistä. Näiden avulla hän voittaakin ympäröivän ahdistuksen, tuon kaikkien uskontojen maallisen alkujuuren. Hän ymmärtää vihdoin ahdistuksen vain portiksi, jonka kautta pääsee yhteyteen itsensä ja elämänvoiman kanssa. Palkintona on upea elämä.[10]

Markkinoilla käydään kauppaa vain riskeistä ja niiden siirtämisestä, eikä mikään yhteiskunnallinen instituutio voi taata yksilölle turvallisuutta; riskit muuttuvat tai monistuvat mutta eivät katoa – se on markkinoiden olemus, joka jokaisen on kohdattava yksin. Vapailla markkinoilla jatkuvan kilpailun aiheuttama ahdistus on kaikille yhteinen, mutta jokaisen on ratkaistava se yksin omassa elämässään – omilla valinnoillaan.[11]

Näin eksistentialistisen elämänfilosofian teemoista tuleekin päivänpolttava osa myös markkinatalouden arkielämää. Jo työnjaon jatkuva syveneminen sirpaloi väistämättä vanhan yhtenäiskulttuurin juurevat yhteisöt, jolloin yksilön asema arjessa on kudottava kokoon loputtomalta näyttävällä identiteettityöllä. Kilpailuyhteiskunnassa vapaan yksilön varjo onkin aina ahdistus, ja henkisesti sairas ihminen taasen kaivelee sisintään.[12]

Varsin monien vanhojen instituutioiden, arvojen tahi normien menetettyä merkityksensä taloudellisten arvojen painon alla syntyy suuri turvattomuuden tunne, joka koskee jälleen jo koko yksilön olemassaoloa. Suuret kysymykset palaavat kiertotietä maailmannäyttämölle sekä eräänlainen uusi elämänfilosofia ottaa estradin haltuun, vaikkakin tuhansiksi versioiksi sirpaloituneessa muodossa.[13]

Tässä uudessa elämänfilosofiassa markkinavoimien määrittelemään maailman kulkuun ei voi millään tavalla vaikuttaa, ja niin ahdistuksesta tulee väistämättä pysyvä osa yksilön arkipäivää. Se selitetään kuitenkin vain välivaiheeksi, joka katoaa, jos jokainen hyväksyy olosuhteet luonnollisina tahi jos jokainen yksilö toimii näiden ehdoilla. Ahdistus on totta, mutta senkin voi voittaa – omilla valinnoillaan.[14]

Ahdistuksella on aina ollut tärkeä asema kulttuurissa. Jostain näkökulmasta kaikki kulttuuri jopa nousee tuosta. Aikaisemmin vastaus ahdistukseen oli uskonto. Myöhemmin paikan ottivat erilaiset elämänfilosofiat.

Nuo ammensivat uskonnosta, mutta myös kamppailivat tämän kanssa paikasta perimmäisten vastausten antajana. Näihin sisältyy siten tuonpuoleisia juonteita, mutta ne etsivät vastauksia tämänpuoleisesta.[15]

Laajasti näihin voidaan lukea kaikki opit, joiden mukaan maailman kaiken kaaoksen takana on jäsentymätön yleinen voima, eräänlainen elämänvoima. Ihminen on tämän voiman tahdoton uhri tai toteutumisen kanava. Se on kaikista käsitteellisistä ja moraalisista rajoitteista puhdistettu voima. Siitä syntyy elämänvirta, johon voi vain heittäytyä mukaan. Siksi elämänfilosofiat ovatkin aina suhtautuneet kielteisesti käsitteellisiin ja tieteellisiin totuuksiin, ja siitä ne saavat tuonpuoleisen juonteensa.[16]

Ajattelumalli löysi aivan uutta ponttaa toisen vuosituhannen lopulla. Akateemisissa ympyröissä alettiin jo tuolloin ennen kaikkea Nietzschen nimissä purkaa niitä oppeja, joiden nimiin oli aikaisemmin vannottu. Älymystö kertoi kansalle vain yhdestä totuudesta: siitä, että sillä ei ole mitään totuutta kerrottavanaan. Uudet teoriat pyyhkivät pois kaiken sen, mitä oli aikaisemmin kirjoitettu, ja koko valistus peruutettiin.[17]

Uusien oppien mukaan kaikki tekstit saavatkin merkityksensä vain suhteessa muihin teksteihin. Jokainen teksti on vain tulkinta muista teksteistä tahi näitä koskeva kommentti, joka saa merkityksensä ainoastaan tuon tekstiavaruuden kautta. Niinpä kaikki tekstit näyttäytyvät kaikesta kielellisestä riisutun elämänvoiman, eräänlaisen yleisen metatekstin tahi juurikertomuksen erityisinä ilmentyminä.[18]

Näillä elämälle vierailla opeilla ei olisi ollut erityisempää käytännön merkitystä, elleivät ne olisi jättäneet kulttuurista taistelutannerta kokonaan markkinauskon miehitettäväksi. Tämä puolestaan suodatti uuden elämänfilosofian relativismiksi, jossa ei ole mitään totuutta – paitsi kaiken kaaoksen takana oleva markkinoiden totuus, markkinavoimien salattu viisaus taikka Zen.[19]

Kun reaalisosialismi oli romahtanut sekä keynesiläiset opit talouden ohjauksesta olivat menettäneet merkityksensä, markkinoiden magiikan alkuhämärä näytti todella tuottavan vaurautta kaikille ikään kuin näkymättömän käden vaikutuksesta. Näissä oloissa historiallisen häpeän tunteensa kanssa kamppaillut älymystö ei enää ottanut kantaa kapitalismin ongelmiin.

Sen sijaan se kiinnitti huomionsa ilmiöjoukkoon, jota alettiin pian nimittää postmodernismiksi. Sen ytimessä oli käsitys suurten kertomusten kuolemasta. Levitessään osaksi laajempaa kulttuurista itseymmärrystä nimenomaan tuo käsitys pohjusti tietä markkinapopulismille, jonka avulla markkinafundamentalismi onnistuttiin myymään massoille; silti suurten kertomusten kuolema synnytti uuden metatarinan ja monokulttuurin.[20]

Sekä postmodernismi että markkinapopulismi olivat kumpikin perusteiltaan äärimmäisen individualistisia, vaikka individualismiin liitetään niissä eri merkitys. Ne elivätkin ikään kuin rauhallista rinnakkaineloa piittaamatta toisistaan; kumpikin niistä antoi ahdistukselle uudet käsitteelliset kasvot ja selityksen, jota ihmiset suorastaan janosivat.

Postmodernismi ei tarkoita muuta kuin myöhäiskapitalismin kulttuurista logiikkaa, kulttuurin sekä talouden yhteensulautumista. Sen yhtenä tuloksena on hiljalleen vasta hahmottuneen uuden metakertomuksen osana erityinen psykokulttuuri, jossa arkipäivän puheeseen valuu ajatusmalleja elämänfilosofiasta tai populaaripsykologiasta.[21]

Siinä mieltäylentävät opit korvaavat metodisen kurin keskustelemisella tai kyseenalaistamisella tuottaen uusia sanastoja yleiskulttuuriin. Nämä opit eivät ole suorassa, saati loogisessa, suhteessa filosofiaan tai psykologiaan, joita ne kuitenkin kommentoivat tahi sivuavat omana ydinteemanaan eksistentialistinen huoli itsestä ja halu voittaa vieraantuminen.[22]

Uusi elämänfilosofia on myyty massoille psykokulttuurin keinovalikoiman kautta. Sen ytimessä on jatkuvan terapian tarve sekä sitä perusteleva psykomyytti, jossa alati ahdistunut ja sairas ihminen kaivelee sisintään. Uudet ammattiauttajat lähtevätkin liikkeelle siitä, että kulttuurin ahdistama ihminen on erityisen "aito" – juurikin siksi, että hänen latentti luontonsa kapinoi sivilisaatiota vastaan.[23]

Terapeutin tai muun valmentajan tehtävänä on käsitteellistää yksilön ahdistus liittämällä se osaksi sepitettyä kehityskertomusta. Siinä ahdistava kulttuuri korruptoi tai vieraannuttaa vielä luonnollisen ihmisen. Nimenomaan vieraantumisen taikka vapautumisen käsitteiden kautta kulkeutunut normatiivinen aines tekee myytistä kumoamattoman sekä uskonnollisesti vetoavan.

Tämän myytin tärkein kulmakivi on kärsimysnäytelmä, jossa menetetty paratiisi saavutetaan uudelleen jo inhimillisen kasvun kautta. Siinä lunastus onkin lupaus taivaankannen läpi vielä kerran kasvavasta yli-ihmisestä, joka kieltää itsessään kaiken entisen ja joka toimii terveen itsekkäästi leimaten arvoja ja arvottaen leimoja – itse, omilla valinnoillaan.[24]

Uudessa elämänfilosofiassa tämän yli-ihmisen täytyy kuitenkin kärsivällisesti odottaa vielä pieni historiallinen hetki hänen tulemustaan; hänen on kestettävä ahdistus, joka on vain portti lopulliseen lunastukseen taikka vapauden valtakuntaan.

Sillä välin protestanttinen etiikka on pidettävä hengissä vain tämän kärsivällisyyden takia; tuolle on annettava tekohengitystä suuremman hyveen säilyttämisen nimissä. Tämä tarkoittaa jo kehdosta hautaan jatkuvaa terapiaa, jossa elämä tahi työelämä kuvataan jatkuvaksi kalvinistiseksi kärsimykseksi. Sen kestävät palkitaan lopulta kasvulla taivaankannen läpi.[25]

Kärsimys kasvattaa ja jalostaa. Suuruus määrittyykin myytissä kyvyksi kestää oma osansa murhenäytelmässä. Myyttinen "terapeuttiauttaja" taasen on ihannetapauksessa itse kulkenut tuskien taipaleen kautta aitoon uskoon, mikä antaakin hänelle oikeuden tutkia ja tuomita – mutta myös armahtaa. Terapeutti tarkastelee tutkittavaansa psykomyyttiä vasten, ja sen määrittelemällä ikuiselle kehitysuralle ohjaten.

Tämä kehitysura vie lopulta ahdistuksen ja kärsimyksen kestämisen kautta kasvuun ja vapautumiseen; kärsimys ja ahdistus ovat vain välivaiheita matkalla vapauden valtakuntaan. Sen voi kuitenkin saavuttaa vain oikeilla valinnoilla, jotka puolestaan vain valaistunut terapeutti tahi muu valmentaja on pätevä käsitteellistämään potilaalleen.[26]

Psykokulttuurissa jatkuvasta "epäjatkuvuudesta" käytävä keskustelu kehittyy tosiasiallisen jatkuvuuden korvikkeeksi; päättymätön psykologinen identiteettityö suodattaa epäjatkuvuuden jonkinlaiseksi jatkuvuudeksi siten, että tradition rapautumisesta itsessään tulee uusi traditio eli psykokulttuurin postmoderni kansanperinne.

Tällä tavalla arkiset havainnot kokoava myyttinen kehityskertomus kittaakin kiertotietä elämismaailmojen uhkaavalta tuntuvan pirstoutumisen perinteisemmäksi taikka turvallisemmalta tuntuvaksi arvoyhteydeksi, jossa sosiaalista sementtiä on kokemus siitä, että vain muutos on pysyvää. Tässä tarinassa juuri jatkuva muutos haastaa henkiseen kasvuun, joka löytyy vain jatkuvan nöyrtymisen kautta.[27]

Näin kyseinen kehityskertomus tekee kiertotietä suuren palveluksen markkinapopulismille ja myös markkinafundamentalismille sopeuttamalla yksilöitä ankaran kilpailun yhteiskuntaan, jossa rakenteellisesta väkivallasta on jo tullut koko taloudellisen järjestyksen kulmakivi. Se syrjäyttää armotta heikoimmat, joita edes ammattiauttajat eivät voi enää pelastaa.

Muut voivat pelastua vain muuttamalla itseänsä terapeutin tai valmentajan ohjeiden mukaan – mutta ei muuttamalla maailmaa. Ahdistuksen aiheuttaa vain virhe omassa ajattelussa. Uskonnolliset elämänohjeet siirretään melkein sellaisenaan nykyisen työelämän normeiksi; jokainen on Jumalan edessä yksin ja vastuussa vain omista teoistaan.[28]

Psykokulttuurissa joka ikinen on oman onnessa seppä. Myös epäonnistumisesta aiheutuva hegemonisen häpeän tunne kohdistetaan jokaiseen yksilöön erikseen hänen omassa yksityisyydessään siten, että tuo muuttuu hänen itseymmärryksensä kulmakiveksi. Häpeän tunne on jo hegemoninen siksi, että se *pakottaa* yksilön tavoittelemaan tavoitteita, jotka on määritelty tavoittelemisen arvoiksi jonkun muun toimesta.[29]

Omia päämääriänsä häpeämään pakotettu yksilö asetetaankin ikään kuin yhteisönsä ulkopuolelle, jossa hän tuntee olevansa joku muu eikä me; lauman ulkopuolelle suljettu on aina suojaton tai turvaton. Häpeän ydin on pelko hylätyksi tulemisesta – "vääränlaisena" ihmisenä. Hegemoninen häpeä edustaa yksilössä hänen yhteisöään sekä sen normien rikkomista, ja siitä voi vapautua vain rikkomuksensa tunnustamalla.

Häpeän ja syyllisyyden yhteys on tuttu uskonnollisista tulkinnoista, ja tällä on oma osuvuutensa myös arkikokemuksen valossa. Silti tämä saa omalaatuisen vääristyneen selityksen muodon psykomyytissä, joka on sekoitus elämänfilosofiaa, populaaripsykologiaa, uskonnollista ajattelua sekä markkinavoimien mahdin tunnustamista.[30]

Työelämän terapeutit ja muut ammattiauttajat saattavat esittää terävää kritiikkiä vallitsevia olosuhteita kohtaan; he puhuvat paljon kriittisten kysymysten asettamisesta taikka he näyttäisivät edellyttävän tiettyä älyllistä etäisyyttä elämään. Kysymykset eivät kuitenkaan ole aidosti avoimia kysymyksiä. Työelämän terapeuttien ammattitaidon tärkein osa-alue on juuri kyky muotoilla kysymys siten, että vastaus sisältyy jo siihen itseensä.

Näin terapeutti astuu potilaan ja tämän oman elämäntotuuden väliin palaten uudelleen moniselitteisten sivupolkujen kautta psykomyyttiin. Sen valossa taas ihmisen koko maallinen vaellus on tavallaan vain vastausta kysymyksiin, joita elämä hänelle esittää.[31]

Myytissä selitykset taikka ratkaisut löytyvät aina ammattiauttajan ja potilaan keskusteluissa, joissa potilas on väistämättä altavastaajana, sillä salattu viisaus on viime kädessä vain auttajan tiedossa. Sen valossa elämä on aina prosessi johon osallistutaan – eikä ongelma joka ratkaistaan. Prosessi taas palautuu psykomyyttiin.

Kehityskertomuksen ydin on potilaan eksyminen myytin määrittelemältä kaidalta polulta, jossa ahdistus tai kärsimys ovat aina vain portteja kasvuun ja vapauteen. Vain muutokseen sopeutuminen haastaa henkiseen kasvuun. Tuossa kertomuksessa yksilön vapaus pelkistyy vapaudeksi valita etukäteen annettuja oikeita valintoja.

Käytännössä kertomuksen päätepiste onkin *Homo Oeconomicus*. Se ei ole olemassa oleva tai toimiva ihminen – vaan markkinauskon tuottama sekä tarvitsema ihmisihanne. Tämän ihanteen todeksi tulemisen tekee mahdolliseksi ajatus kasvatuksen keinoin rajattomasti muokattavissa olevasta ihmisestä. Muokkaustyö edellyttää ensin ihmisen synnynnäisten kykyjen tai taipumusten tunnistamista.

Erilaisten testien avulla tunnistettu yksilö asetetaan työyhteisössä ja tiimissä hänen uskottua olemustaan vastaavalle paikalle ja koulutetaan siihen. Tästä olemuksesta tulee ensisijainen suhteessa yksilön omiin päämääriin. Samalla se antaa oikeutuksen muokata kasvatuksen keinoin yksilöitä palvelemaan paremmin pelin sääntöjä; kehityskertomus määrittyykin suhteessa systeemin tarpeisiin eikä yksilön sisäiseen kokemukseen.[32]

Jos kasvatus onnistuu, tuloksena on täydellinen sotilas, joka toteuttaa täydellisesti tehtäväänsä omalla paikallaan. Tällainen sotilas on kuin apostoli Paavalin uskollinen palvelija: omasta yksilöllisyydestään luopunut toimija, joka sitoutuu täydellisesti työhönsä sekä kiristää koko ajan työtahtiaan, asettaa itse itsensä tulosvastuuseen, tuottaa lakkaamatta lisäarvoa tai joustaa jatkuvasti; hän palvelee maallisia isäntiään kuin palvelisi Jumalaa.

Hän pyrkii aina parempaan, oppii koko ajan uutta, ottaa ongelmat omikseen, on valmis vaihtamaan odotuksiansa ja kokee olevansa kokopäivätoiminen asiakaspalvelukeskus; hän ylläpitää itse omaa työmoraaliaan ja kaiken kaikkiaan toimii muutenkin kuin omistaja, joskin ilman omistusosuutta tai osinkoja. Kauppasurkeakoululaitoksen suhteeton laajeneminen ei todellakaan ole mikään sattuma tai vahinko.[33]

Pelin henki on ponnistelujen jatkuva lisääminen, ja urakka on Sisyfoksen urakka; positiivisen ajattelun pakkopaita on vain stoalaisen tuskan kätkemisen uusi kaapu. Sosialistisen työn sankarin palkinto olisi kuulunut näille sotilaille ilman muuta entisessä Neuvostoliitossa.

Tässä katsannossa *Homo Oeconomicus* tahi *Homo Sovieticus* eivät juuri millään tavoilla eroa toisistaan. Molemmat ovat tietoisen kasvatuksen tulosta, samaistuvat kyselemättä ulkoa annettuihin päämääriin sekä antavat kaikki kykynsä suuremmin kyselemättä systeemin käyttöön ja uskovat edistävänsä tällä tavalla myös omaa parastaan.[34]

Itsepetos on jo niin ilmeinen, että ihannekuvaa lähimmäksi päässeistä tulee samalla tuon parodioita; heidän ponnistelujensa perimmäinen tyhjyys liittyy niiden hetkien tyhjyyteen, joina itsensä ja elämänsä uhraava ikiliikkuja joutuu vihdoin väsyneenä pysähtymään elämän tarkoitusta koskevan kysymyksen äärelle.[35]

Tällöin terapeutti tahi valmentaja, tuo oman aikamme ihmisten kalastaja, rientää taas kiireesti paikalle ohjaamaan oikealle tielle, tunkeutuen kysyjän sekä olosuhteiden välille. Rautarouvaa lainaten he kehottavat varomaan omia ajatuksiansa: ajatuksista sekä sanoista tulee pian tapoja ja tottumuksia, jotka taas muuttuvat luonteeksi – ja lopulta *kohtaloksi*.[36]

Tässä hengessä terapeutti, valmentaja tai joku auttajan varjo opettaa myös johtoa organisoimaan arkipäivän keskustelut niin, etteivät nämä johda vääriin kysymyksiin. Väärät kysymykset muotoillaan uudelleen ja peitetään opaskirjallisuuden aina tuoreisiin tarinoihin työn sankareista. Kylmät hypyt kuuluvat asiaan muuallakin kuin uskonnollisten lahkojen kokouksissa, sillä myös markkinatalous todella tarvitsee Stahanovinsa.

Sankareita ei ole silti koskaan ollut olemassa. Sankarit ovat aina satuolentoja, joiden tehtävänä on ilmestyä näyttämölle vasta taistelun tauottua. Sankareista kertovat vain ne, jotka uskovat voittaneensa historiallisen taistelunsa totuudesta. Juuri tuossa taistelussa tarvitaan sankareita, ja sotien siirryttyä kaukaisiin maihin sankarit on etsittävä ennen kaikkea urheilun maailmasta: sota antaa mallin urheilulle, joka valmentaa talouselämään.[37]

Joukkueurheilusta on tullut talouden vertauskuva; se on kuin sotaa, äärimmäistä alistumisen ja toveruuden dialektiikkaa ilman – vain vaivoin peitettyä – väkivaltaa. Siinä tiivistyy kaikki se, mitä kansan tarvitsee taloudesta tietää: joukkue, kilpailu, vastustaja, voitto ja tappio, palkinto, säännöt sekä tuomarit. Sen elementeistä tärkein on tiimi, joukkue: olennaisinta on omien tavoitteiden uhraaminen tämän hyväksi.

Ei ole sellaista selviytymisopasta tai seminaaria, jossa ei esitetä kuvia kitkatta jo toimivista koripallojoukkueista tai muista. Vertauskuvan tulkinta ei ole vaikeata: ainoa kollektiivi, johon yksilö saa samaistua, on täysillä vain voiton eteen töitä tekevä tiimi. Kaikki muut yhteisöllisyyden muodot ovat atavismia. Ne, jotka eivät täysin samaistu tahi sulaudu tiimiin, eivät pääse siihen ylipäätään. Totuuden hetkellä kaikkien on annettava kaikkensa joukkueelle; se on sodan laki, ja se on talouden laki.[38]

Kumpikin näistä vaatii pelisilmää ja sokeaa alistumista, jonka palkkiona on upea elämä, opaskirjallisuus lupa. Joukkueurheilu kasvattaa yksilöä vahvaksi, voittajaksi – sankariksi, jollaiseksi voikin kasvaa vain alistumalla elämänvoimalle sekä luonnonlaeille. Jostakin syystä johtajat itse taas harrastavat joukkueurheilun sijasta golfia, tennistä tai metsästystä, mutta savi ei voi riidellä savenvalajan kanssa.

Elämä tahi maailma ovatkin ehdottomien lakien alaisia, kuin entisaikojen ihmeellisiä kellokoneistoja. Markkinat ovat se sokea kelloseppä, joka tämän koneiston on saanut aikaan – eikä yksilö voi ymmärtää sen salattua viisautta, suuren savenvalajan tekemään saviastiaa.[39] Profeetat ovat sanoneet valituille suoraan sen, mitä työelämän terapeutit taikka valmentajat viestivät muille vertauskuvin ja kertomuksin:

”Ihmisten alistuminen markkinoiden anonyymeille voimille oli se tekijä, joka menneisyydessä teki mahdolliseksi kulttuurin kasvun. Ja juuri alistumalla autamme rakentamaan jotain suurempaa kuin kukaan voi täysin tajuta – – on ehdottomasti vaikeampaa ymmärtää rationaalisella tavalla välttämättömyys alistua voimille, joiden toimintaa emme pysty täysin käsittämään kuin tehdä niin siitä alistuvasta pelosta, jonka uskonto ja taloustieteellisten teorioiden kunnioitus saavat aikaan."[40]

Yksilön on turha yrittää ymmärtää tätä salattua viisautta tahi saviastian kauneutta, vaan ainoastaan alistua toimimaan tämän ehdoilla. Se, joka itsensä alentaa, se ylennetään, myös oman aikamme apostolit lupaavatkin. Myös markkinat vaativat absoluuttista uskoa ja kaiken epäilyn kertakaikkista jättämistä; myös markkinoilla uskolla on ratkaiseva merkitys, sillä ne ovat mitä suurimmassa määrin sosiaalinen luomus ja uskon asia.[41]

Profeettojen mukaan ei ole suuremmin merkitystä sillä, alistuvatko ihmiset taikauskon, nöyryyden tahi uskonnollisen hengen vuoksi vai siksi, että he kunnioittavat liikaa taloustieteen teorioita – kunhan he alistuvat. Markkinoille on sinänsä samantekevää, millaisesta mielen katedraalista sisäiset sankarit ja jättiläiset tulevat; on samantekevää, ammennetaanko usko kyökkipsykologiasta, kristallipallosta vai tarokkikorteista.[42]

Joka tapauksessa kaikista on jälleen tultava kalvinisteja: vain vankkumattoman uskonsa avulla sankari ylittää omat rajansa voidakseen toimia tehokkaammin, tuloksekkaammin ja voitokkaammin pelastuakseen maallisen mammonan kautta. Vain uskon avulla hän voi kasvaa taivaankannen läpi; vain siitä se kellokoneisto, jolle hän on alistunut, on palkitseva häntä ruhtinaallisesti; se on turbokapitalismin credo.[43]

Mikään ei kannusta tähän niin kuin mammona: raha tuo valtaa – ja rajaton raha jo ylimaallista asemaa. Rahakaupan kiiluvasilmäisten kyborgien astronominen ansiotaso onkin nostanut heidät historian päätepysäkille saapuneiksi yli-ihmisiksi: mikään ei maksa heille mitään, ja mikään ei merkitse heille mitään. He ovat jo ostaneet itsensä vapaiksi valtiosta, moraalista sekä muista ihmisistä; heitä pidättelee maan pinnalla enää painovoima. Jos uskontona on raha, mikään ei vahvista uskoa niin kuin oma rikkaus.[44]

He todistavat markkinoiden väkevää voimaa ja varastavatkin mottonsa Matteuksen evankeliumista: "Jo on kirves pantu puitten juurelle; jokainen puu, joka ei tee hyvää hedelmää, siis hakataan pois ja heitetään tuleen."[45]

Epilogi

Kirja on tekijän testamentti kaikille niille johdettaville, joilla on leppymätön libertaarinen sielu. Se on sielu, jota kuvottaa johtamisgurujen jargon, joka peittää enemmän kuin näyttää. Se on sielu, joka ei ole koskaan säyseästi hymyilevä plantaasineekeri; se ei ollut sitä 1800-luvulla eikä se ole sitä tänään. Se on ollut vallanpitäjien sekä vasallien mielestä aina vaarallinen; se oli sitä ennen Karl Marxia ja se oli sitä hänen jälkeensä.

Leppymätön libertaarinen sielu *"ei tahdo seurata eikä liioin johtaa"*. Ilmaus on Nietzschen *Iloisesta tieteestä*, mistä Michel Onfray on poiminut tuon oman filosofiansa johtolauseeksi. Ihminen löytää itsensä teksteistä, ja Onfraylle tekijä saattaa sittenkin olla eniten velkaa, sillä sen alkusanoista hän löytää kaltaisensa suunnilleen seuraavasti tiivistettynä.[46]

Hän on aina varhaisimmista elinvuosistaan alkaen tuntenut sisäisen maailmansa anarkistisen säikeen, joskin vain hyvin hämärästi tahi sekavasti; hän on tuntenut sen osaamatta aluksi edes nimetä tuota sielun syvyyksistä peräisin olevaa erityistä herkkyyttä, joka jo lapsena nousi kohotettua kättä tai varoitukseksi tuotua vitsaa vastaan.

Tämän taipumattomuuden takia auktoriteetti on hänelle täysin sietämätöntä, alistuminen mahdotonta ja riippuvuus elinkelvotonta; pahimmillaan kaikki käskyt, neuvot, pyynnöt, vihjaukset, vaatimukset, ehdotukset, ohjeet sekä määräykset saavat hänet suunniltaan, kuristavat kurkkua taikka vääntävät vatsaa.

Vuosikymmenien jälkeenkin hän voi tuntea vihaisen lapsen heräävän lähes väkivaltaiseen vastarintaan, jos hänen vapaudestaan yritetään varastaa vähänkään. Häntä voivat sietää taikka hänen kanssaan voivat elää vain ne, jotka jotenkin hyväksyvät hänen sielullisen kyvyttömyytensä kestää kenenkään vaikutusvaltaa. Hierarkia on aina hänen helvettinsä.

Tahtomansa häneltä voi toisinaan saada pyytämättäkin, mutta jos hänen vapautensa on vaarassa, häneltä ei saa yhtään mitään. Vapaus on aina kuin virvatuli, mutta vapaus ilman voimavaroja on vain sana ilman sisältöä.

Tekijän tulkinnan mukaan Onrayn profetia onkin tämä: kapinalliset palaavat parrasvaloihin maailmannäyttämöllä. He eivät kuitenkaan enää palaa kommunistisena utopiana taikka kaikkialle tunkeutuvan työn tavaramuotoistumisen universaalina kritiikkinä.

Sen sijaan he palaavat vallankumouksen kiivaana henkenä, joka syntyy jo työn ja pääoman jakosuhteen ikuisesta ristiriidasta: kuinka paljon toisen pitäisi saada toisen kustannuksella ja mihin hintaan? Tämä on se kysymys, jonka johtamisetoriikka niin kiihkeästi haluaa peittää.

Tuo rstiriita taas on ollut olemassa siitä historian hetkestä saakka, kun joku muita voimakkaampi ja väkivaltaisempi mies ensimmäisen kerran keksi kutsua tiettyä maapalaa hänen omakseen. Siitä alkoi eeppinen köydenveto työn ja pääoman välillä – jo kauan ennen Karl Marxin syntymää.

Siitä vapauttaa vasta haudanlepo. Onneksi vain ihminen on itsellensä liian raskas kantaa, kohtalonsa onneton kieltäjä, jonka koko olemassaolo on ongelma vain sille itsellensä. Tämä on tuo Martin Heideggerin tarkoittama *Dasein*, jonka kanssa yli-ihmisen on Jumalan kuoleman jälkeen elettävä.

Toinen vaihtoehto on tarttua uudelleen purppurapergamentteihin. Kaikkien filosofioiden filosofiana ne ainakin opettavat yhä ihmisestä yksinään enemmän kuin koko johtamiskirjallisuus yhteensä.

Pergamentit

Abrahamsson, Bengt (1993) *Why organizations: How and why people organize.* Sage: Newbury Park. Alkuperäisteos: *Varför finns organisationer* 1986.

Adams, Scott (1997) *Dilbertin periaate: pomot, palaverit, johtamistrendit ja muut piinat tavallisen työmyyrän näkökulmasta.* Otava: Keuruu.

Adler-Karlsson, Gunnar (1990) *90-luvun oppikirja: eloonjäämisemme ehdoista.* Gummerus: Jyväskylä.

Ahlman, Erik (1939) *Kulttuurin perustekijöitä: kulttuurifilosofisia tarkasteluja.* Gaudeamus: Jyväskylä.

Airaksinen, Timo (1994) *Arvojen yhteiskunta: erään taistelun kuvaus.* WSOY: Porvoo.

Akerlof, George – Schiller, Robert (2009) *Animal Spirits: How Human Psychology Drives the Economy, and Why It Matters for Global Capitalism.* Princeton University Press. Princeton, NJ.

Alderfer, Clayton, P. (1972) *Existence, Relatedness, and Growth: Human Needs in Organizational Settings.* Free Press: New York.

Alvesson, Mats – Willmott, Hugh (ed.) (1992) *Critical Management Studies.* Biddles: Surrey.

Alvesson, Mats (2014) *The Triumph of Emptiness: Consumption, Higher Education, and Work Organization.* Oxford University Press: Oxford.

Argyris, Chris (1954) *Integrating the Individual and the Organization.* John Wiley & Sons: New York.

Argyris, Chris (1957) *Personality and Organization.* Harper & Row: New York.

Arendt, Hannah (2002) *Vita activa: ihmisenä olemisen ehdot.* Vastapaino: Tampere. Käännös englanninkielisestä versiosta: *The Human Condition.* University of Chicago Press: Chicago 1958.

Arrow, Kenneth (1951) *Social Choice and Individual Values.* Yale University Press: New Haven.

Babiak, Paul – Hare, Robert (2007) *Käärmeet liituraidassa: psykopaatit työelämässä.* Otava: Keuruu.

Bakan, Joel (2010) *Yhtiö: sairaalloinen voiton ja vallan tavoittelu.* Art House: Helsinki.

Banner, David (1987) *Of Paradigm, Transformation and Organizational Effectiveness.* Sage: Thousand Oaks.

Barley, Stephen – Kunda, Gideon (1992) Design and Devotion Surges of Rational and Normative Ideologies of Control in Management Discourse. *Administrative Science Quarterly* 1992: 3, 363-399.

Baritz, Loren (1960) *The Servants of Power: A History of Use of Social Science in American Industry.* John Wiley & Sons: New York.

Barnard, Chester, I. (1968) *The Functions of the Executive.* Alkuperäisteos vuodelta 1938. Harvard University Press: Cambridge/London.

Bauman, Zygmunt (1996) *Postmodernin lumo.* Gummerus: Jyväskylä.

Beck, Ulrich (1990) *Riskiyhteiskunnan vastamyrkyt: organisoitu vastuuttomuus.* Vastapaino: Tampere.

Benjamin, Walter (1985) *Kapitalismus als Religion.* Gesammelte Schriften VI. Suhrkamp: Frankfurt.

Beniger, James, R. (1986) *The Control Revolution: The Technological and Economic Origins of the Information Society.* Harvard University Press: Cambridge, Massachusetts.

Bennis, Warren – Nanus, Burt (1986) *Johtajat ja johtajuus.* Weilin + Göös: Tampere.

Berger, Peter – Luckmann, Thomas (1994) *Todellisuuden sosiaalinen rakentuminen.* Gaudeamus: Helsinki. Alkuteos: *The Social Construction of Reality: A Treatise in the Sosiology of Knowledge* 1979.

Berlin, Isaiah (2001) *Vapaus, ihmisyys ja historia.* Gaudeamus: Helsinki.

Bloch, Ernst (1985) Ennakoitu todellisuus. Mitä on utooppinen ajattelu ja mitä se saa aikaan. Teoksessa: *Utopia, luonto ja uskonto. Johdatusta Ernst Blochin ajatteluun,* toimittaneet Rahkonen, K. – Sironen, E. Gummerus: Jyväskylä.

Blyton, Paul – Turnbull, Peter (eds.) (1992) *Reassessing Human Resource Management.* Sage: London.

Boje, David M. – Gephart, Robert, P. Jr. – Thatchenkery, Tojo, Joseph (eds.) (1995) *Postmodern Management and Organization Theory.* Sage: London.

Botton, Alain de (2012) *Religion for Atheists.* Penguin: London.

Bourdieu, Pierre (1977) *Outline of a Theory of Practice.* Cambridge University Press: Cambridge.

Bourdieu, Pierre (1985) *Sosiologian kysymyksiä.* Vastapaino: Jyväskylä.

Bourdieu, Pierre – Haacke, Hans (1998) *Ajatusten vapaakauppa.* Taide: Helsinki.

Broms, Henri – Paavola, Vesa (1991) *Tarokkijohtaminen: organisaatioiden ikuinen käsikirja.* WSOY: Juva.

Brunsson, Nils (1985) *The Irrational Organization: Irrationality as a Basis for Organizational Action and Change.* Wiley: Chichester.

Brunsson, Nils (1989) *The Organization of Hypocrisy: Talk, Decisions and Actions in Organizations.* John Wiley & Sons: Chichester.

Brunsson, Nils (2006) *Mechanisms of Hope: Maintaining the Dream of the Rational Organization.* Copenhagen Business School Press: Copenhagen.

Brynjolfsson, Erik – McAfee, Andrew (2011) *Race Against The Machine.* Digital Frontier Press: Lexington, Massachusetts.

Bunting, Madeleine (2005) *Willing Slaves: How the Overwork Culture is Ruling Our Lives.* Harper Perennial: London.

Burrell, Gibson (1997) *Pandemonium: Towards a Retro-organization Theory.* Sage: London.

Burrell, Gibson – Morgan, Gareth (1979) *Sociological Paradigms and Organizational Analysis: Elements of the Sociology of Corporate life.* Heinemann: London.

Carlzon, Jan (1986) *Pyramidit nurin!* Gummerus: Jyväskylä.

Chomsky, Noam (2002) *Ideologia ja valta: ideologiakritiikkiä ja vapauden näkökulmia.* Like: Helsinki.

Chydenius, Anders (1929) *Antti Chydeniuksen valitut teokset.* WSOY: Porvoo.

Clausewitz, Karl von (1998) *Sodankäynnistä.* Art House: Helsinki. Alkuperäisteos: *Vom Kriege,* 1832.

Coase, Ronald (1937) The Nature of the Firm. *Economica* 1937: 4, 386-405.

Conger, Jay, A. (1989) *The Charismatic Leader: Behind the Mystique of Exceptional Leadership.* Jossey-Bass: San Francisco.

Covey, Stephen (1989) *The Seven Habits of Highly Effective People.* Simon & Schuster: New York.

Covey, Stephen (2004) *The 8th Habit: From Effectiveness to Greatness.* Free Press: New York.

Csikszentmihalyi, Mihaly (2005) *Flow – Elämän virta.* Rasalas: Helsinki.

Dahrendorf, Ralf (1959) *Class and Class Conflict in Industrial Society.* Stanford University Press: Stanford, California.

Davenport, Thomas, H. (1993) *Process Innovation: Reengineering Work Through Information Technology.* Harvard Business School Press: Boston.

D'Aveni, Richard (1994) *Hypercompetition: Managing the Dynamics of Strategic Maneuvering.* Free Press: New York.

Darwin, Charles (1874): *The Descent of Man, and Selection in Relation to Sex.* John Murray: London.

Dawkins, Richard (1989) *Sokea kelloseppä.* WSOY: Juva.

Dawkins, Richard (2007) *Jumalharha.* Terra Cognita: Helsinki.

Deal, Terence, – Kennedy, Allen (1982) *Corporate Cultures.* Addison-Wesley: Reading.

Derrida (1978) *Writing and Difference.* University of Chicago Press: Chicago.

Donaldson, Lex (1995) *American Anti-Management Theories of Organization: A Critique of Paradigm Proliferation.* Cambridge University Press: Cambridge.

Doz, Yves – Wilson, Keeley (2017) *Ringtone: Exploring the Rise and Fall of Nokia in Mobile Phones.* Oxford University Press: Oxford.

Drucker, Peter, F. (1969) *Käytännän liikkeenjohto.* Tammi: Helsinki. Alkuteos: *Practise of Management: The Most Important Function in an American Society.* Harper & Row: New York 1954.

Ducker, Peter, F. (2005) *Critical Evaluations in Business and Management,* edited by Cunningham, John – Wood, Michael. Routledge: New York.

Dumont, Louis (1966) *Homo hierarchies: essai sur le systeme des castes.* Gallimard: Paris.

Durkheim, Émile (1980) *Uskontoelämän alkeismuodot: australialainen toteemijärjestelmä.* Tammi: Helsinki. Alkuteos: *Les formes élémentaires de la vie religieuse: le système totémique en Australie* 1912.

Eccles, Robert, G. – Nohria, Nitin (1992) *Beyond the Hype: Rediscovering the Essence of Management.* Harvard Business School Press: Harvard.

Ehrenreich, Barbara (2005) *Petetty keskiluokka.* Vastapaino: Tampere.

Einstein, Albert (1999) *Autobiographical Notes.* Translated and edited by Schilpp, Paul Arthur. Open Court: La Salle, Illinois.

Envall, Markku (1990) *Samurai nukkuu.* WSOY: Juva.

Ferguson, Charles (2012) *Rosvojen valtio: yritysten rikolliset, poliittinen korruptio ja Yhdysvaltain kaappaaminen.* Terra Cognita: Helsinki.

Foley, Michael (2010) *The Age of Absurdity: Why Modern Life Makes It Hard to be Happy.* Simon & Schuster: London.

Forrester, Viviane (1999) *The Economic Horror.* Polity Press: Cambridge. Alkuperäisteos: *L'Horreur économique* 1997.

Foucault, Michel (1980) *Tarkkailla ja rangaista.* Otava: Keuruu. Alkuperäisteos: *Surveiller et punir. Naissance de la prison.* Gallimard: Paris 1975.

Foucault, Michel (1998) *Seksuaalisuuden historia.* I Tiedontahto, II Nautintojen käyttö, III Huoli itsestä. Gaudeamus: Tampere.

Foucault, Michel (2004) *Naissance de la biopolitique.* Gallimard: Paris.

Frank, Thomas (2000) *One Market under God: Extreme Capitalism, Market Populism, and the End of Economic Democracy.* Anchor Books: New York.

Frank, Robert – Cook, Philip (2010) *The Winner-Take-All-Society.* Virgin: London.

Fraser, Jill (2001) *White Collar Sweatshops: The Deterioration of Work and Its Rewards in Corporate America.* Norton. New York.

Friedman, Meyer – Rosenman, Ray, H. (1974) *Type A Behavior and Your Heart.* Alfred Knopfler: New York.

Friedman, Milton (1962) *Capitalism and Freedom.* University of Chicago Press: Chicago.

Freud, Sigmund (1982) *Ahdistava kulttuurimme*. Gummerus: Jyväskylä.

Fromm, Erich (1977) *Olla vai omistaa*. Kirjayhtymä Helsinki. Alkuperäisteos: *To Have or to Be?* 1976. Harper & Row: New York.

Fromm, Erich (1993) *Omistamisesta olemiseen*. Kirjayhtymä: Helsinki.

Fukuyama, Francis (1992) *Historian loppu ja viimeinen ihminen*. WSOY: Juva.

Galbraith, John Kenneth (1956) *American Capitalism: The Concept of Countervailing Power*. Houghton Mifflin: New York.

Galbraith, John Kenneth (1984) *Vallan anatomia*. WSOY: Juva.

Geertz, Clifford (1973) *The Interpretation of Cultures*. Basic Books: New York.

Gorz, Andre (1982) *Farewell to the Working Class: An Essay on Post-Industrial Socialism*. Pluto Press: London.

Gouillart, Francis – Kelly, James (1995) *Transforming the Organisation*. McGraw-Hill: New York.

Gracián, Baltasar (1994) *Maallisen viisauden käsikirja*. WSOY: Juva. *Alkuperäisteos: Oráculo manual y arte de prudencia* 1647.

Gramsci, Antonio (1979) *Vankilavihkot*. Kansankulttuuri: Helsinki. Alkuteos: Quaderni del carcere 1975.

Gray, John, N. (1998) *False Dawn: The Delusions of Global Capitalism*. Granta Books: London

Greene, Robert (2009) *Valta: vallankäytön 48 lakia*. Gummerus: Jyväskylä.

Greenspan, Alan (2007) *The Age of Turbulence*. Penguin: New York.

Habermas, Jürgen (1981) *Theorie des kommunikativen Handelns. Vol 1 & 2*. Suhrkamp: Frankfurt.

Hahnel, Robin (2012) *Kilpailusta yhteistyöhön: kohti oikeudenmukaista talousjärjestelmää*. Like: Helsinki.

Halal, William, E. (1986) *The New Capitalism*. John Wiley & Sons: New York.

Hamel, Gary (2009) *Johtamisen tulevaisuus*. Talentum: Helsinki.

Hammer, Michael – Champy, James (1993) *Re-engineering the Corporation: A Manifesto for Business Revolution*. Harper: New York.

Handy, Charles (1989) *The Age of Unreason*. Arrow Books: London.

Handy, Charles (1994) *The Age of Paradox*. Harvard Business School Press: Boston.

Harari, Yuval Noah (2018) *Homo Deus: huomisen lyhyt historia*. Bazar: Helsinki

Hardt, Michael – Negri, Antonio (2005) *Imperiumi*. WSOY: Helsinki.

Hare, Robert, D. (2004) *Ilman omaatuntoa*. Gilgames: Helsinki. Alkuperäisteos: *Without Conscience: The Disturbing World of the Psychopaths Among Us*.

Harisalo, Risto – Miettinen, Ensio (1997) *Klassinen liberalismi*. Tampere University Press: Tampere.

Harvey, David (2008) *Uusliberalismin lyhyt historia*. Vastapaino: Tampere.

Hatch, Mary, Jo – Kostera, Monika – Kozminski, Andrzej (2004) *The Three Faces of Leadership: Manager, Artist, Priest*. Blackwell Publishing: Oxford.

Hayek, Friedrich, A. (1995) *Tie orjuuteen*. Gaudeamus: Helsinki. Alkuperäisteos: *The Road to Serfdom*. Routledge: London 1944.

Hayek, Friedrich, A. (1998) *Kohtalokas ylimieli*. Gummerus: Jyväskylä. Alkuteos: *The Fatal Conceit: The Errors of Socialism* 1988.

Heidegger, Martin (2002) *Silleen jättäminen*. Niin & Näin: Tampere.

Heller, F. – Pusic, H. – Strauss, G. (1998) *Organizational Participation: Myth and Reality*. Oxford University Press: Oxford.

Helsingin Sanomat (2009) Niklas Herlin: Isäni oli kusipää. *Helsingin Sanomat*. 23.9.2009.

Helsingin Sanomat (2009) Suomen rikkain lapsikatras paljastaa uutuuskirjassa perhehelvettinsä. *Helsingin Sanomat.* 24.9.2009.

Helsingin Sanomat (2013) Nokia on johtajiensa pilaama yhtiö. *Helsingin Sanomat.* 14.9.2013.

Herbst, Philip, G. (1976) *Alternatives to Hierarchies.* Martinus Nijhoff: Leiden.

Hersey, Paul – Blanhard, Kenneth, H. (1990) *Tilannejohtaminen: tuloksiin ihmisten avulla.* Gummerus: Jyväskylä.

Herzberg, Frederick (1966) *Work and the Nature of Man.* World Publishing Co: Chicago, Ill.

Hesiodos (2004) *Työt ja päivät.* Tammi: Helsinki. Alkuperäisteos noin 700 eaa.

Hobbes, Thomas (1999) *Leviathan eli kirkollisen ja valtiollisen yhteiskunnan aines, muoto ja valta.* Vastapaino: Tampere. Alkuperäisteos: *Leviathan* 1651.

Hodgkinson, Christopher (1983) *The Philosophy of Leadership.* Basil Blackwell: Oxford.

Hookway, Christopher (1990) *Scepticism.* Routledge: London.

Horkheimer, Max – Adorno, Theodor, W. (1944) *Dialectic of Enlightenment.* Seabury: New York.

Huczynski, Andrzej (1992) *Management Gurus: What Makes Them and How to Become One.* Routledge: London.

Huizinga, Johan (1984) *Leikkivä ihminen: yritys kulttuurin leikkiaineksen määrittelemiseksi.* WSOY: Juva. Alkuperäisteos: *Homo Ludens* 1938.

Hännikäinen, Timo – Melender, Tommi (2012) *Liberalismin petos: esseistinen pamfletti.* WSOY: Juva.

Inglehart, Ronald (1977) *The Silent Revolution: Changing Values and Political Styles Among Western Publics.* Princeton University Press: Princeton.

Isaacson, Walter (2011) *Steve Jobs.* Otava: Helsinki.

Isokallio, Kalle (1996) *Ura putkeen: käsikirja urasta tai edes lastensa urasta kiinnostuneille.* Gummerus: Jyväskylä.

Jackall, Robert (1988) *Moral Mazes: The World of Corporate Managers.* Oxford University Press: New York.

Jameson, Fredrick (1991) *Postmodernism or, The Cultural Logic of Late Capitalism.* Duke University Press: Durham.

Jay, Anthony (1975) *Liikkeenjohto ja Machiavelli.* Tammi: Helsinki.

Jensen, Rolf (1999) *The Dream Society: How the Coming Shift from Information to Imagination Will Transform Your Business.* McGraw-Hill: New York.

Johnson, Spencer (2007) *Kuka vei juustoni? Kesytä muutosvastarintasi - löydä rohkeutesi työssä ja elämässä.* WSOY: Juva. Alkuteos: *Who Moved My Cheese* 1998.

Jung, Alexander (1997) *Die Jobkiller – Wie deutsche Unternehmen Millionen Arbeitsplätze vernichten.* ECON Verlag: Düsseldorf.

Juuti, Pauli (2001) *Johtamispuhe.* PS-kustannus: Jyväskylä.

Juuti, Pauli (2005) *Toivon johtaminen.* Otava: Helsinki.

Kafka, Franz (1990) *Linna.* Otava: Helsinki. Alkuperäisteos: *Das Schloss* 1926.

Kanter, Donald – Mirvis, Philip (1989) *The Cynical Americans: Living and Working in an Age of Discontent and Disillusion.* Jossey-Bass: San Francisco.

Kantola, Anu (2002) *Markkinakuri ja managerivalta: poliittinen hallinta Suomen 1990-luvun talouskriisissä.* Tammer-Paino Oy: Tampere.

Karkama, Pertti (1998) *Kulttuuri ja demokratia: kirjoituksia kulttuurin nykytilasta.* SKS: Helsinki.

Katzenbach, Jon. R. – Smith, Douglas. K. (1993) *Tiimit ja tuloksekas yritys.* Weilin-Göös: Espoo.

Kauppalehti (2017) Vielä kerran Nokian nousu ja tuho. *Kauppalehti* 24.9.2017.

Kay, John (2005) An empty language for empty-headed executives. *Financial Times* 12.7.2005.

Kets de Vries, Manfred (1984) *The Irrational Executive: Psychoanalytic Explorations in Management.* International Universities Press: New York.

Kets de Vries, Manfred (1991a) *Yritysmaailman sankarit ja häviäjät: miksi yksi johtaja onnistuu ja toinen ei.* Weilin & Göös: Hämeenlinna.

Kets de Vries, Manfred (1991b) On Becoming a CEO: Transference and the Addictiveness of Power. In: *Organizations on the Couch*, ed. by Kets de Vries, M. Jossey-Bass: San Francisco.

Kets de Vries, Mandred (2001) *Struggling with the Demon: Perspectives on Individual and Organizational Irrationality.* Psychosocial Press: Madison, Connecticut.

Kets de Vries, Manfred (2003) *Leaders, Fools and Impostors: Essays on the Psychology of Leadership.* iUniverse: Lincoln.

Kets de Vries, Manfred (2007) *Johtaja terapeutin sohvalla.* Edita: Helsinki.

Kets de Vries, Manfred – Miller, Danny (1984) *Neurotic Organization: Diagnosing and Changing Counterproductive Styles of Management.* Jossey-Bass: San Francisco.

Kettunen, Pertti (1997) *Iso pyörä kääntyy: suomalaisen johtamisen erityispiirteitä.* WSOY: Juva.

Kihlman, Christer (1986) *Tuuliajolla tappion maisemissa. Monologi.* Tammi: Helsinki.

Kiianmaa, Antero (1996) *Moderni totemismi: tutkimus työelämästä, solidaarisuudesta ja sosiaalisista verkostoista keskiluokkaistuvassa Suomessa.* Kehityksen Avaimet: Jyväskylä.

Klein, Naomi (2001) *No Logo: tähtäimessä brändivaltiaat.* WSOY: Helsinki.

Klein, Naomi (2008) *Tuhokapitalismin nousu.* WSOY: Helsinki.

Klein, Naomi (2014) *Tämä muuttaa kaiken: kapitalismi vs. ilmasto.* Into Kustannus Oy: Helsinki.

Kivivuori, Janne (1992) *Psykokulttuuri: sosiologinen näkökulma arjen psykologisoitumisen prosessiin.* Hanki ja jää: Helsinki.

Koontz, Harold (1980) The Management Theory Jungle. In: *The Great Writings in Management and Organizational Behaviour.* McGraw-Hill: New York.

Korten, David, C. (1997) *Maailma yhtiöiden vallassa.* Like Kustannus Oy: Helsinki.

Kortteinen, Matti (1992) *Kunnian kenttä: suomalainen palkkatyö kulttuurisena muotona.* Hanki ja Jää: Helsinki.

Kuhn, Thomas, S. (1994) *Tieteellisten vallankumousten rakenne.* Art House: Helsinki. Alkuperäisteos: *The Structure of Scientific Revolutions 1960.*

Kuisma, Markku (2013) *Yksinkertaisuuden ylistys: rahan, vallan ja johtamisen merkillinen maailma.* Siltala: Helsinki.

Küng, Hans (1978) *Existiert Gott?* Piper & Co Verlag: München.

Kuusela, Hanna – Ylönen, Matti (2013) *Konsulttidemokratia.* Gaudeamus: Helsinki.

Lainema, Matti (1993) Uudet vanhat rohdot. *Talouselämä* 1993: 41, 52.

Lanier, Jaron (2013) *Who Owns the Future?* Simon & Schuster: New York.

Lasch, Christopher (1991) *The Culture of Narcissism: American Life in an Age of Diminishing Expectations.* Revised edition. Norton: New York.

Lasch, Christopher (1996) *The Revolt of the Elites and the Betrayal of Democracy.* Norton: New York.

Lazzurato, Maurizio (2014) *Velkaantunut ihminen*. Tutkijaliitto: Helsinki.

Le Bon, Gustave (1912) *Joukkosielu*. Otava: Helsinki. Alkuperäisteos: *Psychologie des foules* 1896.

Legge, Karen (1995) *Human Resource Management: Rhetorics and Realities*. MacMillan: Basingstoke.

Levy, Stephen (1984) *Hackers: Heroes of the Computer Revolution*. Doubleday: New York.

Lewis, Michael (1990) *Valehtelijan pokeri: kovaa peliä Wall Streetillä*. Weilin+Göös: Espoo.

Likert, Rensis (1961) *New Patterns of Management*. McGraw-Hill: New York.

Likert, Rensis (1967) *The Human Organization: Its Management and Value*. McGraw-Hill: New York.

Lindeman-Viitasalo, Marjaana (1995) Miksi uskomme sellaiseen, mikä ei ole totta. Teoksessa: *Toden näköiset harhat*, Lindeman-Viitasalo, M. Duodecim: Helsinki.

Lindholm, Charles (1990) *Charisma*. Basil Blackwell: Oxford.

Locke, John (1995) *Tutkielma hallitusvallasta: tutkimus poliittisen vallan oikeasta alkuperästä, laajuudesta ja tarkoituksesta*. Gaudeamus: Helsinki. Alkuteos: *Two Treatises on Government* 1690.

Lordon, Frédéric (2010) *Rahamyllyt kuriin: kuinka vapautua finanssikriiseistä*. Like: Helsinki.

Luostarinen, Heikki – Väliverronen, Esa (1990) *Tekstinsyöjät: yhteiskuntatieteellisen kirjallisuuden lukutaidosta*. Vastapaino: Tampere.

Luther, Martti (2013) *Iso katekismus*. A. E. Koskenniemen käännös 1964. Suomen luterilainen evankeliumiyhdistys. Helsinki. Alkuteos vuodelta 1529. http://www.evl.fi/tunnustuskirjat/ik/.

Luttwak, *Edward (1999) Turbo-Capitalism: Winners and Losers in the Global Economy*. Harper: New York.

Lyon, David (1988) *Information Society: Issues and Illusions*. Polity Press: New York.

Maccoby, Michael (1977) *The Gamesman: New Corporate Leaders*. Simon & Schuster: New York.

Machiavelli, Niccolo (1990) *Ruhtinas*. WSOY: Juva. Alkuperäisteos: *Il Principe* 1532.

Mangham, Iain – Overington, Michael (1987) *Organizations as Theatre: A Social Psychology of Dramatic Appearances*. John Wiley: London.

Manka, Marja-Liisa – Bordi, Laura – Heikkilä-Tammi, Kirsi (2013) *Perusasioista pieniin ihmeisiin: kuntajohtamisen kuva*. Kunnallisalan kehittämissäätiö: Sastamala.

Marcinko, Richard (1997) *Leadership Secrets of the Rogue Warrior*. Pocket Books: New York.

Marcuse, Herbert (1969) *Yksiulotteinen ihminen: teollisen yhteiskunnan tarkastelua*. Weilin + Göös: Helsinki. Alkuperäisteos: (1964) *One-Dimensional Man*. Beacon Press: Boston.

Maroney, JP (2013) *The Official Blog of JP Maroney*. http://www.jpmaroney.net/

Marx, Karl – Engels, Friedrich (1998) *Kommunistinen manifesti*. Vastapaino: Tampere. Käännetty saksankielisestä painoksesta vuodelta 1890.

Maslow, Abraham (1954) *Motivation and Personality*. 3rd edition 1970. Harper & Row: New York.

Masuda, Yoneji (1981) *The Information Society as Post-Industrial Society*. World Future Society: Bethesda.

McGrath, Alister (2012) *Kristillisen uskon perusteet: johdatus teologiaan*. Kirjapaja: Helsinki.

McGregor, Douglas (1960) *The Human Side of Enterprise*. McGraw-Hill Company: New York.

McLaren, Peter (2009) *Che, Freire ja vallankumouksen pedagogiikka*. Like: Helsinki.

McClelland, David, C. (1975) *Power: The Inner Experience*. Irvington: New York.

McClelland, David, C. (1985) *Human Motivation*. Scott Foresman: Glenview, Ill.

Michaels, Flora, S. (2011) *Monoculture: How One Story is Changing Everything*. Red Clover: Canada.

Michels, Robert (1986) *Puoluelaitos nykyajan demokratiassa*. WSOY: Juva. Alkuperäisteos: *Zur Soziologie des Parteiwesens in der Moderne Demokratie* 1911.

Micklethwait, John – Wooldridge, Adrian (1997) *The Witchdoctors: What the Mana-gement Gurus Are Saying, Why It Matters and How to Make Sense of It.* Heinemann: London.

Micklethwait, John – Wooldridge, Adrian (2005) *The Company: A Short History of a Revolutionary Idea.* Phoenix Paperback: London.

Micklethwait, John – Wooldridge, Adrian (2014) *The Fourth Revolution: The Global Race to Reinvent the State.* Penguin: London.

Miettinen, Ensio – Saarinen, Esa (1991) *Muutostekijä.* WSOY: Juva.

Milgrom, Paul – Roberts, John (1992) *Economics, Organization and Management.* Prentice-Hall: Englewood Cliffs, NJ.

Mill, John, Stuart (1998) *On Liberty.* Oxford World's Classics. Oxford University Press: Oxford. Alkuteos vuodelta 1859.

Miller, Gary, J. (1997) *Managerial Dilemmas. The Political Economy of Hierarchy.* Cambridge University Press: Cambridge.

Mills, C. Wright (1959) *The Sociological Imagination.* Oxford University Press: London. Suomeksi: *Sosiologinen mielikuvitus* 1982.

Mintzberg, Henry (1973) *The Nature of Managerial Work.* Harper & Row: New York.

Moilanen, Hanna, et al (2014) *Uusi osuuskunta – tekijöiden liike.* Into Kustannus: Helsinki.

More, Thomas (1991) *Utopia.* WSOY: Juva. Alkuperäisteos vuodelta 1516.

Morgan, Gareth (1986) *Images of Organization.* Sage: Beverly Hills, CA.

Morris, Desmond (1968) *Alaston apina: eläintieteilijän tutkimus eläimestä nimeltä ihminen.* Otava: Helsinki.

Moss Kanter, Rosabeth (1983) *Change Masters: Corporate Entrepreneurs at Work.* Unwin: London.

Moss Kanter, Rosabeth (1990) *Jättiläisten tanssi: johtamisen ja urakehityksen haasteet 1990-luvulla.* Otava: Keuruu.

Mäkinen, Marco (1995) *Nokia saga: kertomus yrityksestä ja ihmisistä, jotka muuttivat sen.* Gummerus: Jyväskylä.

Nelson, Robert (2001) *Economics as Religion: From Samuelson to Chicago and Beyond.* Penn State Press: Pennsylvania.

Nelson, Robert (2010) *New Holy Wars: Economic Religion vs. Environmental Religion in Contemporary America.* Penn State Press: Pennsylvania.

Neuhart, Al (1989) *Confessions of an S.O.B.* Doubleday: New York.

Nietzsche, Friedrich (1984) *Hyvän ja pahan tuolla puolen.* Alkuperäisteos: *Jenseits von Gut und Böse* 1886. Otava: Keuruu.

Nietzsche, Friedrich (1989) *Iloinen tiede.* Otava: Helsinki. Alkuteos: *Die fröchliche Wissenschaft* 1882.

Nietzsche, Friedrich (1995) *Näin puhui Zarathustra: kirja kaikille eikä kenellekään.* Otava: Keuruu. Alkuperäisteos: *Also sprach Zarathustra* 1883-85.

Nietzsche, Friedrich (2012) Der "Wille zur Macht" – kein Buch von Friedrich Nietzsche, edited by Bernd Jung based on the *Digital Critical Edition of Nietzsche's Works,* 2012/13.

Nordström, Kjell, A. – Ridderstråhle, Jonas (1999) *Funky Business: pelin henki – käytä päätäsi.* Kauppakaari: Helsinki.

Oakeshott, Michael (1962) On Being Conservative. Teoksessa: *Rationalism in Politics and Other Essays.* Methuen: London.

O'Connor, Ellen, S. (1999) The Politics of Management Thought: A Case Study of the Harvard Business School and the Human Relations School. *Academy of Management Review* 1999: 1, 117-131.

OECD (2019) *Under Pressure; The Squeezed Middle Class.* OECD Publishing: Paris.

Ollila, Maija-Riitta (2009) *Lauman valta.* Edita: Helsinki.

Onfray, Michel (2004) *Kapinallisen politiikka: tutkielma vastarinnasta ja taipumattomuudesta.* Euroop-palaisen filosofian seura: Tampere.

Packard, Vance (1962) *The Pyramid Climbers.* McGraw-Hill: New York.

Palmu-Joronen, Anne-Liisa (2009) *Nokia-vuodet: mitä johtamisesta voi oppia.* Atena: Jyväskylä.

Parkinson, C. Northcote (1980) *Parkinsonin lait.* Tammi: Helsinki.

Pasquale, Richard, T. – Athos, Anthony, G. (1981) *The Art of Japanese Management: Applications for American Executives.* Simon & Schuster: New York.

Patomäki, Heikki (2007) *Uusliberalismi Suomessa.* WSOY: Helsinki.

Peale, Norman, Vincent (1987) *Myönteisen ajattelun voima.* Karisto: Hämeenlinna.

Peale, Norman Vincent (1999) *Ole oman onnesi seppä.* Karisto: Hämeenlinna.

Perelman, Chaim (1996) *Retoriikan valtakunta.* Vastapaino: Tampere.

Peter, Laurence – Hull, Raymond (1994) *Peterin Periaate.* WSOY: Juva. Alkuteos: *The Peter Principle* 1969.

Peters, Tom (1990) *Liikkeenjohdon kuolemansynnit.* Artikkelikokoelma. WSOY: Porvoo.

Peters, Tom (1992) *Liberation Management: Necessary Disorganization for the Nanosecond Nineties.* Alfred A. Knopfler: New York.

Peters, Tom (1994) *Tom Peters Seminar: Crazy Times Call for Crazy Organisations.* McMillan: London.

Peters, Tom – Austin, Nancy (1989) *Intohimo menestykseen.* WSOY: Juva.

Peters, Thomas, J. – Waterman, Robert, H. (1982) *In Search of Excellence: Lessons from American Best-Run Companies.* Harper & Row: New York. Suomennos: *Menestyksen profiileja.* Rastor: Helsinki 1983.

Pfeffer, Jeffrey (1994) *Competitive Advantage through People: Unleashing the Power of The Work Force.* Harvard Business School Press: Boston, Mass.

Pinchot, Gifford – Pinchot, Elisabeth (1994) *The End of Bureaucracy and The Rise of the Intelligent Organization.* Berret-Koehler: San Francisco.

Pinomaa (1965) *Teologia etsii suuntaa. Yhdentoista aikamme teologin elämäntyö.* WSOY: Porvoo.

Pirsig, Robert (1986) *Zen ja moottoripyörän kunnossapito. Tutkimusmatka arvojen maailmaan.* WSOY: Juva.

Pirsig, Robert (1991) *Lila. Tutkimusmatka moraalin maailmaan.* WSOY: Juva.

Platon (1981) *Valtio.* Otava: Keuruu.

Polanyi, Karl (2009) *Suuri murros: aikakautemme poliittiset ja taloudelliset juuret.* Vastapaino: Tampere. Alkuteos: *The Great Transformation* 1944.

Pritchett, Price (1995) *Uudet työtavat radikaalien muutosten maailmassa: henkilöstön käsikirja – 13 menestyssääntöä tietoaikakaudelle.* Rastor: Helsinki.

Pursiainen, Terho (1997) *Isänmaallisuus.* Gaudeamus: Tampere.

Pyysiäinen, Ilkka (2010) *Jumalaa ei ole.* Vastapaino: Tampere.

Raamattu. Suomen evankelisluterilaisen kirkon vuoden 1933 kirkolliskokouksen käyttöön ottama Vanhan testamentin sekä 1938 kirkolliskokouksen käyttöön ottama Uuden testamentin suomennos.

Rand, Ayn (1957) *Atlas Shrugged.* Penguin: New York.

Rehn, Alf (2010) *Vaaralliset ideat: kun sopimaton ajattelu on tärkein voimavarasi.* Talentum: Helsinki.

Reich, Robert, B. (1995) *The Work of Nations: Preparing Ourselves for the 21st Century.* Alfred Knopfler: New York.

Reich, Robert, B. (2016) *Saving Capitalism.* Vintage Books: New York.

Rifkin, Jeremy (1997) *Työn loppu.* WSOY: Helsinki. Alkuperäisteos: *The End of Work: The Decline of The Global Labor Force and Dawn of the Post-Market Era.* Putnam: New York.

Robbins, Anthony (1987) *Unlimited Power.* Simon & Schuster: New York.

Robbins, Anthony (1991) *Awaken the Giant Within.* Simon & Schuster: New York.

Rotterdamilainen, Erasmus (1998) *Tyhmyyden ylistys.* Karisto: Hämeenlinna. Alkuperäisteos: *Moriae Enconium* 1511.

Rousseau, Jean-Jacques (2000) *Tutkielma ihmisten välisen eriarvoisuuden alkuperästä ja perusteista.* Vastapaino: Tampere. Alkuperäisteos: *Discours sur l'origine et les fondements de l'inégalité parmi les homes* vuodelta 1755.

Russell, Bertrand (1992) *Länsimaisen filosofian historia: poliittisten ja sosiaalisten olosuhteiden yhteydessä varhaisimmista ajoista nykyaikaan asti.* WSOY: Porvoo.

Saarinen, Esa (1989) *Länsimaisen filosofian historia huipulta huipulle Sokrateesta Marxiin.* WSOY: Juva.

Saint-Martin, Denis (2004) *Building the new Managerialist State: Consultants and the Politics of Public Sector Reform in Comparative Perspective.* Oxford University Press: Oxford.

Sandemose, Aksel (1965) *Pakolainen ylittää jälkensä.* Gummerus: Jyväskylä. Alkuperäisteos: *En flykting korsar sitt spår* 1933.

Sartti, Seija (1991) Pomojen korulauseet vääntyvät irvikuvikseen. *Helsingin Sanomat. Kuukausiliite* 1991: 1.

Schopenhauer, Arthur (1989) *Pessimistin elämänviisaus – valittuja lukuja Schopenhauerin teoksista.* WSOY: Porvoo.

Scott, Andrew (1994) *Willing Slaves: British Workers under Human Resource Management.* Cambridge University Press: Cambridge.

Schein, Edgar, H. (1991) *Organisaatiokulttuuri ja johtaminen.* Weilin+Göös: Espoo. Alkuperäisteos: *Organizational Culture and Leadership* 1985.

Schumpeter, Joseph, A. (1947) *Capitalism, Socialism, and Democracy.* Harper & Row: New York.

Scruton, Roger (1989) *Kant.* Oxford University Press: Oxford.

Scruton, Roger (2010) *The Uses of Pessimism and the Danger of False Hope.* Oxford University Press: Oxford.

Sennett, Richard (1998) *The Corrosion of Character: The Consequences of Work in the New Capitalism.* W. W. Norton: New York. Suomennos: *Työn uusi järjestys. Miten uusi kapitalismi kuluttaa ihmisen luonnetta* 2002. Vastapaino: Tampere.

Shapiro, Carl – Varian, Hal, R. (1998) *Information Rules: A Strategic Guide to the Network Economy.* Harvard Business School Press: Harvard.

Shaxson, Nicholas (2012) *Aarresaaret: miehet jotka ryöstivät maailman.* Into Kustannus Oy: Helsinki.

Sievers, Burkard (1994) *Work, Death and Life Itself: Essays on Management and Organization.* Walter de Gruyter: Berlin.

Siimes, Suvi-Anne (2007) *Politiikan julkisivu.* Otava: Helsinki.

Siltala, Juha (2004) *Työelämän huonontumisen lyhyt historia.* Uusi laitos vuonna 2007. Otava: Keuruu.

Siltala, Juha (2008) Uuden julkishallinnon (NPM) ristiriidat. *Kunnallistieteellinen aikakauskirja* 2008; 4, 435-454.

Simon, Herbert, A. (1979) *Päätöksenteko ja hallinto*. Weilin+Göös: Espoo. Alkuperäisteos: *Administrative Behaviour: A Study of Decision-Making Process in Administrative Organization* 1947. Free Press: New York.

Simon, John (2009) *Koneen ruhtinas: Pekka Herlinin elämä*. Otava: Helsinki.

Sinclair, Amanda (1992) The Tyranny of a Team Ideology. *Organization Studies* 1992: 4, 611-626.

Smith, Adam (1933) *Kansojen varallisuus: tutkimus sen olemuksesta ja tekijöistä*. WSOY: Porvoo. Alkuperäisteos: *An Inquiry into the Nature and Causes of Wealth of Nations* 1776.

Smith, Adam (2003) *Moraalituntojen teoria*. Gummerus: Jyväskylä. Alkuperäisteos: *The Theory of Moral Sentiments*. Liberty Classics: Indianapolis 1982. Alkuperäisteos vuodelta 1759.

Snow, Charles, Percy (1993) *The Two Cultures*. Cambridge University Press: Cambridge. Alkuteos 1959. Suomeksi: *Kaksi kulttuuria*. Terra Cognita 1998.

Soininvaara, Osmo (2007) *Vauraus ja aika*. Teos: Helsinki.

Soros, George (1999) *Kansainvälisen kapitalismin kriisi: avoin yhteiskunta uhattuna*. Tammi: Helsinki.

Standing, Guy (2011). *The Precariat: The New Dangerous Class*. Bloomsbury: London.

Standing, Guy (2017) *The Corruption of Capitalism*. Biteback Publishing: London.

Steinbock, Dan (1980) *Sisäistetty herruus: politisoituneen luonteenrakenteen kritiikkiä*. Kustannusosakeyhtiö Otava: Keuruu.

Stiglitz, Joseph (2004) *Globalisaation sivutuotteet*. Like: Helsinki.

Stirner, Max (2005) *The Ego and Its Own: The Case of the Individual against Authority*. Dover Publications: London. Alkuteos: *Der Einzige und sein Eigentum* 1844.

Surowiecki, James (2005) *The Wisdom of Crowds*. Anchor Books: New York.

Taleb, Nassim (2010) *Musta Joutsen: erittäin epätodennäköisen vaikutus*. Terra Cognita: Helsinki.

Tapscott, Don (2010) *Syntyneet digiaikaan: sosiaalisen median kasvatit*. Docendo: Jyväskylä.

Taylor, Frederick (1911) *The Principles of Scientific Management*. Harper: New York.

Taylor, Charles (1989) *Sources of the Self: The Making of the Modern Identity*. Harvard University Press: Harvard.

Tett, Gillian (2009) *Fool's Gold: How Unrestrained Greed Corrupted a Dream, Shattered Global Markets and Unleashed a Catastrophe*. Abacus: London.

Thurow, Lester (1996) *The Future of Capitalism*. Penguin: New York.

Tienari, Janne – Piekkari, Rebecca (2011) *Z ja epäjohtaminen*. Talentum: Helsinki.

Tocqueville, Alexis de (1969) *Democracy in America*. Anchor Books: Garden City. Alkuperäisteos: *La Démocratie en Amérique* I (1835) and II (1840).

Tocquecille, Alexis de (1866) *Euvres completes, tome 9*. Michel Lévy Frères: Paris.

Toffler, Alvin (1991) *Suuri käänne*. Otava: Keuruu.

Uschanov, Tommi (2008) *Mikä vasemmistoa vaivaa?* Gummerus: Jyväskylä.

V (1997) *The Mafia Manager: A Guide to the Corporate Machiavelli*. St. Martins Press: New York.

Valtiovarainministeriö (2011) *Entä jos: näkökulmia ja ideoita innovatiivisen hallinnon rakentamiseen*. Valtiovarainministeriön julkaisuja 41/2011.

Varoufakis, Yanis (2014) *Maailmantalouden Minotaurus*. Vastapaino: Tampere.

Veblen, Thorstein (1998) *Teoria joutilaasta luokasta.* Gaudeamus: Helsinki. Alkuteos: *The Theory of the Leisure Class* 1899.

Virtanen, Petri – Stenvall, Jari (2010) *Julkinen johtaminen.* Tietosanoma: Helsinki.

Vähämäki, Jussi (2003) *Kuhnurien kerho: vanhan työn paheista uuden hyveiksi.* Tutkijaliitto: Helsinki.

Wahlroos, Björn (2012) *Markkinat ja demokratia: loppu enemmistön tyrannialle.* Otava: Helsinki.

Weber, Max (1947) *The Theory of Social and Economic Organization.* Paperback Edition Free Press: New York 1964.

Weber, Max (1980) *Protestanttinen etiikka ja kapitalismin henki.* WSOY: Juva. Alkuteos: *Die protestantische Ethik und der Geist des Kapitalismus* 1904-1905.

Whyte, William, H. (1956) *The Organization Man.* 2nd edition 1969. Doubleday: New York.

Wilde, Oscar (2001) *Ihmissielu sosialismissa.* Nastamuumio: Helsinki. Alkuperäisteos: *Soul of Man under Socialism* 1891.

Williamson, Oliver, E. (1975) *Markets and Hierarchies: Analysis and Antitrust Implications.* Free Press: New York.

Wright, Georg Henrik von (1989) *Ajatus ja julistus.* WSOY: Juva.

Wright, Georg Henrik von (1992) *Minervan pöllö.* Otava: Helsinki.

Wriston, Walter (1992) *The Twilight of Sovereignty: How the Information Revolution is Transforming Our World.* Schribner's: New York.

Zizek, Slavoj (2008) *Violence: Six Sideways Reflections.* Profile Books: London.

Zuboff, Shoshana (1990) *Viisaan koneen aikakausi: uusi tietotekniikka ja yritystoiminta.* Otava: Keuruu.

Yergin, Daniel – Stanislaw, Joseph (1998) *The Commanding Heights: The Battle Between Government and the Marketplace.* Simon & Schuster: New York.

Viittaukset

Prologi

[1] Hännikäinen – Melender, 2012; Isaacson, 2011
[2] Muun muassa Isaacson, 2011
[3] Ibid.
[4] Machiavelli, 1990, 63-71; vertaa Hatch, el al, 2004
[5] Mangham – Overington, 1987; Hatch, et al., 2004; vrt. Kets de Vries, 2001, 121-156; Broms – Paavola, 1991

Kerettiläisen credo

[1] Arendt, 2002, 15-19; vrt. Hesiodos, 2004. Sosiologi on Ralf Dahrendorf (1959); kirjailija on Albert Camus.
[2] Mintzberg,1973; Peters, 1990, 57
[3] Koontz, 1980; vertaa Handy, 1989; 1994; Brunsson, 1985
[4] Bennis – Nanus, 1986; tekijä itse; ajatus peräisin Baumanilta, 1996
[5] Ibid; Isokallio, 1996
[6] Bourdieu, 1985; Baritz, 1960; Weber, 1964; Kivivuori, 1992
[7] Huczynski, 1992; Micklethwait – Woolridge, 1997; Tienari – Piekkari, 2011
[8] Lainema, 1993; Micklethwait – Woolridge, 1997; Saarnaaja 1: 13-14, 17-18
[9] Heidegger, 2002
[10] Siimes, 2007
[11] Wahlroos, 2012, 32.
[12] Sandemose, 1965; Kantola, 2002, 107-110; 143-152; Siltala, 2004; Kuisma, 2013
[13] Saarnaaja 1: 13-14, 17-18
[14] Kurt Gödel; teoksessa Soros, 1999, 46; vertaa Pirsig, 1986; 1995
[15] von Wright, 1992, 132
[16] Küng, 1978: *Existiert Gott*; Jaakob; Jaak. 1: 6-8
[17] Frank, 2000
[18] Hännikäinen – Melender, 2012, 70-75; Foley, 2010; Ehrenreich, 2005; Palmu-Joronen, 2009, 252-259
[19] JP Maroney; teoksessa Hännikäinen – Melender, 2012, 70-81; katso Maroneyn kotisivut.
[20] Oakeshott, 1962; Hännikäinen – Melender, 2012; Schopenhauer, 1989
[21] Scruton, 2010; vertaa Hookway, 1990; Schopenhauer, 1989
[22] Esimerkiksi Sievers, 1994
[23] Kets de Vries, 2001; vertaa Alvesson – Willmott, 1992
[24] Rehn, 2010; George Orwellin ehdotus *Eläinten vallankumouksen* esipuheeksi vuodelta 1945.
[25] Marcuse, 1964; 1969: *Yksiulotteinen ihminen* ja "kieltävä ajattelu"; Wilde, 2001, 5; 1891
[26] Mills, 1959: *The Sociological Imagination*; Eagleton, 2012: Karl Marx *Pääomasta*.

Saarnaaja, Sokrates ja muutos

[1] Tienari – Piekkari, 2011, 7-31
[2] Nordström – Ridderstråhle, 1999
[3] Tienari – Piekkari, 2011, 7-31; vertaa Rehn, 2010
[4] Micklethwait – Woolridge, 1997
[5] Micklethwait – Woolridge, 1997; vertaa myös Huczynski, 1992
[6] Bourdieu – Haacke, 1998
[7] Bourdieu – Haacke, 1998
[8] Saarnaaja 1: 9-10
[9] Saarinen, 1989; vertaa Russell, 1992
[10] Saarinen, 1989; vertaa Russell, 1992
[11] Platon, 1981, 346
[12] Platon, 1981, 71-74
[13] Platon, 1981, 71-74
[14] Barnard, 1968; 1938
[15] Hodgkinson, 1983; McGregor, 1960
[16] Alvesson – Willmott, 1992; Hodgkinson, 1983
[17] Kuusela – Ylönen, 2013; Kuisma, 2013; Frank, 2000; Micklethwait – Woolridge, 1997
[18] Gramsci, 1979; Frank, 2000
[19] Berger – Luckmann, 1994, 120-133; 1979; Morgan, 1986
[20] Berger – Luckmann, 1994, 131; 1979; Morgan, 1986
[21] Burrell, 1997
[22] Broms – Paavola, 1991
[23] Sartti, 1991; vertaa Jackall, 1981; Kets de Vries – Miller, 1984; Brunsson, 1985; 1989
[24] Sartti, 1991; vertaa Jackall, 1981; Kets de Vries – Miller, 1984; Brunsson, 1985; 1989

[25] Vertaa Sartti 1991; Siltala, 2008; Jackall, 1981
[26] Jay, 1975, 167-173; vertaa Greene, 2009
[27] Sartti, 1991; vertaa Jackall, 1981; Kets de Vries – Miller, 1984; Brunsson, 1985; 1989
[28] Parkinson, 1980; Peter – Hull, 1994
[29] Sartti, 1991; vertaa Mangham – Overington, 1987; Kets de Vries, 2001, 121-156; Machiavelli, 1990
[30] Parkinson, 1980; Jackall, 1981; Sartti, 1991
[31] Sofokles: Antigone
[32] Greene, 2009; Kets de Vries, 1991b; McClelland, 1975
[33] Kasarmikulttuurista Miettinen – Saarinen, 1990; muutoksen mestareista Moss-Kanter, 1983
[34] Siltala, 2004; Ortner, 2006
[35] Vertaa Parkinson, 1980; Peter – Hull, 1994; Sartti, 1991
[36] Ortner, 2006
[37] Ortner, 2006; Whyte, 1956, *The Organization Man*; Gracian, 1994; 1647; Packard, 1962; Maccoby, 1977
[38] Sievers, 1994; Heller, et al., 1990
[39] Alvesson, 1987; Sievers, 1994; Pfeffer, 1994; Brunsson, 1989
[40] Manka, et al., 2013
[41] Helsingin Sanomat, 14.9.2013; Palmu-Joronen, 2009; Mäkinen, 1995: *Nokia saga*
[42] Doz – Wilson, 2017; viittaus General Electric -yhtiöön sekä sen pääjohtaja Jack Welchiin.
[43] Helsingin Sanomat, 14.9.2013; Doz – Wilson, 2017
[44] Helsingin Sanomat, 14.9.2013; Kauppalehti 24.9.2017; Palmu-Joronen, 2009; vrt. Doz – Wilson, 2017
[45] Barley – Kunda, 1992; Bagehot; siteerattu teoksessa Jay, 1975, 206; vertaa Schumpeter, 1947
[46] Siltala, 2004, 220-221
[47] O'Connor, 1999; Frank, 2000; Alvesson, 2014; vertaa Beck, 1990

Johtamiskirjallisuuden julistus

[1] Eccles – Nohria, 1992; vertaa Kettunen, 1992
[2] Juuti, 2001; Likert, 1961; Kuisma, 2013
[3] Eccles – Nohria, 1992; Kettunen, 1997; Juuti, 2001
[4] Peters, 1992; Pinchot – Pinchot, 1994
[5] Galbraith, 1984; vertaa Miller, 1997; Milgrom – Roberts, 1992
[6] Galbraith, 1984; vertaa Miller, 1997; Milgrom – Roberts, 1992; Michels, 1986; 1911
[7] Galbraith, 1984; vertaa Kets de Vries – Miller, 1984
[8] Parkinson, 1980, 186-198; vertaa Kets de Vries, 2001, 95-120; Whyte, 1956
[9] Parkinson, 1980, 186-198; vertaa Ehrenreich, 2005
[10] Parkinson, 1980, 186-198; vertaa Peter – Hull, 1994; Platon, 1981
[11] Parkinson, 1980, 186-198
[12] Sandemose (1965; 1933): Älä luule, että sinä olet jotain; älä luule, että sinä olet enemmän kuin me.
[13] Jay, 1975, 82-96; Kettunen, 1997; vertaa Rehn, 2010
[14] Nietzsche, 1989, 31
[15] Kettunen, 1997. Viittauksen konteksti ei tee täysin oikeutta Kettusen teokselle.
[16] Rehn, 2010
[17] Bloch, 1985; vertaa Brunsson, 2006
[18] Bloch, 1985; vertaa Brunsson, 2006
[19] Kettunen, 1997; Brunsson, 2006
[20] Juuti (2005) *Toivon johtaminen;* Brunsson (2006) *Mechanisms of Hope*
[21] Valtiovarainministeriö, 2012
[22] Valtiovarainministeriö, 2012
[23] Sartti, 1991; Kuisma, 2013, 79
[24] Parkinson, 1980; Peter – Hull, 1994; Micklethwait – Woolridge, 2014: byrokratia voi paksusti.
[25] Siltala, 2008; Kuisma, 2013; Gray, 1998
[26] Legge, 2005; Nietzsche, 1984, kpl 1; Akerlof – Schiller, 2009; Kets de Vries, 1984; 2003
[27] Klein, 2008; Siltala, 2004; vertaa Snow, 1993; Gray, 1998; Taleb, 2010; Kets de Vries, 2003
[28] Vertaa Kantola, 2002; Siltala, 2004; Machiavelli, 1990; Kets de Vries, 2003
[29] Harvey, 2008, 81-108; Siltala, 2008, 436; Kuusela – Ylönen, 2013.
[30] Weber, 1947; Abrahamsson, 1993
[31] Abrahamsson, 1993; klassisesta Weberin byrokratiateorian kritiikistä Gouldner, 1954; Crozier, 1964
[32] Simon, 1979; 1947; Jay, 1975, 82-96
[33] Weber, 1980
[34] Smith, 1982; Tässä käytetty on Wahlroosin (2012, 147-148) käännöstä.
[35] Toffler, 1991
[36] Vertaa Pinchot – Pinchot, 1994; Kuusela – Ylönen, 2013
[37] Kuusela – Ylönen, 2013; Kuisma, 2013; vertaa Peters, 1992, 14
[38] Tienari – Piekkari, 2011, 7-31
[39] Tienari – Piekkari, 2011, 7-31

[40] Tapscott, 2010
[41] Tienari – Piekkari, 2011, 7-31; vertaa Hamel, 2009
[42] Hamel, 2009; vertaa Inglehart, 1977; Peters, 1992

Pankkiirin taivas ja maa

[1] Kettunen, 1997
[2] Kanter – Mirvis, 1989; vrt. Halal, 1986; Pinchot, 1994; Calzon, 1986; Herbst, 1976; Peters, 1992.
[3] Whyte, 1956; Donaldson, 1995; vertaa Hamel, 2009; Tienari – Piekkari, 2011, 7-31
[4] Ilmaus on Envallin (1990) aforismikokoelmasta, mutta se voisi yhtä hyvin olla Wahlroosin (2012) kirjasta.
[5] Wahlroos, 2012, 32. Paria poikkeusta lukuun ottamatta kirjassa ei viitata elossa oleviin nimeltä.
[6] Vertaa Kiianmaa (1996) *Moderni totemismi.*
[7] Gorz, 1982
[8] Airaksinen, 1994
[9] Vähämäki, 1993
[10] Wahlroos, 2012
[11] Wahlroos 8.3.1985: "Morgondagen är marknadens!"; referoitu Wahlroosin (2012, 80-108) esitystä.
[12] Wahlroos, 2012
[13] Sokea kelloseppä on ateisti Richard Dawkinsin (1989) metafora, joka sopii kuvaamaan myös markkinoita.
[14] Hayek, 1998, 97; Hayekista käytetään nimitystä profeetta läpi koko kirjoituksen.
[15] Hayek, 1998, 97
[16] Jo Adam Smith pohti tätä kysymystä; vertaa Milgrom – Roberts, 1992; Wahlroos, 2012, 209-241
[17] Coase, 1937; Williamson, 1975; vertaa Wahlroos, 2012, 209-241
[18] Miller, 1997
[19] Coase, 1937; Williamson, 1975
[20] Seuraavassa on jälleen referoitu Wahlroosia (2012, 9-30, 80-108).
[21] Vertaa Galbraith, 1956
[22] Wahlroos, 2012, 9-30
[23] Wahlroos, 2012, 80-108; vertaa myös Micklethwait – Woolridge, 2005.
[24] Ibid.
[25] Ibid.
[26] Sitran yliasiamies Mikko Kosonen teoksessa Kuusela – Ylönen, 2013, 34; vertaa Patomäki, 2007
[27] Kuusela – Ylönen, 2013; Siltala, 2008; Patomäki, 2007; vertaa Virtanen – Stenvall, 2010
[28] Siltala, 2008; Valtioneuvoston tiedote 182/2013, 11.11.2013
[29] Siltala, 2008; vertaa Klein, 2008
[30] Kuusela – Ylönen, 2013, 7-51
[31] Kuusela – Ylönen, 2013, 7-51; vertaa Frank, 2000, 240-251; Ehrenreich, 2005; Karkama, 1998
[32] Kuusela – Ylönen, 2013, 7-51; vertaa Kay, 2005; Siltala, 2008
[33] Siltala, 2008; Saint-Martin, 2004; Kantola, 2002; Klein, 2001
[34] Frank, 2000; Kuusela – Ylönen, 2013, 7-51
[35] Kuusela – Ylönen, 2013, 7-51; vertaa Siltala, 2008
[36] Kuusela – Ylönen, 2013, 7-51; vertaa Chomsky, 2002
[37] Sanonta esiintyy Leninin nimissä, joskaan ei tiettävästi hänen teoksissaan.
[38] Wahlroos, 2012, 321; vertaa Chomsky (2002, 338, 359-360), joka puhuu "yksityisistä tyrannioista".
[39] Klein, 2008; Bakan, 2011; Shaxson, 2012.
[40] Kuusela – Ylönen, 2013, 7-51; Marx – Engels, 1998
[41] Klein, 2008; Siltala, 2004; Bakan, 2010, 75-89
[42] Kuisma, 2013; vertaa Micklethwaith – Woolridge, 2014.
[43] Siltala, 2004; Kuusela – Ylönen, 2013; Klein, 2008; Kuisma, 2013; Micklethwait – Woolridge, 2014

Työelämän eksyneet lampaat

[1] Kantola, 2002, 185-265; vertaa Kuusela – Ylönen, 2013; Siltala, 2008; Virtanen – Stenvall, 2010
[2] Kantola, 2002, 143-152, 185-249, 281-286; vertaa Saint-Martin, 2004
[3] Kantola, 2002, 143-152, 185-249, 281-286
[4] Kantola, 2002; vertaa Kuusela – Ylönen, 2013; Frank, 2000, 299-303
[5] Vertaa Nelson, 2001
[6] Soros, 1999; vertaa Taleb, 2011; Nelson, 2001; Kantola, 2002, 292-295
[7] Soros, 1999, kappale 2; vertaa Taleb, 2011
[8] Soros, 1999, kappale 2; vertaa Taleb, 2011; Stiglitz, 2004; Kantola, 2002
[9] Kantola, 2002, 264-265; vertaa Saint-Martin, 2004; Nelson, 2001; Patomäki, 2007
[10] Kantola, 2002, 264-265; totuuden politiikan ajatus periytyy jo Bakuninilta (ks. Chomsky, 2002, 37)
[11] Kantola, 2002, 143-152; vertaa Smith, 1933; 2003; Lasch, 1991
[12] Hännikäinen – Melender, 2012; vertaa Steinbock, 1980; Lasch, 1991
[13] Foucault, 1980; Kantola, 2002; Zuboff, 1990

[14] Muun muassa Zuboff, 1990; Beniger, 1986
[15] Ibid.
[16] Steinbock, 1980; Alvesson – Willmott, 1992
[17] Siltala, 2008; 2004
[18] Sinclair, 1992
[19] Esimerkiksi Katzenbach – Smith, 1992
[20] Siltala, 2004, 389-407
[21] Siltala, 2004, 389-407; vertaa Ehrenreich, 2005
[22] Siltala, 2004, 389-407
[23] Surowiecki, 2005
[24] Surowiecki, 2005; vertaa Ollila, 2009; Hännikäinen – Melender, 2012, 103-110
[25] Sennett, 1998; vertaa Siltala, 2008; Marcuse, 1969; 1964
[26] Seuraavassa on tiivistetty Le Bonin (1912) klassisen esityksen pääsisältö vapaasti tulkiten.
[27] Le Bon, 1912; vertaa myös Marcuse, 1969; 1964
[28] Perelman, 1996; Matteus 13: 33
[29] Kets de Vries, 1991a; Le Bon, 1912
[30] Siltala, 2004
[31] Frank, 2000
[32] Kantola, 2002, 155-160, 301-303
[33] Kantola, 2002, 155-160, 301-303
[34] Galbraith, 1984, 51-59; vertaa Abrahamsson, 1993; Miller, 1997; Milgrom – Roberts, 1992
[35] Galbraith, 1984, 67-84; vertaa Abrahamsson, 1993; Miller, 1997; Milgrom – Roberts, 1992
[36] Galbraith, 1984, 67-84; vertaa Blyton – Turnbull, 1992; Legge, 1995
[37] Vertaa myös Miller, 1997; Milgrom – Roberts, 1992
[38] Whyte, 1956; Packard, 1962
[39] Galbraith, 1984; vertaa Miller, 1997; Milgrom – Roberts, 1992
[40] Siltala, 2008; vertaa Berger – Luckmann, 1994; 1979
[41] Galbraith, 1984; vertaa Miller, 1997; Berger – Luckmann, 1994, 120-133; 1979
[42] Kantola, 2002, 155-160; Hatch, et al., 2004; maallisesta papistosta Chomsky, 2002, 42; vertaa Berlin, 2001
[43] Ehrenreich, 2005, 20, 197-198; Jay, 1975, 76-77
[44] Ehrenreich, 2005, 197-198; vertaa Jackall, 1981
[45] Ehrenreich, 2005, 219-243; vertaa Karkama, 1998
[46] Ehrenreich, 2005, 219-243; vertaa Siltala, 2004; Argyris, 1954
[47] Jackall, 1981; vertaa Blyton – Turnbull, 1992; Legge, 1995
[48] Apostoli Paavali; Kol. 3: 22; Ef. 6: 22
[49] Galbraith, 1984, 45-47; Kantola, 2002, 155-160; vertaa Ehrenreich, 2005; Bunting, 2005; Sennett, 1998
[50] Siltala, 2004; Karkama, 1998; vertaa Covey, 1989; Prichett, 1995
[51] Frank, 2000, 240-251; vertaa esimerkiksi Prichett, 1995
[52] Prichett, 1995; Covey, 1989; Pinchot – Pinchot, 1994; Robbins, 1987; 1991
[53] Siltala, 2004; Frank, 2000
[54] Chomky, 2002, 338-341; Ehrenreich, 2005; vertaa Rifkin, 1997; Reich, 1995; Dan. 2:1-12

Johtamisen pahan tiedon puu

[1] Dumont, 1966; Marx – Engels, 1998, 36; Darwin, 1874, loppusanoissa; Nietzsche, 1995; 1984
[2] Morris, 1968, 142-180
[3] Ibid.
[4] Ibid.
[5] Hobbes, 1999; 1651; Pursiainen, 1997
[6] Vertaa Rousseau, 2000; 1755
[7] Pursiainen, 1997
[8] Michels, 1986; 1911
[9] Michels, 1986; 1911
[10] Dumont, 1966
[11] Adler-Karlsson, 1990
[12] Michels, 1986
[13] Michels, 1986; vertaa Weber, 1947; Galbraith, 1984; Miller, 1997; Wahlroos, 2012
[14] Michels, 1986; vertaa von Wright, 1989, 91-98; Dostojevski, 1989
[15] Michels, 1986; Morris, 1986; lainaus Darwin, 1874, loppusanoissa
[16] Nietzsche, 1984, 134
[17] Whyte, 1956; Alvesson – Willmott, 1992; Habermas, 1981
[18] Arrow, 1951; vertaa Miller, 1997; Milgrom – Roberts, 1992
[19] Hobbes, 1999; 1651
[20] Huizinga, 1984, 117-118; vertaa Morris, 1968, 170-171
[21] Huizinga, 1984, 117-118; vertaa Morris, 1986, 170-171

[22] Adler- Karlsson, 1990; vertaa McClelland, 1975; 1985; Friedman – Rosenman, 1974
[23] Adler-Karlsson, 1990
[24] Walter Bagehot; lainattu teoksessa Jay, 1975, 206; vertaa Schumpeter, 1947.
[25] Machiavelli, 1990, 57-59
[26] Ibid.
[27] Adler-Karlsson, 1990
[28] Adler-Karlsson, 1990; Jay, 1975, 167-173; Locke (1995) puhui aikoinaan hiljaisesta enemmistöstä.
[29] Bennis – Nanus, 1986
[30] Packard, 1962; Whyte, 1956; Maccoby, 1977
[31] Whyte, 1956
[32] Whyte, 1956
[33] Whyte, 1956; vertaa Argyris, 1954; Kiianmaa, 1996
[34] Maccoby, 1977; Adler- Karlsson, 1990, Kets de Vries, 1991b; 2001; 2007
[35] Vertaa Jackall, 1981; Adler- Karlsson, 1990
[36] Whyte (1956) *The Organization Man*; Packard (1962) *Pyramid Climbers*; Maccoby (1977) *The Gamesman*
[37] Ehrenreich, 2005; vertaa Gracian, 1994; Greene, 2009; apostoli Paavali; Kol. 3: 22; Ef. 6: 22
[38] Ehrenreich, 2005; vertaa Gracian, 1994; Greene, 2009
[39] Hesekiel 10: 1-22; Gracian, 1994: Viisaan on oltava kerubin kaltainen (kohta 300); Ehrenreich, 2005
[40] Lainaus Axel Oxenstierna; siteerattu teoksessa Kuisma, 2013, 43; Ehrenreich, 2005.
[41] Jay, 1975, 82-96, 167-173; Adler-Karlsson, 1990; Whyte, 1956; Kets de Vries, 2001, 95-120
[42] Parkinson, 1980; Kets de Vries, 1991a
[43] Parkinson, 1980; Kets de Vries, 1991a
[44] Parkinson, 1980
[45] Esimerkiksi vanha Henry Ford oli itsevaltiudellaan tuhota koko yrityksen (Drucker, 1969, 144-145).
[46] Parkinson, 1980
[47] Parkinson, 1980; Kets de Vries, 1991a
[48] Ibid.
[49] Kuisma, 2013
[50] Kets de Vries, 2001, 95-120
[51] Vertaa Kets de Vries, 2001, 95-120
[52] Kihlman, 1986; Adams, 1997
[53] Erasmus Rotterdamilainen, 1998, 67-68
[54] Kets de Vries, 2001, 95-120; Kivivuori, 1992; Karkama, 1998; Alvesson, 2014

Moderni totemismi työelämässä

[1] Kantola, 2002, 155-160, 301-303; Arendt, 2002, 83-113; 1958
[2] Veblen, 1998; 1899
[3] Airaksinen, 1994
[4] Airaksinen, 1994
[5] Airaksinen, 1994; Vähämäki, 2003
[6] Airaksinen, 1994
[7] Teoreetikko oli Elton Mayo vuonna 1922
[8] Friedman – Friedman, 1982, 164-165
[9] Fromm, 1977; 1993; Adler-Karlsson, 1990; Jensen, 1993
[10] Marx; teoksessa McGrath, 2012, 605-606
[11] Feuerbach; Freud; teoksessa McGrath, 2012, 602-608; vertaa Freud, 1986
[12] Kant; katso Scruton, 1989; Pyysiäinen, 2010; McGrath, 2012
[13] Taylor, 1989, 420; Nietzsche, 1984, aforismi 146; Schleiermacher; siteerattu teoksessa Pinomaa, 1965, 61
[14] Klassikko on Dostojevski, 1989; von Wright, 1989, 91-98
[15] Hamel, 2009, kappale 8; vertaa Dawkins, 2007.
[16] Hamel, 2009, kappale 8
[17] Hamel, 2009; vertaa McGrath, 2012
[18] Hamel, 2009, kappale 8
[19] Hamel, 2009; vertaa Peters – Waterman, 1982; Jay, 1975
[20] Vertaa de Botton, 2012
[21] Hamel, 2009; vertaa Sievers, 1994
[22] Jay, 1975, 225-233; Sievers, 1994
[23] Maslow, 1954
[24] Durkheim, 1980; vertaa Kiianmaa, 1996; Jay, 1975, 225-233
[25] Jay, 1975; vertaa Kiianmaa, 1996
[26] Jay, 1975, 225-233; vertaa Hatch, et al., 2004
[27] Schein, 1991; 1985; vertaa Deal – Kennedy, 1982
[28] Jay, 1975, 225-233; vertaa Galbraith, 1984
[29] Jay, 1975; Galbraith, 1985; Schein, 1991; 1985

[30] Kiianmaa, 1996; Kets de Vries, 1991a
[31] Kets de Vries, 1991a; vertaa Lindholm, 1990; Conger, 1989
[32] Ibid.
[33] Galbraith, 1984; vertaa Kets de Vries, 1991a; Luther, 2013; 1964, esipuheessa; Jay, 1975, 225-233
[34] Jay, 1975, 225-233; Matt. 10: 16
[35] Jay, 1975, 225-233
[36] Tett, 2009, ix-xxii
[37] Tett, 2009, ix-xxii; vertaa Bourdieu, 1977; Geertz, 1973
[38] Kiianmaa, 1996; Durkheim, 1980
[39] Kiianmaa, 1996
[40] Ibid.
[41] Ibid.
[42] Feuerbach; siteerattu teoksessa McGrath, 2012, 604
[43] Durkheim, 1980
[44] Weber, 1980
[45] Kiianmaa, 1996; Lutwak, 1999
[46] Peale, 1987; 1999; Psalmi 1
[47] Kiianmaa, 1996
[48] Apostoli Paavali; Ef. 6: 5-8
[49] Aamos; Aam. 8: 4-7
[50] Apostoli Paavali; 1. Tim. 6: 10
[51] Kiianmaa, 1996; Rifkin, 1997
[52] Rifkin, 1997, 40-46
[53] Rifkin, 1997; 40-46; vertaa Galbraith, 1984
[54] Weber, 1980; Rifkin, 1997
[55] Siltala, 2004
[56] Karkama, 1998; Frank, 2000; Siltala, 2004

Kyykäärmeet liituraidoissa

[1] Bakan, 2010, 13-30
[2] Bakan, 2010, 13-30; vertaa Wahlroos, 2012
[3] Smith, 1933; vertaa Korten, 1997; Bakan, 2010
[4] Bakan, 2010, 13-30
[5] Wahlroos, 2012; Bakan, 2010, 13-30; Korkeimman oikeiden tuomari oli Louis Brandeis.
[6] Bakan, 2010, 71-74; Ferguson, 2010: Yhdysvalloissa etenkin Goldman Sachs ollut lähellä hallintoa.
[7] Friedman, 1962; Bakan, 2010, 42-47; vertaa Wahlroos, 2012
[8] Bakan, 2010, 48-52
[9] Bakan, 2010, 48-52; vertaa Wahlroos, 2012
[10] Bakan, 2010, 71-74
[11] Bakan, 2010, 71-74; Hare, 2004; Babiak – Hare, 2007
[12] Bakan, 2010, 71-74
[13] Ibid.
[14] Klein, 2001
[15] Bakan, 2010, 75-89; Klein, 2001; 2008
[16] Bakan, 2010, 75-89, 159-160; vertaa Harvey, 2008, 81-108; Marcuse, 1969; 1964
[17] Babiak – Hare, 2007, 9-10; vertaa myös Palmu-Joronen 2009, 161
[18] Babiak – Hare, 2007, 45-58, 96-108, 163-194
[19] Ibid.
[20] Ibid.
[21] Hare, 2004
[22] Babiak – Hare, 2007
[23] Lewis, 1990, 13-18
[24] Lewis, 1990, 47
[25] Lewis, 1990, 72, 92-104; Meklareiden meklarilla viitataan Lewis Ranieriin.
[26] Ibid.
[27] Asiasta löytyy enemmän tietoa verkosta hakusanoilla HBOS ja Paul Moore (whistleblower).
[28] Lewis, 1990, 73
[29] Babiak – Hare, 2007
[30] Babiak – Hare, 2007
[31] Babiak – Hare, 2007; vertaa Lewis, 1990; Shaxson, 2012; Tett, 2009
[32] Babiak – Hare, 2007
[33] Isaacson, 2011
[34] Isaacson, 2011
[35] Ibid.

[36] Ibid.
[37] Hännikäinen – Melender, 2012; Isaacson, 2011
[38] Helsingin Sanomat 23.9.2009
[39] Simon, 2009; Helsingin Sanomat 23.9.2009
[40] Helsingin Sanomat 24.9.2009; Simon, 2009
[41] Simon, 2009
[42] Pasquale – Athos, 1981; Peters, 1990
[43] Neuhart, Al: 1989: *Confessions of S.O.B*
[44] Peters, 1990, 26-27
[45] Vertaa Babiak – Hare, 2007; Michels, 1986

Kentaurin kasvattamat johtajat

[1] Hännikäinen – Melender, 2012; Isaacson, 2011; Wahlroos, 2012; Miettinen – Saarinen (1990) kasarmeista
[2] Machiavelli, 1990, 63-71; vertaa Hatch, el al, 2004
[3] Machiavelli, 1990, 63-71; vertaa Hatch, et al., 2004
[4] Marcinko, 1997. Teos viihtyi 16 viikkoa eräällä business bestsellers -listalla tuolloin.
[5] Marcinko, 1997
[6] Nimimerkki V, 1997
[7] Vertaa Friedman, 1962; Drucker; 1969; Wahlroos, 2012
[8] Klein, 2001; Ehrenreich, 2005; Siltala, 2004; Bakan, 2010
[9] Klein, 2001, 183-237
[10] Ibid.
[11] Ibid.
[12] Klein, 2001; vertaa Korten, 1997; Bakan, 2010, 159-160
[13] Klein, 2001; vertaa Stiglitz, 2004; Korten, 1997
[14] Klein, 2001; vertaa Ehrenreich, 2005; Bakan, 2010
[15] Charles Handy; teoksessa Klein, 2001; vertaa Blyton – Turnbull, 1992; Legge, 1995
[16] Klein, 2001; Ehrenreich, 2005
[17] Klein, 2001
[18] Blyton – Turnbull, 1992; Legge, 1995; Klein, 2001
[19] Klein, 2001, 230-232
[20] Ibid.
[21] Ibid.
[22] Siltala, 2004, 103-107; Ehrenreich, 2005; Rifkin, 1997; Jung, 1997; Forrester, 1999
[23] Rifkin, 1997, 12-36; Jung, 1997
[24] Drucker, 1969, 36
[25] Rifkin, 1997, 12-36; Korten, 1997; Siltala, 2004
[26] Rifkin, 1997, 12-36; Forrester, 1999; Ehrenreich, 2005
[27] Reich, 1995; vertaa Klein, 2008; Lordon, 2010; Ferguson, 2012
[28] Rifkin, 12-36, 1997; vertaa Lyon, 1988
[29] Masuda, 1981; vertaa Toffler, 1991; Wriston, 1992; Yergin – Stanislaw, 1998
[30] Rifkin, 1997, 62-74; Frank, 2000, 51-87; vertaa Lyon, 1988
[31] Frank, 2000, 51-87; vertaa Wriston, 1992; Yergin – Stanislaw, 1998
[32] Rifkin, 1997, 62-74; vertaa Frank, 2000, 51-87
[33] Frank, 2000, 51-87
[34] Rifkin, 1997, 62-74; Jung, 1997; Forrester, 1999; Siltala, 2004
[35] Ibid. Chomsky (2002, 300) "työpaikasta" voiton eufemismina; vertaa Forrester, 1999; Varoufakis, 2014
[36] Keskiaikaisen mytologian mukaan Jumalan ruoska oli hunnipäällikkö Attila.
[37] Forrester, 1999; Lasch, 1996; vrt. Brynjolfsson – McAfee, 2011; Harari, 2018; OECD, 2019
[1] Hännikäinen – Melender, 2012: *Liberalismin petos*; Korten, 1997; Stiglitz, 2004; Harisalo - Miettinen, 1997
[2] Hännikäinen – Melender, 2012, 7-16
[3] Ibid.
[4] Ibid. Vertaa Korten, 1997, 95-101
[5] Daniel; Dan. 2:1-12; kohta tässä lyhennettynä
[6] Frank, 2000, 170-177, 188-219; Micklethwait – Woolridge, 1997
[7] Micklethwait – Woolridge, 1997
[8] Stephen Covey (1989) *The Seven Habits of Highly Effective People.*
[9] Micklethwait – Woolridge, 1997
[10] Robbins, 1987; 1991
[11] Gouillart – Kelly, 1995
[12] Micklethwait – Woolridge, 1997
[13] Peters, 1992
[14] Gurujen guru on tohtori Thomas J. Peters, tuttavallisemmin Tom Peters.
[15] Peters – Waterman, 1982; Peters – Austin, 1989, teoksen motto ja sivu 408

[16] Ibid.
[17] Micklethwait – Woolridge, 1997; myös Peters-lainaukset on käännetty tästä.
[18] Micklethwait – Woolridge, 1997
[19] Peters, 1994
[20] Hamel, 2009, kappaleet 1, 7 ja 8; vertaa myös Handy, 1994; 1989
[21] Micklethwait – Woolridge, 1997; Frank, 2000, 170-177, 188-219
[22] Stirner, 2005; 1844; myös Hobbes (1999) luonnontilasta ja kaikkien sodasta kaikkia vastaan.
[23] Ibid.
[24] Ibid. Palmu-Joronen (2009, 202-205) puhuu "yksinäisten armeijasta" nykyisessä "tehokkuuskulttuurissa".
[25] Frank, 2000; Lasch, 1991; ilmenee mm. Ayn Randin (1957) jyrkän antikommunistisessa kirjallisuudessa.
[26] Lordon, 2010; Tett, 2009; vertaa Rand, 1957
[27] Frank, 2000, 188-219; Peters, 1992, 14; vertaa erityisesti Rand, 1957; Lasch, 1991; Shaxson, 2012
[28] Ehrenreich, 2005, 219-243
[29] Ehrenreich, 2005, 235-237
[30] Einstein, 1999, alussa
[31] Sanonta on Jean-Paul Sartren; teoksessa Kets de Vries, 1991a; muuten Ehrenreich, 2005; Siltala, 2004
[32] Ehrenreich, 2005, 61; Jackall, 1988; vertaa Taylor, 1911
[33] Covey, 2004
[34] Ehrenreich, 2005, 12-13; Fraser, 2001; Bunting, 2005
[35] Ehrenreich, 2005; vertaa Fraser, 2001
[36] Ehrenreich, 2005; vertaa Burrell – Morgan, 1979; Alvesson – Willmott, 1992
[37] Ehrenreich, 2005, 227; Judt, 2011, 193; Chomsky, 2002; vertaa Prichett, 1995; Robbins, 1991
[38] Apostolien teot; Ap. t. 14: 22
[39] Karkama, 1998; Kivivuori, 1992; Siltala, 2004; Alvesson, 2014
[40] Matteus; Matt. 7: 15-16

Vapauden valtakunta verkossa?

[1] de Tocqueville, 1866, 125; käytetty Uschanovin (2008, 15) käännöstä; vrt. myös de Tocqueville, 1969
[2] Hayek, 1995, 43; 1944
[3] Sitaatti Hayek, 1995, 239; 1944
[4] Harisalo – Miettinen, 1997; vertaa Bakan, 2010; Galbraith, 1984
[5] Harisalo – Miettinen, 1997; vertaa Bakan, 2010; Galbraith, 1984
[6] Smith, 1982, 50-51
[7] Smith, 2003, 183-185; vertaa von Wright, 1992, 7
[8] Ibid; Schopenhauer, 1989, 115: "Koko elämä julistaa, että maisen onnen on määrä raueta..."
[9] Smith, 2003, 185; Hännikäinen – Melender, 2012; Harisalo – Miettinen, 1997; Berlin, 2001
[10] Chydenius, 1929, 10, 175-189, 273-277; Mill, 1998; 1859
[11] Mondragón on em. suuri osuustoiminnallinen yhteisö Espanjassa teoksessa Hahnel, 2012, 391-394.
[12] Siltala, 2004; vertaa Soinivaara, 2007; Jay, 1975
[13] Hamel, 2009, 219-250
[14] Hamel, 2009; vertaa Rehn, 2010; Kuusela – Ylönen, 2013
[15] Hamel, 2009; vertaa Likertin (1961; 1967) järjestelmät lyhennettynä teoksessa Hersey – Blanchard, 1990
[16] Hamel, 2009; vertaa Habermas, 1981
[17] Hamel, 2009, 219-250; vertaa Levy, 1984; Lanier, 2013
[18] Hamel, 2009; 219-250; vertaa Ehrenreich, 2005; Wahlroos, 2012
[19] Hamel, 2009; vertaa Chomsky (2002, 338) "yksityisistä tyrannioista".
[20] Hamel, 2009; vertaa Zuboff, 1990; Beniger, 1986; Leninin menetelmistä Chomsky 2002, 41-42, 200-201
[21] Hamel, 2009; vertaa Rehn, 2010; Arendt, 2002; Huizinga, 1984; Schumpeter, 1947
[22] Hamel, 2009; vertaa Levy, 1984
[23] Hamel, 2009, 219-250
[24] 2. Moos. 18: 13-26; vertaa Abrahamsson, 1993; Galbraith, 1984
[25] Hamel, 2009, 219-250; vertaa Wahlroos, 2012; Ehrenreich, 2005; Tacitus; teoksessa McGrath, 2012, 602
[26] Hamel, 2009; vertaa Kettunen, 1997, 121; Machiavelli, 1990, 72-73
[27] Hamel, 2009, 219-250
[28] Ibid.
[29] Hamel, 2009; 219-250; vertaa Siltala, 2004, 221-291; Pfeffer, 1994
[30] Hamel, 2009; vertaa Pfeffer, 1994
[31] Hamel, 2009; vertaa Levy, 1984; Lanier, 2013
[32] Hamel, 2009; vertaa Hahnel, 2012
[33] Vertaa Palmu-Joronen, 2009; Moss Kanter, 1990
[34] Vertaa Heller, et al., 1990; Sievers, 1994
[35] Hamel, 2009; vertaa Bakan, 2010, 75-89; Taylor, 1911
[36] Hamel, 2009
[37] Peters, 1992, 14

[38] Vertaa Hamel, 2009; Hahnel, 2012; Nordström – Ridderstråhle, 1999
[39] Hamel, 2009; Lanier, 2013
[40] Soininvaara, 2007, 151-167; Frank – Cook, 2010; vertaa Taleb, 2011; Klein, 2001
[41] Shapiro – Varian, 1998; vertaa Taleb, 2011; Soininvaara, 2007; Lutwak, 1999
[42] Shapiro – Varian, 1998; Taleb, 2011; vertaa Soininvaara, 2007, 151-167
[43] Klein, 2001
[44] D'Aveni, 1994; Lutwak, 1999; Frank – Cook, 2010
[45] Soininvaara, 2007, 151-167; Frank – Cook, 2010; Standing, 2017; 2011.
[46] Soininvaara, 2007, 151-167; Korten, 1997, 95-101; Siltala; 2004; vertaa Shapiro – Varian, 1998
[47] Siltala, 2004, 435; Bakan, 2010; Klein, 2001; Lanier, 2013
[48] Bakan, 2010, 159-160; Kuisma, 2013, 82-83; Bauman; teoksessa Foley, 2010, 36; Standing, 2017; 2011
[49] Vertaa Levy, 1984; Onfray, 2004; Hahnel, 2012; Lanier, 2013; Reich, 2016

Taivaankannen läpi kasvanut ihminen

[1] Saarnaajan kirja VT; Smith, 2003, 183-185; 1759; von Wright, 1989, 91-98; Scruton, 2010
[2] McGrath, 2012; Matt. 10: 28; Maslow, 1954; Robbins, 1987; 1991; Lasch, 1991
[3] McGrath, 2012; Uschanov, 2008
[4] Uschanov, 2008, 43-48
[5] Uschanov, 2008, 43-48; vertaa Siltala, 2004; Benjamin, 1985
[6] McLaren, 2009, 65
[7] Siltala, 2004; Benjamin, 1985; Uschanov, 2008
[8] Frank, 2000; Nelson, 2001; Siltala, 2004
[9] Benjamin, 1985: *Kapitalismus als Religion;* vertaa Lazzurato, 2014.
[10] Benjamin, 1985; Karkama, 1998, 31-56; Kivivuori, 1992; Kiianmaa, 1996; vrt. erityisesti Rand, 1957; Harari, 2018
[11] Karkama, 1998, 31-56; Siltala, 2004; Alvesson, 2014
[12] Kivivuori, 1992; vertaa Taylor, 1989
[13] Karkama, 1998, 31-56; vertaa Kivivuori, 1992
[14] Karkama, 1998, 31-56; vertaa Covey, 1989; Robbins, 1991; Prichett, 1995
[15] Karkama, 1998, 31-56; vertaa Russell, 1992
[16] Ahlman, 1939; vertaa Alderfer, 1972; Csikszentmihalyi, 2005
[17] Karkama, 1998, 31-56; vertaa Horkheimer - Adorno, 1944
[18] Karkama, 1998, 31-56; vertaa Derrida, 1978; Luostarinen – Väliverronen, 1990
[19] Karkama, 1998, 31-56; Siltala, 2004, 386-388; vertaa Bauman, 1996; Boje, et al., 1995
[20] Karkama, 1998, 31-56; Siltala, 2004, 386-388; Frank, 2000; Michaels, 2011
[21] Jameson, 1991; Hardt – Negri, 2005; Kivivuori, 1992; vrt. Csikszentmihalyi, 2005; Boje, et al., 1995
[22] Kivivuori, 1992; vertaa Foucault, 1998
[23] Freud, 1982: *Ahdistava kulttuurimme;* varmasti on myös vakavasti otettavia auttajia.
[24] Kivivuori, 1992; Lasch, 1991; vertaa Siltala, 2004; Alvesson, 2014; Freud, 1982; Harari, 2018
[25] Karkama, 1998, 31-56, 147-167; vertaa Covey, 1989; Robbins, 1991; Prichett, 1995
[26] Karkama, 1992, 31-56, 147-167; Kivivuori, 1992
[27] Kivivuori, 1992; Taylor, 1989; vertaa Frank, 2000, 240-251
[28] Karkama, 1998, 31-56, 147-167; vertaa Ehrenreich, 2005; Alvesson, 2014
[29] Karkama, 1998; Lasch, 1991; vertaa Covey, 1989; 2004; Robbins, 1987; 1991; Peale, 1987; 1994
[30] Karkama, 1998, 31-59, 147-167; vertaa myös Alvesson, 2014
[31] Karkama, 1998, 31-59, 147-167; vertaa Csikszentmihalyi, 2005
[32] Karkama, 1998, 31-59, 147-167; vertaa Foucault, 2004.
[33] Galbraith, 1984, 45-47; Karkama, 1998; Ehrenreich, 2005; Bunting, 2005; O'Connor, 1999; Alvesson, 2014
[34] Karkama, 1998, 147-167; vertaa Bakan, 2010, 159-160; Alvesson, 2014
[35] Karkama, 1998, 147-167; vertaa Alvesson, 2014; Lasch, 1991
[36] Tässä on vapaasti lyhentäen lainattu Margaret Thatcherin tunnetun puheen tunnettua kohtaa
[37] Karkama, 1998, 147-167; vertaa Galbraith, 1984, 44-45; Palmu-Joronen, 2009, 254
[38] Karkama, 1998, 147-167; Galbraith, 1984, 44-45; Foley, 2010; Hayek (1998) yhteisöllisyydestä atavismina
[39] Vertaa Karkama, 1998; Jesaja; Jes. 45: 9; *Sokea kelloseppä* on Dawkinsin (1989) kirjan nimi
[40] Hayek, 1995, 206
[41] Polanyi, 2009; 1944; vertaa; Karkama, 1998; Wahlroos, 2012; Hayek, 1998
[42] Vertaa Karkama, 1998; Hayek, 1995; 1998: Lindeman – Viitasalo, 1995
[43] Karkama, 1998; Siltala, 2004; Lutwak, 1999; vertaa Peale, 1987; 1999
[44] Vrt. Brynjolfsson – McAfee, 2011; Harari, 2018 ja Wahlroosin (2012; 2015) vankka usko markkinavapauteen.
[45] Matteus; Matt. 3: 10

Epilogi

[46] Tiivistetty Onfrayn (2004, 15-17) teoksen alusta; motto Nietzsche, 1989